Die Spitze des Eichbergs

Klartext

Schalker Fan-Initiative (Hg.)

DIE SPITZE DES EICHBERGS

DIE SCHÖNSTEN SKANDALE DES FC SCHALKE 04

1. Auflage, April 2005
Umschlaggestaltung: Luck Design, Gelsenkirchen
Satz und Layout: Klartext Medienwerkstatt GmbH, Essen
Druck und Bindung: Koninklijke Wöhrmann bv, Zutphen (NL)

ISBN 3-89861-393-3
www.klartext-verlag.de

INHALT

1. VORWORT

Hollywood und die Politik haben sie zu jeder Tages- und Nachtzeit. Sie sind gefragter Stoff für so manche Kinoproduktion, das Salz in der Suppe: die »Skandale des Lebens«.

Wie viele Schicksale sich wohl hinter ihnen verbergen und für so manchen den Lauf des Lebens verändern?

Oft stehen wir nur nebenbei und außerhalb des Geschehens. Lächelnd, amüsiert, schadenfroh feixend oder auch der ganzen Palette der Negativemotionen ausgeliefert. Wir, die Fans.

Des einen Absturz, des anderen Thekenwitz. Ob in der Weltpolitik oder im heimischen Kiez. Skandal bleibt Skandal. Aber ist wirklich Skandal gleich Skandal? Natürlich nicht.

Nein, nicht nur »Sport ist im Verein am schönsten«, auch der Skandal hat da seinen Platz und das sogar auf den vorderen Plätzen. Wenn es dann aber noch der eigene Verein ist, ist auch der Skandal der schönste.

Am glücklichsten kann man sich schätzen, wenn man sogar dabei war, und zwar mittendrin, und das waren laut Thekengesprächen immer die meisten, wie sowieso der Skandal einhergeht mit einer Art stiller Post, die alles andere ist als still.

Unser Verein ist die Perle im Skandal-Sandkasten, der Spitzenreiter in der Gerüchteküche, die Ulknudel der Liga. Sich im Kanal ersäufende Kassenwarte, Meineids-Prozesse, Drei-Tages-Präsidenten, Sonnenkönige, Presse-Beerdigungen, legendär chaotische Jahreshauptversammlungen oder krumme Pokale. Hat es uns geschadet? Nein, hat es nicht!

Es hat uns enger zusammen rücken lassen. Und Lachen kann man im Ruhrgebiet, auf Schalke sowieso, auch nicht erst seit gestern, am besten über sich selbst.

Dirk Rademacher (links), Roman Kolbe (rechts) für die Schalker Fan-Initiative e.V.

Großes Treffen bei der 100-Jahr-Feier:
Günter Siebert, Klaus Fichtel, Klaus Fischer, Jürgen Sobieray, Klaus Scheer und Rolf Rüssmann.

2. HI HA HÖRE SCHALKER AMATEURE – SELBSTMORD WEGEN SCHALKE

1927 und in den folgenden drei Jahren gewann Schalke die Ruhrbezirksmeisterschaft. Hinzu kam 1929 zum ersten Mal der Gewinn der Westdeutschen Meisterschaft, eine Leistung, die ebenfalls in der nächsten Saison wiederholt werden konnte. Als der Kreisel sich zu drehen begann, stieß in diese stürmische Aufwärtsentwicklung der Schalker im Sommer 1930 ein Ereignis, das den Verein beinahe die Existenz gekostet hätte.

Was war passiert? Am 25. August erklärte die Spruchkammer des Westdeutschen Spielverbandes (WSV) 14 Schalker Spieler zu Berufsspielern und schloss acht Vorstandsmitglieder aus dem WSV aus. Schalke hatte, wie aber bei anderen großen Vereinen zu der Zeit auch üblich, seinen Spielern Spesen und Gehälter gezahlt, und diese hätten die laut den Statuten des WSV erlaubten Aufwandsentschädigungen bei weitem überschritten.

Die Tatsache, dass eine Reihe von Schalker Spielern gegen das Amateurstatut verstoßen hatte, war offenbar nicht zu leugnen, wenn auch die Höhe der gezahlten Beträge im Einzelfall umstritten blieb. Die Spieler behaupteten später zwar, die Differenz wäre äußerst gering gewesen, fünf Mark Spesen habe ihnen zugestanden, zehn Mark hätten sie genommen. Mag auch immer noch manch größerer Schein unter der Theke bei Mutter Thiemeyer hindurch gereicht worden sein, gegen die Summen, für die heute Fußballspieler auf den Platz laufen, waren es Trinkgelder. Über die von der WSV-Spruchkammer aufgedeckten Vorgänge war in der Presse schon lange gemunkelt worden. Im Nachhinein erscheinen diese angesichts der sozialen Herkunft der Spieler und den enormen Einnahmen ihres Vereins aus Eintrittsgeldern auf der anderen Seite als fast zwangsläufig.

Die Spieler, die mit den Amateurbestimmungen in Konflikt geraten waren, kamen durchweg aus der Arbeiterschicht. Sie kamen damit ausnahmslos aus materiell beschränkten Verhältnissen, für sie muss somit die Versuchung besonders groß gewesen sein. Zudem war es ein offenes Geheimnis, dass die Spieler der Spitzenmannschaften den Boden des reinen Amateursports längst verlassen hatten. Der DFB beharrte unaufhörlich auf den starren Formen des Amateurprinzips, sein »sportlicher Idealismus« übersah dabei aber die Realität des Fußballs. In England und in Österreich gab es zu dieser Zeit bereits Profi-Ligen, die einzige Möglichkeit für Arbeiterfußballer übrigens, Spitzensport zu betreiben.

EINEN SCHRITT VOR DEM ABGRUND

Nun fiel Schalke allerdings bei der Spruchkammer gerade einem dieser Erzengel des Amateurismus in die Hände, dem Mönchengladbacher Paul Schröder. Für den DFB war er im Bundesgericht tätig und war im Schiedsrichterwesen sehr engagiert. Er verkörperte den Prototyp des »Torstangenträgers«, also jener Leute, die zum Spiel selbst die Torpfosten mitbrachten, und darauf stolz waren.

Hinzu kam, dass Schalke immer noch als »Polacken- und Proletenklub« bei den verantwortlichen DFB-Stellen verpönt war und man es Schalke verübelte, dass seine Spielkunst den westdeutschen Fußball repräsentierte. Es sollte also ein Exempel statuiert werden und da kam den DFB-Oberen der Vorfall gerade recht. Die Entscheidung der WSV-Spruchkammer traf die Schalker wie ein Keulenschlag.

Die Erklärung fast aller Spieler der 1. Mannschaft zu Berufsspielern bedeutete das sofortige Verbot ihres weiteren Einsatzes. Der Verein stand damit am Rande des sportlichen Ruins. In Gelsenkirchen war man über dieses gnadenlose Urteil entsetzt.

Die Spruchkammer des WSV stellte in ihrem Untersuchungsbericht Folgendes fest:

» Die eingehende Prüfung der Kassenbücher mit den dazu gehörigen Belegen … hat im weitesten Maße Verstöße gegen die Amateurbestimmungen erwiesen … Das Verfahren hat aufgrund der vorliegenden buchmäßigen Belege und Geständnisse der beteiligten Vorstandsmitglieder und Spieler ergeben, dass die Spieler der ersten Mannschaft regelmäßig Spesenbeiträge erhalten haben, die über das nach den Satzungen zulässige Maß weit hinausgehen! Neben diesen Spesen regelmäßig für ihre spielerische Mitwirkung eine regelgerechte Entlohnung erhalten haben; Mehrere dieser Spieler außerdem weitere Zuwendungen in Gestalt von Geschenken, Darlehen und Vorteilen in ihrer beruflichen Stellung angenommen haben. Es ist bedauerlich, dass die Mitglieder des engeren Vorstandes und der Finanzkommission des FC Schalke 04 diese Zuwendungen usw. gutgeheißen haben und den Gesamtvorstand unwissend ließen. Nicht unerwähnt darf bleiben, dass nach den gemachten Feststellungen die schuldigen Mitglieder des Vorstandes und der Finanzkommission persönliche Vorteile nicht gehabt haben.«

SELBSTMORD WEGEN SCHALKE

Nun aber zur eigentlichen Tragik dieses Skandals: Im Verlauf der Affäre, die in der deutschen Sportöffentlichkeit und weit darüber hinaus ein enormes Aufsehen erreg-

Einer der ersten Schalker »Berufsspieler«: Willi Nier

Trauerzug durch die Glückauf-Kampfbahn: Willi Nier wird zu Grabe getragen.

te, beging der Schalker Schatzmeister Willi Nier Selbstmord. Der als »peinlich korrekt« geltende Bankbeamte glaubte diese Schande nicht ertragen zu können. Am Morgen nach der Urteilsverkündung barg man den Leichnam des ausgeschlossenen Vorstandsmitglied aus dem Rhein-Herne-Kanal. Auf dem Spielfeld der Glückauf-Kampfbahn bahrten ihn seine Kameraden auf. Die Spieler der nun verbannten Meisterelf trugen ihn zur letzten Ruhestätte, Tausende gaben ihm das Geleit. Mit einer solchen Reaktion, dass ein untadeliger Mann sein Leben wegen eines Fußballvereins opfern konnte, hatte man beim WSV nicht gerechnet. Man war zwar betreten und fühlte sich auch nicht ganz frei von Schuld, aber man musste eben das Gesicht wahren. Der WSV tat nichts.

WIR SIND DAS VOLK!

Der »Fall Schalke« zog Kreise. In flammenden Protesten forderte die Heimatpresse die Aufhebung des Urteils. Übereinstimmend war man der Meinung, dass nicht eine Mannschaft allein an den Pranger gestellt werden durfte.

Die Spruchkammer des WSV sprach folgendes Urteil:

» Die Regelmäßigkeit und die Höhe der Zuwendungen an die einzelnen Spieler, die nach eigenem Geständnis mit diesen Forderungen an die Leitung des Vereins herangetreten sind, lassen nur folgende Bestrafung zu: Es werden zu Berufsspielern erklärt: Rothardt, Badorek, Sobotka, Zajons, Boeke, Jaszek, Valentin, Tibulsky,

Kuzorra, Szepan, Simon, W. Kampmann, Neumann und Rodner. Die Mitglieder des Vorstands Fr. Schulte, Fr. Krause, W. Nier, Joh. Ehrenberg, O. Köttgen, Hendriks, Lütterforst, Hch. Pienek, die ihre Abmeldung aus dem Verein bereits vollzogen haben, werden aus dem Westdeutschen Spielverband ausgeschlossen … Wir haben aus besonderen Erwägungen von dem Ausschluss des gesamten Vereins abgesehen, bestrafen ihn aber mit einer Geldstrafe von 1.000 RM, zahlbar bis zum 1. Oktober. Die Kosten des Verfahrens mit 200 RM trägt ebenfalls der FC Schalke 04. Die Spruchkammer geht von der Voraussetzung aus, dass der FC Schalke 04 einen neuen Vorstand wählt, der die Gewähr bietet, dass weitere Verstöße gegen die Amateurbestimmungen unterbleiben.«

SZEPAN UND KUZORRA AUF DEM SPRUNG

Hier hatte es inzwischen neue Aufregung gegeben. Ein gewisser Herr Friedmann aus Wien erschien eines Tages bei Fritz Szepan, als dieser gerade die Schuhe seiner Geschwister putzte, und machte ihm und seinem Schwager Ernst Kuzorra das Angebot, für Admira Wien zu spielen: tausend Mark im Monat. Das war viel Holz und zum Beweis, wie wichtig Friedmann dieses Angebot nahm, drückte er Fritz Szepan 250 Mark in die Hand.

Viel Holz in der Hand:
Fritz Szepan und Ernst Kuzorra.

Für Kuzorra und Szepan wären damit alle Sorgen vorbei gewesen. Sie passten mit ihrer Spielweise ausgezeichnet in das Wiener »Scheiberl-Spiel«, und kein Mensch hätte ihnen Vorwürfe machen können. Es kam weiter hinzu, dass die beiden Angebote aus Lille hatten, die sogar noch besser waren. Fritz Szepan hatte also das Angebot aus Wien und seine 250 Mark – wofür er sich sofort einen neuen Anzug kaufte – in der Tasche. Abends rief er den Notar Jersch in Bochum, den Vorsitzenden des WSV, an, und fragte ihn, ob Schalke in absehbarer Zeit damit rechnen könnte, begnadigt zu werden. Als Jersch diese Frage ohne alle Vorbehalte bejahte, stand für Szepan und Kuzorra fest: Wir bleiben in Schalke!

LICHT AM ENDE DES TUNNELS

Aber erst im Februar 1931 gab es den ersten Lichtblick: Simon und Hennes Tibulsky wurden als erste begnadigt. Sie durften wieder mitspielen, so dass die Schalker diese Saison noch mit einem guten Mittelfeldplatz in der Tabelle überstanden. Im Mai tagte der DFB im »Russischen Hof« in Berlin. Dort erhielt der WSV auf das Urteil eine Erwiderung, die an Deutlichkeit nichts zu wünschen übrig ließ. Ende Mai sind alle Schalker Spieler begnadigt. Am 1. Juni 1931 (einem Montag!) will sich der FC Schalke 04 wieder seinen Anhängern stellen. Die Düsseldorfer Fortuna findet sich bereit, in einem Freundschaftsspiel die Schalker wieder auf dem Weg in den normalen Fußball zu begleiten. Das war ein echter Freundschaftsdienst – und die Zustimmung zu einem nicht ausgesprochenen Protest gegen die veralteten Ansichten des WSV. Denn es hätte auch genauso gut die Fortuna treffen können, wie jeden anderen großen Verein im Westen auch.

DIE AUFERSTEHUNG

Es blieb die bange Frage, ob die Anziehungskraft der Schalker auch über dieses Intermezzo hinweg ungebrochen geblieben sei. Dass jedoch über 70.000 Menschen versuchten, auf einen Platz zu kommen, der nur 35.000 fasste, dass nur durch den Einsatz berittener Polizei das Spielfeld halbwegs freigehalten werden konnte, dass selbst auf den Torgehäusen die Zuschauer saßen, bewies die ungeheure Anziehungskraft, von der Schalke 04 nichts eingebüßt hatte.

Nur die wenigsten der Zuschauer werden mitbekommen haben, dass Schalkes Rechtsaußen Tibulsky das einzige Tor des Tages schoss. Mit diesem Spiel war Schalkes erster große Skandal überwunden und Schalkes erfolgreichste Zeit konnte beginnen.

3. DER KREISEL KOMMT INS ROLLEN

Sechsmal holten die Königsblauen zwischen 1934 und 1942 die Meisterschaft an den Schalker Markt – einmal (1937) wurde der DFB-Pokal und damit das Double gewonnen. Sportlich läuft es prima, die Skandale bleiben aus. Aber politisch bricht die düsterste Zeit in Deutschland an.

1932

Zum ersten Mal erreichen die Königsblauen das Halbfinale in den Spielen um die Deutsche Meisterschaft. In der Vorrunde bereitet überraschend der SuBC Plauen den Schalkern die größten Probleme. Mit 5:4 n.V. retten sich die Blauen mit Ach und Krach in die nächste Runde. In der Vorschlussrunde ist jedoch am 29. Mai die Frankfurter Eintracht in Dresden Endstation (1:2). Im Finale schlägt Bayern München die Eintracht. Trotz des rein süddeutschen Endspiels zählen die Westvereine (Schalke, Benrath und Düsseldorf) zu den stärksten Teams in Deutschland.

In den Gruppenspielen um die Westdeutsche Meisterschaft werden die Schalker mit 32:4 Punkten und 71:13 Toren wieder Meister. In zwei Freundschaftsspielen werden die Frankfurter Eintracht am 8.8. mit 2:0 und der Deutsche Meister Bayern München am 30.10. mit 3:2 geschlagen.

1933

Schalke wird mit 31:5 Punkten und 69:20 Toren erneut Westdeutscher Meister. Nach der Machtergreifung der Nazis muss der Westdeutsche Spielverband seine Organisationsform aufgeben. Deutschland wird in 16 Gaue eingeteilt. In jedem Gau ist die Gauliga mit zehn Vereinen die oberste Spielklasse. Schalke wurde somit der letzte Westdeutsche Meister alten Stils.

Erstmals erreichen die Schalker das Endspiel um die Deutsche Meisterschaft. Am 11.6. ist Fortuna Düsseldorf der Gegner in Köln. In den Gruppenspielen hatten die Schalker die Fortuna noch mit 1:0 geschlagen. Vor dem Finale beziehen die Schalker erstmals ein Trainingslager. Im Endspiel sind sie trotzdem chancenlos. Die überlegene Fortuna gewinnt mit 3:0. Viele behaupten später, die Spieler hätten im Trainingslager

Fränkischer Akzent auf Schalke:
Trainer »Bumbas« Schmidt.

am Halterner Stausee den ganzen Tag in der Sonne gelegen und sich überhaupt nicht um den Fußball gekümmert.

Der frühere Nürnberger Bumbas Schmidt kommt als Trainer an den Schalker Markt. Als Aktiver hatte Schmidt 16 Länderspiele absolviert und war mit dem Club mehrmals Deutscher Meister geworden. Kurt Otto, bis 1933 Schalker Trainer, wird polnischer Nationaltrainer.

1934

Am 4.3. gewinnen die Schalker die erstmals ausgespielte Gaumeisterschaft. In diesem Jahr wird der Grundstein für eine beispiellose Siegesserie gelegt. Bis zur Saison 43/44 werden alle Gaumeisterschaften gewonnen. In keiner Saison werden mehr als acht Punkte abgegeben. In den Gruppenspielen um die Deutsche Meisterschaft qualifizieren sich die Schalker in dieser Zeit siebenmal als Gruppenerster für die Endrundenspiele, zweimal reicht es »nur« zum zweiten Platz, der ebenfalls zur Teilnahme an der Meisterschaftsendrunde berechtigt.

Zurück ins Jahr 1934. In den Gruppenspielen kommen die Königsblauen nur mit Mühe weiter. Gegen Werder Bremen, den VfL Benrath und TV Eimsbüttel leisten sich die Schalker zwei Niederlagen (0:1 zu Hause gegen Benrath und 2:3 in Eimsbüttel). Trotzdem reicht es zum Gruppensieg. Im Halbfinale wird Waldhof Mannheim mit 5:2 besiegt.

Am 24.6. ist es soweit. Im Berliner Poststadion wird der Club aus Nürnberg mit 2:1 geschlagen. Fritz Szepan in der 88. Minute und Ernst Kuzorra, Sekunden vor dem Abpfiff, sorgen für den ersten Meistertitel. Den legendären Siegtreffer erzielt Kuzorra trotz eines Leistenbruchs. Er muss durchspielen, da das Auswechseln noch nicht erlaubt ist. Die Victoria steht in Gelsenkirchen bei Mutter Thiemeyer in der Vereinskneipe am Schalker Markt.

Am 16.12. findet im Duisburger Wedaustadion ein Repräsentativspiel Niederrhein gegen Westfalen statt. Die Westfalenauswahl besteht aus zehn Schalkern. Für Fritz Szepan spielt der Höntroper Jupp Timpert. Niederrhein gewinnt jedoch mit 4:0. Lag's am Fehlen von Fritz Szepan?

1935

Bei den Spielen um die Westfalenmeisterschaft haben die Knappen erstmals Probleme. Mit zwei Punkten Vorsprung (28:8 Punkte) wird der Titel trotzdem noch gewonnen. Im Sturm steht mittlerweile Ernst Poertgen, der von Altenessen über Nürnberg nach Schalke kam. Ein Grund für die schwachen Leistungen in den ersten Spielen ist auch das Fehlen von Fritz Szepan, der nach einem Meniskusriss im Nationalmannschafts-Testspiel gegen Brandenburg für etliche Wochen ausfällt.

In den Spielen um die Meisterschaft (wieder mit Fritz Szepan) setzen sich die Schalker deutlich gegen Eimsbüttel, Hannover 96 und den SC Stettin durch. Fünf Siege, lediglich in Eimsbüttel gibt es mit 1:2 wieder eine Niederlage. Nach dem Halbfinalsieg gegen Polizei Chemnitz (3:2) ist der VfB Stuttgart im Finale vor 74.000 Zuschauern in Köln der Gegner. Bis zur Halbzeit schießen Urban, Poertgen und Gellesch ohne große Probleme eine 3:0-Führung heraus. Als Ernst Poertgen nach der Pause auf 4:0 erhöht, lassen es die Schalker locker angehen. Zwei Tore von Stuttgarts Mittelstürmer Bökle sind die Folge. Kalwitzki und Poertgen sichern mit ihren Treffern jedoch den zweiten Meistertitel. Endstand: 6:4. Beim Revanchespiel am 25.8. in Stuttgart fegen die Knappen den VfB mit 9:2 vom Platz.

Am 8.12. erreichen die Schalker zum ersten Mal das Pokalfinale, scheitern jedoch am Club aus Nürnberg in Düsseldorf mit 0:2.

Im Dezember findet in der Glückauf-Kampfbahn wieder ein Repräsentativspiel Niederrhein gegen Westfalen statt. Aus dem Fehler des Vorjahres hat man gelernt. Diesmal spielt die komplette Schalker Meisterformation für Westfalen. Vor 30.000 Zuschauern gewinnt Westfalen bzw. Schalke mit 4:2. Ala Urban trifft zweimal, dazu kommen noch die Treffer von Ernst Poertgen und Fritz Szepan. In der Nationalmannschaft stehen neben Szepan mittlerweile auch Ernst Poertgen, Rudi Gellesch und Ala Urban.

1936

35:1 Punkte und 94:11 Tore haben die Schalker nach Abschluss der Saison 35/36. Lediglich bei Hüsten 09 reicht es nur zu einem 2:2. Die Gruppenspiele um die Meisterschaft werden mit 10:2 Punkten beendet. Jeweils zwei Siege gegen den Berliner SV 92 und Hindenburg Allenstein sowie ein Sieg und eine Niederlage gegen Polizei Chemnitz reichen zum Einzug ins Halbfinale. Dort ist jedoch der Club aus Nürnberg Endstation. Mit 0:2 verlieren die Schalker in Stuttgart. Der Traum vom Meisterschafts-Hattrick ist geplatzt. Am 20.6. wird Vorwärts Rasensport Gleiwitz im Spiel um den dritten Platz mit 8:1 geschlagen.

In Berlin finden die Olympischen Spiele statt. Ala Urban und Rudi Gellesch nehmen daran teil, Fritz Szepan und Ernst Kuzorra dürfen als Profis nicht teilnehmen. Nach dem 9:0 gegen Luxemburg ist bereits in der zweiten Runde gegen Norwegen (0:2) Endstation. Reichstrainer Nerz wird durch Sepp Herberger abgelöst. Ernst Kuzorra kehrt in diesem Jahr wieder ins Nationalteam zurück. Mit Ötte Tibulsky debütiert ein weiterer Schalker in der Nationalmannschaft. Von Gelsenkirchen 12 kommt Hans Klodt, der Hermann Mellage im Schalker Tor ablöst.

Nach neun Jahren Zweitklassigkeit steigt Borussia Dortmund in die Gauliga auf. Am 20.12. kommt es in der Glückauf-Kampfbahn zum ersten »Revierderby« seit 1927. Durch Tore von Berg, Kalwitzki und zweimal Poertgen siegen die Königsblauen mit 4:1.

1937

In Deutschland haben die Menschen unter der braunen Diktatur nichts mehr zu lachen. Schalke dagegen ist auf dem absoluten fußballerischen Höhepunkt. Am 18. Mai wird Brentford London in der Glückauf-Kampfbahn durch Tore von Urban (3), Berg (2) und Kuzorra mit 6:2 deklassiert. Die englischen Profis hatten auf ihrer Rundreise durch Deutschland zuvor den HSV mit 3:0 und Hertha BSC mit 4:0 geschlagen.

In der Gauliga sichern sich die Schalker erneut mit 35:1 Punkten und 103:14 Toren überlegen den Titel. In den Spielen um die Gaumeisterschaft werden der SV Rotthausen mit 10:0, Erle 08 mit 12:1 und Lüdenscheid 08 mit 17:0 besiegt. Borussia Dortmund wird am 7.3. in Dortmund mit 7:0 vom Platz gefegt. Mit 11:1 Punkten und 31:5 Toren setzen sich die Königsblauen in den folgenden Gruppenspielen gegen Werder Bremen, Hertha BSC und Viktoria Stolp durch.

Nach dem 4:2-Halbfinalsieg gegen den VfB Stuttgart ist am 20.6. erneut der Club aus Nürnberg der Finalgegner. Mittlerweile finden alle Endspiele in Berlin statt. Vor 100.000 Zuschauern siegen die Schalker durch Treffer von Poertgen und Kalwitzki mit 2:0.

1938

Das Pokalendspiel 1937 findet erst am 9.1.1938 in Köln statt. Gegner ist Fortuna Düsseldorf. Durch Tore von Kalwitzki und Szepan gehen die Schalker mit 2:0 in Führung. Nachdem Bornemann einen Ball mit der Hand von der Torlinie schlägt, erzielt Düsseldorfs Verteidiger Paul Janes in der 82. Minute den Anschlusstreffer. Der knappe Vorsprung wird bis zum Schluss verteidigt.

In der Gauliga reicht es diesmal »nur« zu 34:2 Punkten. In den Gruppenspielen um die Meisterschaft sind der Berliner SV 92, Dessau 05 und der VfR Mannheim die Gegner. Dessau wird mit 6:0 und 6:1 geschlagen und gegen Berlin erreichen die Schalker ein 1:1 und ein 3:0. Der dicke Brocken sind jedoch die Mannheimer. Nach einem 2:2 in Mannheim verlieren die Schalker in der Glückauf-Kampfbahn mit 1:2.

Das Erreichen des Halbfinales ist damit fast unmöglich geworden. Wenn nicht Dessau im letzten Spiel für die große Sensation gesorgt und den Mannheimern ein Unentschieden abgetrotzt hätte. Aufgrund des besseren Torverhältnisses erreichen die Königsblauen die Vorschlussrunde gegen Fortuna Düsseldorf. Dort nutzt Kalwitzki bereits in der 8. Minute einen Fehler in der Düsseldorfer Abwehr zum 1:0. Es bleibt bis zum Abpfiff bei diesem Ergebnis.

3:3 endet das Endspiel am 26.6. in Berlin. Bis kurz vor Schluss führen die Schalker mit 3:1. Ein Eigentor von Gellesch sorgt für das 3:2, Sekunden vor Schluss erzielt der Hannoveraner Malecki den Ausgleich aus klarer Abseitsstellung. Schiedsrichter Peters ist der Buhmann der Schalker. Von Schiebung ist die Rede.

Acht Tage später pfeift der Regensburger Schiedsrichter Grabler das Wiederholungsspiel. Er übertrifft Peters um Längen. In der 1. Minute wird ein Tor von Kalwitzki aus unerfindlichen Gründen nicht anerkannt. Drei Minuten vor Schluss führt Schalke noch mit 3:2, das zweite Hannoveraner Tor ist ein unberechtigter Handelfmeter. Der Hannoveraner Petzold rettet kurz vor Schluss mit der Hand im Torraum – Grabler pfeift nicht. In der 87. Minute gleicht Hannover aus, in der Verlängerung erzielen die Niedersachsen den Siegtreffer. Die Zuschauer toben. Für jeden ist deutlich, dass das Spiel verschoben wurde. Zunächst kann niemand das Verhalten des Schiedsrichters erklären.

Abends beim Meisterschaftsbankett lässt Reichssportführer von Tschammer und Osten die Katze aus dem Sack: »Es musste mal eine andere Mannschaft als Schalke Deutscher Meister werden, sonst wäre es langweilig geworden. Die anderen haben ja schon richtig Angst ins Endspiel zu gehen, weil sie ja doch von Schalke geschlagen werden.«

Trainer Bumbas Schmidt verlässt Schalke mit den Worten: »Mehr kann ich euch nicht beibringen.« Obwohl die Schalker Schmidt unbedingt halten wollen, verlässt Schmidt den Schalker Markt. Otto Faist, früherer süddeutscher Meister im 800-Meter-Lauf, wird sein Nachfolger. Ernst Poertgen verabschiedet sich ebenfalls. Der frühere Altenessener verlässt Gelsenkirchen aus privaten Gründen und zieht ins Siebengebirge. Als neuer Mittelstürmer kommt der erst 18-jährige Hermann Eppenhoff aus Röhlinghausen nach Schalke. Hans Klodt und Walter Berg werden von Sepp Herberger in die Nationalmannschaft berufen. Gegen Ungarn absolviert Ernst Kuzorra sein letztes Länderspiel.

In Deutschland hat sich in den fünf Jahren Naziherrschaft einiges verändert. Hitlers Politik zielt deutlich auf Kriegsvorbereitung. Auch die meisten Schalker werden als Soldaten eingezogen, haben aber zunächst noch den Vorteil, dass sie für Spiele und Training freigestellt werden. Eine Vergünstigung, die schnell verschwinden sollte.

4. »BOMBENSPIELE« – DANN BOMBENTERROR

Die großen Schalker Jahre, immer noch. Zwischen 1939 und 1944 holten die Knappen drei Meistertitel, gewannen astronomisch hoch gegen den BVB. Doch das Wort »Schützenfest« bekommt eine bittere Bedeutung. Am Ende gewinnt nur noch einer – der Krieg.

1939

Nach der Gaumeisterschaft setzen sich die Knappen in den Gruppenspielen zur Deutschen Meisterschaft gegen Wormatia Worms, Vorwärts Rasensport Gleiwitz und den Kasseler SC mit 10:2 Punkten überlegen durch. Am 12. März kommt es im Dortmunder Stadion Rote Erde vor 28.000 Zuschauern mal wieder zu einem Schützenfest. Bereits nach 15 Minuten führen die Schalker durch Tore von Urban, Hinz und Kuzorra mit 3:0. Danach reißt der Faden. Mit 2:3 geht es in die Kabinen, direkt nach Wiederanpfiff fällt zum Schrecken der zahlreichen Schalker Fans der Ausgleich. Ala Urban besorgt jedoch kurz danach wieder die 4:3-Führung. Danach gibt es keine Dortmunder Gegenwehr mehr. Dem 5:3 durch Fritz Szepan folgt Ernst Kuzorras verwandelter Elfmeter zum 6:3. Hinz sorgt mit seinem 7:3 für den Endstand.

In der Vorschlussrunde ist der Dresdener SC der Gegner. Mittelstürmer der Dresdener ist Helmut Schön. 3:3 steht es nach Verlängerung im Berliner Olympiastadion. Im Wiederholungsspiel gewinnt Schalke dank eines überragenden Hermann Eppenhoff mit 2:0. Im Endspiel am 18.6. ist Admira Wien der Gegner. Es wird das unglaublichste Endspiel des deutschen Fußballs. Bereits in der ersten Minute trifft Hermann Eppenhoff die Latte. Danach geht es Schlag auf Schlag:

1:0 Kalwitzki, 2:0 Urban, 3:0 Kalwitzki, 4:0 Kalwitzki, Halbzeit, 5:0 Tibulsky, 6:0 Kalwitzki, 7:0 Kalwitzki, 8:0 Szepan, 9:0 Kuzorra. Am Ende stehen nur noch acht Wiener auf dem Platz. Zuerst wird Klacl nach einem Kinnhaken gegen Fritz Szepan des Feldes verwiesen. Danach verletzen sich Vogl und Mirschitzka. Auswechseln gab's damals bekanntlich noch nicht. Selbst ein Elfmetergeschenk des Dresdener Schiris Schulz kann der Wiener Schilling nicht zum Ehrentreffer nutzen. Wiens Klacl wird für seinen Kinnhaken lebenslänglich gesperrt, später aber wieder begnadigt.

Am 10.12. kommt es zum Meisterschaftsspiel gegen Borussia Dortmund. Die Hoffnung des BVB auf ein achtbares Ergebnis schwindet schnell. Bereits zur Pause steht es 5:0, am Ende haben Kalwitzki und Szepan je dreimal, Barufka zweimal und Schrader einmal getroffen – 9:0.

Torjäger mit Hang zum Viererpack: Ernst Kalwitzki.

1940

Im Frühjahr werden die Gruppen für die Spiele zur Deutschen Meisterschaft – Schalke war mit 32:4 Punkten wieder Gaumeister geworden – erstmals nach regionalen Gesichtspunkten zusammengestellt. Schalke muss mit den übrigen Meistern des Westens, Fortuna Düsseldorf, Mülheimer SV und Kassel 03 in einer Gruppe spielen. Der Mülheimer SV wird mit 5:0 und 8:2 besiegt, gegen Kassel behalten die Schalker mit 5:2 und 16:0 die Oberhand.

Gegen die Düsseldorfer Fortuna spielen die Knappen zweimal Unentschieden, 0:0 und 1:1. Da die Mülheimer die Düsseldorfer mit 2:1 besiegen, erreichen die Schalker als Gruppensieger die nächste Runde. Nach dem 3:1-Halbfinalsieg gegen Waldhof Mannheim kommt es am 21.7. im Berliner Olympiastadion zum Endspiel gegen den Dresdener SC. Nach der frühen Schalker Führung durch Kalwitzki plätschert das Spiel vor sich hin. Von den Dresdener gibt es so gut wie keine ernsthaften Bemühungen, den Ausgleich zu erzielen. Nach 90 Minuten steht es immer noch 1:0 – Schalke ist zum fünften Mal Deutscher Meister.

Am 20.10. steht wieder das Derby gegen Borussia Dortmund auf dem Spielplan. Schon nach zwei Minuten eröffnet Ernst Kuzorra in der Glückauf-Kampfbahn den Torreigen, zur Halbzeit steht es bereits 5:0. Am Ende haben Ernst Kuzorra viermal und Ernst Kalwitzki zweimal getroffen. Schuh, Eppenhoff, Füller und Szepan treffen je einmal – 10:0 der bisher höchste Sieg im Revierderby.

1941

Mit dem 5:1 gegen den VfL Bochum am 30.3. sorgen die Schalker für einen neuen Rekord in den Spielen um die Gaumeisterschaft. 43:1 Punkte stehen am Ende auf dem blau-weißen Konto. Nur Westfalia Herne hatte es geschafft, den Knappen beim 1:1 einen Punkt abzuknöpfen. In den Gruppenspielen setzen sich die Schalker gegen Hannover 96, Borussia Fulda und den Hamburger SV durch. Nach einem 4:1 im Halbfinale gegen den VfL Köln geht es im Finale gegen Rapid Wien. Das Endspiel findet am 22.6. vor 95.000 Zuschauern in Berlin statt – am gleichen Tag überfällt die deutsche Armee die Sowjetunion. Durch zwei Treffer von Hinz führen die Schalker zur Pause bereits mit 2:0. Kurz nach Wiederanpfiff erhöht Hermann Eppenhoff auf 3:0. Dreimal hintereinander Deutscher Meister zu werden – das war zuvor noch keinem Verein gelungen. Und es sollte den Schalkern auch nicht gelingen.

Denn es wird der große Tag von Rapids Mittelstürmer Bimbo Binder. Und von Schiedsrichter Reinhardt aus Stuttgart. Der verhängt zwei Elfmeter und zwei Freistöße gegen die Schalker, die zum Teil angezweifelt werden durften. Kurz vor Schluss erzielt Binder das 4:3 für Wien. Beim anschließenden Bankett weigert sich Ernst Kuzorra, die Ehrennadeln für den Vizemeister anzunehmen. Fast alle waren sich einig: Schalke sollte nicht schon wieder Meister werden.

Im Pokal erreichen die Schalker nach vier Jahren wieder das Finale in Berlin. Die frühe Dresdener Führung durch Kugler gleicht Ernst Kuzorra in der 51. Minute aus, doch im

Gegenzug fällt durch Carstens die erneute Dresdener Führung. Bei diesem 2:1 bleibt es bis zum Abpfiff.

1942

Von einem normalen Spielbetrieb kann kaum noch die Rede sein. Die Spieler werden immer seltener freigestellt, auch die siebzehn- und achtzehnjährigen Nachwuchsspieler müssen in den Krieg ziehen. Nur die Vereine mit einem großen Spielerkader können ihr spielerisches Niveau halten. In den Spielen um die Gaumeisterschaft hat Schalke nichts zu befürchten. Die Gegner werden teilweise zweistellig nach Hause geschickt (z.B. 12:0 gegen SpVgg Herten und 11:1 gegen Arminia Bielefeld). Erstmals werden die Spiele um die Deutsche Meisterschaft nach dem K.o.-System ausgespielt. Nach dem 2:0-Sieg gegen Stade Düdelingen ist im Achtelfinale der 1.FC Kaiserslautern der Gegner. In den Reihen der Lauterer steht an diesem Tag ein junger Mittelstürmer, dessen Name später weltbekannt werden sollte: Fritz Walter. Doch an diesem Tag ist ein guter Mittelstürmer zu wenig. Mit 9:3 werden die Kaiserslauterner besiegt.

Im Viertelfinale wird Straßburg mit 6:0 geschlagen. Mit dem gleichem Ergebnis wird im Halbfinale Kickers Offenbach nach Hause geschickt. Am 5.7. steht Schalke wieder im Finale. Und wieder kommt der Gegner aus dem angeschlossenen Österreich – Vienna Wien. Die Schalker schaffen es, für dieses Spiel noch einmal alle Spieler zusammen zu bekommen, nur Gellesch fehlt. Ernst Kalwitzki und Fritz Szepan schießen den 2:0-Endstand heraus – damit wird Schalke zum sechsten Mal Deutscher Meister und egalisiert den Rekord des Nürnberger Clubs. Auch das Pokalfinale wird wieder erreicht. Doch aus dem Double wird nichts. 1860 München siegt durch zwei Treffer durch Willimowski und Schmidhuber kurz vor Schluss mit 2:0.

1943

In den Spielen um die Deutsche Meisterschaft starten die Schalker mit zwei Siegen gegen SV Kassel (8:1) und Wilhelmshaven (4:1). In der Zwischenrunde scheitern die Knappen mit 1:4 gegen Holstein Kiel. Im Mai stirbt Ala Urban im Krieg, er liegt auf dem Soldatenfriedhof in Ilmensee begraben. Walter Berg und Natz Füller werden ebenfalls Opfer des Krieges.

Gefallen für den deutschen Größenwahn: Ala Urban.

1944

Die Zeit der großen Traditionsmannschaften ist vorbei. Die Garnisonsmannschaften mit den stärksten Gastspielern geben mittlerweile den Ton an. Trotzdem dominieren die Schalker noch immer die Spiele um die Gaumeisterschaft. Mit 31:3 Punkten erringen die Schalker Ende März noch einmal den Titel des Gaumeisters. Ernst Kuzorra ist inzwischen 38 Jahre, Fritz Szepan 36 Jahre alt. In der ersten Runde in den Spielen um die Deutsche Meisterschaft wird die KSG Köln mit 5:0 besiegt, in der nächsten Runde ist die KSG Duisburg jedoch Endstation. Mit 1:2 verlieren die Schalker Ende Mai in der Duisburger Wedau.

Trotz der zunehmenden Bombardierung will der Westdeutsche Spielverband im Herbst noch eine Meisterschaftsrunde starten. Das erste Spiel in Witten ist auch das letzte. Beim Stand von 6:2 für die Königsblauen erscheinen die Jagdbomber. Das nächste Spiel gegen Westfalia Herne findet nicht mehr statt.

Am 4. November stirbt Papa Unkel, der über zwei Jahrzehnte der ruhende Pol des blau-weißen Schiffes war. In Gelsenkirchen wird die Glückauf-Kampfbahn zerstört, das Spielfeld ist ein einziges Bombentrichterfeld, der Schalker Markt ein Haufen Trümmer. In Mutter Thiemeyers Gaststätte werden sämtliche Pokale seit 1924 vernichtet. Der Krieg zerstörte alles, nahm auf nichts und niemanden Rücksicht. Auch nicht auf Ausnahmefußballer.

5. SCHALKER GLANZZEIT: LAUTER SIEGE ODER SIEG HEIL?

Sechs von sieben Titeln errangen die Schalker zwischen 1934 und 1942. Die Glanzzeit des Vereins fiel in die glanzloseste Deutschlands. Ein historischer Zufall oder ließen sich die Knappen missbrauchen? Über 60 Jahre danach fällt eine eindeutige Beurteilung schwer. Zu lange war das Thema ein Tabu.

Juli 1940. Über 70.000 Menschen füllen das Berliner Olympiastadion. Euphorie und gespannte Erwartung liegen über dem weiten Rund. Eines der ganz großen Spiele soll es werden, ein Fußballfest. Schalke 04 spielt um seine fünfte deutsche Meisterschaft gegen den traditionsreichen Dresdener SC. Die beiden Mannschaften haben sich nebenan auf dem Reichssportfeld warmgelaufen und betreten unter großem Jubel die mit Hakenkreuzen ausgeflaggte Arena, in der vier Jahre zuvor der farbige US-Sprinter Jesse Owens seine legendären Olympiasiege feierte.

Juli 1940. 1.500 Kilometer weiter westlich. Deutsche Wehrmacht und SS-Verbände säubern in Paris nach dem Blitzkrieg gegen Frankreich den Widerstand, unterdrücken die Bevölkerung. Norwegen, Dänemark, Belgien, Holland und Polen sind besetzt. Tausenden haben die deutschen Kriegsüberfälle das Leben gekostet. Die Ausrottung der Juden ist in vollem Gange.

In Oslo, Brest, Antwerpen und Warschau knistert der Volksempfänger. Überall sitzen deutsche Landser in Bunkern und Unterständen und verfolgen die Übertragung aus dem Olympiastadion der Reichshauptstadt Berlin.

Im weiten Rund der Arena ist vom Krieg nichts zu spüren. Die Spieler machen vor der Reichssportführung den Hitlergruß, und das Rundfunkorchester wird die Bilder für die Wochenschau musikalisch unterlegen. Schalke gewinnt 1:0 und erringt zum fünften Mal die Viktoria in einem der schwächsten Endspiele der letzten Jahre.

Die erfolgreichsten Zeiten des Ruhrgebietsclubs fielen in die Jahre des NS-Regimes. Sechsmal fuhren die Knappen mit der Viktoria unterm Arm zurück zum Schalker Markt. Und dennoch: Den Schalker Höhenflug als einseitige Bevorzugung und Förderung seitens der Nationalsozialisten abzutun, wäre zu einfach und falsch.

WAS SAGTE KUZORRA WIRKLICH?

Die Mannschaft erreichte ihre größte spielerische Reife in diesen Jahren. Aber sie stellte sich dem Regime auch nicht kritisch gegenüber. Kuzorra wird mit dem Satz zitiert: »Wir wollten Fußball spielen, mit was anderem wollten wir nichts zu schaffen haben. Politik und Religion spielten bei uns überhaupt keine Rolle.«

Aber auch die folgenden faschistoiden Aussagen von 1936 sollen von Ernst Kuzorra, dem populärsten Spieler dieser Jahre, stammen:

»Man hat manchmal gefragt, warum gerade eine Arbeitermannschaft aus dem Industrieort Schalke den höchsten Ruhmestitel, den der deutsche Fußball zu vergeben hat, errang. Arbeiter aber, meine ich, ist ein stolzes Wort. Gerade hier im Gebiet, und Gott sei Dank heute überhaupt wieder in Deutschland! Jeder Deutsche, der seine Pflicht tut, sei es an höchster, sei es an geringster Stelle, ist in dem neuen, weiten, echten Sinne des Wortes ein ›Arbeiter‹. Der studierende Mensch ist noch zu sehr der Fragende, um die antwortfrohe Entschlossenheit aufzubringen, auf die es im Sport, wie nebenbei auf anderen Gebieten, zum Beispiel der Politik – welchen Beweis liefert hier allein schon Adolf Hitler – vielleicht zu allererst ankommt.«

Und sein Schwager Fritz Szepan wird von den gleichen Autoren anlässlich der Fußball-WM 1934 in Italien zitiert: »Für uns, ganz besonders für mich, kam nun ein unvergesslicher Augenblick: Ich stand vor Mussolini, Auge in Auge mit dem Duce, oben wehten die Fahnen des Reiches. Das Deutschland- und Horst-Wessel-Lied schwang über den Platz. In dieser Stunde! Versteht ihr, dass das ans Herz geht?«

Waren also die berühmtesten Schalker aller Zeiten den Nationalsozialisten doch näher verbunden, waren sie Nazis?

Der Schalke-Experte Hans-Dieter Baroth meldet dagegen massive Zweifel an: »Der Sprachduktus und der klare Satzbau Ernst Kuzorras irritieren. Der sprach doch nie so. Die Fußballstars von damals und heute erzählten den Journalisten in langen Gesprächen ihr Leben, die Autoren gossen das Erzählte in eine journalistische Fassung. Da könnte Kuzorra Einiges in den Mund gelegt worden sein.«

Und so auch Fritz Szepan. Auch die ablehnende Haltung Kuzorras gegenüber dem Reichstrainer Dr. Otto Nerz spricht gegen die Vermutung, dass der Arbeiterkicker Anhänger arischen Gedankengutes war.

Gesichert hingegen erscheint die Erkenntnis, dass Fritz Szepan von der Arisierung eines jüdischen Textilhauses in Gelsenkirchen profitiert hat, welches er zu einem Preis weit unter Marktniveau erwerben konnte. Dies war unter anderem auch der Grund, dass er nicht mehr als Namenspatron für eine Straße in Gelsenkirchen in Frage kam.

Sicher ist auch, dass die NS-Sportfunktionäre dem Club keine größeren Steine in den Weg legten. Schalke war immer in bürgerlichen Sportverbänden organisiert und gehörte nie dem linken »Arbeiter Turner u. Sportbund« (ATSB) oder ähnlichen Ver-

Arbeiter ist ein stolzes Wort:
Ernst Kuzorra.

bänden an, die später verboten wurden. Die Herren im Vorstand und der Zeche waren keine ausgesprochenen Gegner der Nationalsozialisten. Man passte sich halt der Situation an und verlegte sich ins Unpolitische.

Viele Arbeitersportler des ATSB wurden damals zum Übertritt in DFB-Vereine gedrängt. Sie hatten die Wahl zwischen einem Wechsel auf der einen, oder Repressionen auf der anderen Seite – falls sie das Fußballspielen nicht ganz einstellten. Schalker Spieler standen nie vor solchen Problemen. Die Absichten der NS-Machthaber waren subtil. Die Blau-Weißen sind ein Beispiel dafür, welchen Einfluss konservativ-bürgerliche Kräfte durch die Verbände wie den DFB, und die Vereinsvorstände auf große Teile der einfachen Arbeiter ausübte.

OPIUM FÜR DAS VOLK

Vordergründig wurde der Fußball entpolitisiert um als »Opium für das Volk« zu dienen. Hintergründig nutzte aber der Staat die fußballspezifischen Eigenschaften Kampfkraft und Teamgeist propagandistisch aus, stellte sie als typisch arische Tugenden dar und wollte so die Identifikation zwischen Fußballanhängern und Nazidiktatur steigern. Indem der Reichssportführer Hans von Tschammer und Osten den Übertritt von ATSB-Sportlern bewusst leicht machte, beabsichtigten die Nazis auch die linksorientierte Arbeiterschaft mit Hilfe des Fußballs stärker an das Regime zu binden. Die übergetretenen Spieler versuchten oft, auf sportlichem Weg ihren Gegnern die Stirn zu bieten, um ihre persönliche Opposition weiterzuführen.

In dem Maße, wie nach und nach vom ATSB über die kommunistische »Kampfgemeinschaft für Rote Sporteinheit« (RS) bis zur katholischen Deutschen Jugendkraft (DJK) alle Sportverbände nach der Machtergreifung ausgeschaltet wurden, biederte sich der DFB den Nazispitzen an und schaltete sich quasi selber gleich. Der DFB existierte als Fachamt Fußball im Reichsausschuss für Leibesübungen weiter. Bezeichnenderweise war der damalige DFB-Präsident Felix Linnemann SS-Obersturmbannführer.

Der Höhepunkt jeder Fußballsaison war natürlich das seit 1937 immer im Olympiastadion stattfindende Endspiel in Berlin. Die Nazis pflegten diese Finals bombastisch zu inszenieren und als arische Fußballfeste zu feiern. So wurden heroische Siege, wie der sensationelle 9:0-Erfolg Schalkes gegen Admira Wien um die erste großdeutsche Fußballmeisterschaft 1939 nach dem Anschluss Österreichs gerne gesehen. Erst recht, weil große Siege deutscher Fußballarbeiter gegen Wiener Intellektuellenkicker die Euphorie und das Gefühl der Unbesiegbarkeit noch steigerte. Der 9:0-Erfolg gegen Admira Wien war Wiedergutmachung für das vermutlich geschobene Endspiel ein Jahr zuvor gegen Hannover 96.

Damals unterlagen die Schalker an gleicher Stelle nach merkwürdigen Schiedsrichterentscheidungen 3:4 gegen die Niedersachsen. »Es musste mal eine andere Mannschaft Deutscher Meister werden, sonst wäre es langweilig geworden. Die anderen haben ja schon richtig Angst ins Endspiel zu gehen, weil sie ja doch von Schalke geschlagen werden«, sagte von Tschammer und Osten abends auf dem Bankett.

Daraus darf resümiert werden: Die Nazis griffen in den Spielbetrieb ein und die Mannschaften waren in diesen Situationen hilflose Marionetten. Den deutschen Vereinen erging es besser als den Wiener Fußballclubs, die alle gleichgeschaltet wurden. Der jüdische Fußballclub Hakoah Wien wurde direkt verboten und zerschlagen, die Mitglieder verfolgt. Der »Gentleman«-Club Austria Wien, ein großbürgerlicher Intellektuellenverein mit ebenfalls vielen jüdischen Mitgliedern, wurde von den Nazis übernommen und weitergeführt. Mit Rapid Wien verfuhren die Nationalsozialisten im Prinzip ähnlich wie mit Schalke 04. Sie instrumentalisierten Rapid als gutbürgerlichen Arbeiterverein, um die linke Arbeiterschaft über den Fußball zu kontrollieren.

Die Schalker Spieler wurden im Kriegsdienst im Vergleich zu den Wiener Kickern bevorzugt behandelt. Waren die Leistungsträger der »Ostmark«, so hieß der Spielbezirk, an den Fronten in ganz Europa zerstreut und so die Meisterschaftsrunden eine Farce, so lief der Spielbetrieb im »Altreich« und bei Schalke etwas geordneter ab. Kuzorra und Szepan waren Feldwebel bei einer Flakeinheit für Katastropheneinsätze in Essen-Kray. Die Freistellungen wurden anfangs großzügig gewährt, und waren sogar ab 1942 nicht unmöglich. Die meisten Spieler standen zumindest bei Beginn des Krieges in Garnisonen in Mühlheim und Münster. Anfangs hatten sie an den Wochenenden Urlaub, um für die Knappen zu kicken. Unter der Woche verstärkten sie oft die Soldatenmannschaften. Aber spätestens seit 1943 endet die relative Bevorzugung der Spitzenspieler – nicht nur der von Schalke 04. Besonders junge Spieler, bei den Knappen etwa Bernhard »Natz« Füller, werden wie ihre Altersgenossen an die Front geschickt. Urban und Füller fielen im Krieg, Hans Klodt wurde verwundet. Walter Berg geriet in tschechische Kriegsgefangenschaft, bei einem Fluchtversuch wurde er erschossen.

6. DER LORBEER WELKT

Juli 1945 – die Glückauf-Kampfbahn ist immer noch ein großes Trümmerfeld. Nach und nach kehren Spieler der großen Meistermannschaft aus dem Krieg zurück. Ala Urban, Natz Füller und Walter Berg haben den Krieg nicht überlebt. Hermann Eppenhoff, Schuh und Walter Zwickhofer befinden sich noch in Kriegsgefangenschaft. Ernst Kalwitzki ist zu Rhenania Köln gewechselt, Rudi Gellesch nach Lübbecke gezogen. Karl Barufka spielt in Stuttgart. Hermann Nattkämper, Ernst Poertgen, Ferdl Zajons und Tullux Valentin haben die Fußballschuhe endgültig ausgezogen. Vom alten Stamm sind noch Hans Klodt, Ernst Kuzorra, Fritz Szepan, Ötte Tibulsky und Otto Schweisfurth übrig geblieben. Kuzorra ist mittlerweile 40, Szepan 38 Jahre alt.

Die Schalker reisen über die Dörfer und absolvieren »Bratkartoffelspiele«. Die Antrittsprämie wird mit Lebensmitteln bezahlt, die Königsblauen bedanken sich mit einer Torflut. Bei allen Auftritten gehen die Schalker als Sieger vom Platz. Den Auftakt macht am 22. Juli das 7:1 gegen die Stadtauswahl von Wanne. Danach folgen u.a. ein 15:0 in Sonnborn, das 19:1 in Byfang oder ein 10:1 in Westerholt.

1946

Immer noch wird für Kartoffeln und andere Nahrungsmittel gekickt. Erwitte, Lemgo, Leer und Röhlinghausen stehen zum Beispiel auf dem Spielplan. Im Frühjahr wird der Westdeutsche Fußballverband in Essen wieder ins Leben gerufen. Ihr erstes Meisterschaftsspiel tragen die Schalker am 9. März gegen Alemannia Gelsenkirchen (4:1) aus. Am 7. Juli findet das erste Spiel in der wiederaufgebauten Glückauf-Kampfbahn statt. Westfalia Herne wird durch je zwei Tore von Hinz und Winkler sowie einem Treffer von Berni Klodt mit 5:0 geschlagen. Im September sind nacheinander der süddeutsche Meister VfB Stuttgart und der Nordmeister Hamburger SV in der Glückauf-Kampfbahn zu Gast. Die Schwaben werden mit 7:1 deklassiert, die Hamburger müssen mit der Erinnerung an einen 2:0-Sieg der Schalker durch Treffer von Winkler und Gawliczek zurück an die Alster fahren.

1947

Zu Jahresbeginn stellen die Knappen einen Rekord auf. In der Westfalenliga müssen sie am 23. Februar auswärts am Hertener Katzenbusch gegen die Spielvereinigung Herten antreten. Im Hertener Schnee veranstalten die Königsblauen ein Schützenfest und fahren mit einem 20:0 im Gepäck zurück nach Gelsenkirchen. Achtfacher Torschütze in diesem Spiel: Herbert Burdenski. Die Spiele der Westfalenliga werden in zwei Gruppen ausgetragen. Die Knappen werden mit 34:2 Punkten überlegen Gruppensieger. In der anderen Gruppe dominieren die Dortmunder Borussen. Der Westfalenmeister muss in einem Entscheidungsspiel ermittelt werden.

Am 18. Mai kommt es am Schloss Strünkede in Herne zum Aufeinandertreffen der beiden alten Rivalen. Hinz schießt die Knappen zwar kurz vor der Pause in Führung, doch in der 53. Minute gleicht der Dortmunder Michallek zum 1:1 aus. Nach dem 2:1 durch Ötte Tibulsky erlebt Hans Klodt einen der schwärzesten Tage seiner Torwartkarriere. Erst rutscht ihm ein Weitschuss des BVB-Verteidigers Ruhmhofer zum 2:2 durch die Hände. Und fünf Minuten vor Schluss stürzt er bei einer Abwehr im Strafraum und muss am Boden liegend mit ansehen, wie Sandmann den 3:2-Endstand herausschießt. Dieser Sieg bedeutet eine Wende im Westen. Der ewige Zweite Borussia Dortmund zieht erstmals an den Schalkern vorbei. Liegen vielleicht hier die Wurzeln einer Rivalität, die noch Jahrzehnte später existieren sollte?

Im Herbst startet wieder der Oberligabetrieb. Vor 30.000 Zuschauern erkämpfen sich die Schalker im ersten Spiel ein 2:2 bei Hamborn 07. Am zweiten Spieltag kommt es beim ersten Heimspiel zum Duell gegen Borussia Dortmund. Die Halbzeitführung der Dortmunder gleicht Herbert Burdenski kurz nach dem Wiederanpfiff zum 1:1-Endstand aus.

Acht auf einen Streich: Herbert Burdenski.

Aber die Schalker Mannschaft ist nicht wiederzuerkennen. Heimniederlagen gegen die SpVgg Erkenschwick, Fortuna Düsseldorf und die STV Horst-Emscher sorgen für eine enttäuschende Hinrunde.

1948

Auch die Rückrunde der ersten Oberligasaison bringt keine Besserung. Am Saisonende stehen die Knappen mit 24:24 Punkten auf dem sechsten Tabellenplatz. Gawliczek und Winkler wechseln zu ihren Heimatvereinen Meiderich bzw. Essen zurück. Fritz Szepan hatte fast die ganze Saison wegen einer schweren Knieverletzung ausgesetzt. Der Schalker Lorbeer welkt.

1949

Es kommt noch dicker: Nach Abschluss der Oberligasaison 48/49 stehen die Knappen auf dem 12. (und damit vorletzten) Platz in der Tabelle. In der Relegationsrunde müssen sie gegen Bayer Leverkusen und VfL Benrath antreten. Nur der Gruppensieger bleibt in der Oberliga. Es sieht bedenklich nach Abstieg und Absturz aus. Die Mannschaft ist am absoluten Tiefpunkt angelangt. Nach Abschluss der Oberligarunde, aber noch rechtzeitig vor Beginn der Relegationsspiele kehren im Sommer Walter Zwickhofer und Hermann Eppenhoff aus der Kriegsgefangenschaft zurück. Beide beherrschen immer noch das berühmte Schalker Kombinationsspiel, den Kreisel, und können der desolaten königsblauen Truppe den Rückhalt geben, der im Abstiegskampf nötig ist.

Im ersten Spiel wird Bayer Leverkusen mit 1:0 besiegt. Am 21. August treffen dann im Wuppertaler Zoo-Stadion Schalke und Benrath aufeinander. Vor 35.000 Zuschauern spielen die Schalker wie entfesselt auf. Matzek (3), Grzella (3), Zwickhofer (2) und Groß schießen einen 9:0-Sieg heraus. Schalke hat den Klassenerhalt noch einmal geschafft. Der sechsmalige Deutsche Meister jubelt über den Oberliga-Klassenerhalt. Die Zeiten haben sich geändert.

1950

Langsam geht es wieder aufwärts. Am Saisonende stehen die Schalker auf dem sechsten Tabellenplatz. Viel wichtiger aber ist für viele Schalker Fans der 12. März. 50.000 Zuschauer drängeln sich an diesem Tag in die Glückauf-Kampfbahn. Ränge, Aschenbahn und Bäume – alles ist total überfüllt. Es ist wieder Revierderby. Schalke gegen den BVB elektrisiert die Massen. Zwei Tore von Behring und Matzkowski sorgen für ein 2:1 – der erste Schalker Sieg in einem Revierderby der Nachkriegszeit. Die Sportpresse schreibt von einer Siegesfeier der Königsblauen, als hätten sie gerade ihre siebte Deutsche Meisterschaft errungen.

Der Neuaufbau, längst überfällig, beginnt. Albert Wildfang löst Josef Wietfeld als Vereinspräsident ab. Trainer der Knappen ist mittlerweile Fritz Szepan. Heia Dargaschewski, Paul Matzkowski, und Berni Klodt sind die Stützen der neuen Schalker Mannschaft. Von der alten Truppe sind noch Hermann Eppenhoff und Walter Zwickhofer dabei.

Am 12. November ist der brasilianische Meister Athletico Mineiros Belo Horizonte in Gelsenkirchen zu Gast. Es ist das Abschiedsspiel für den mittlerweile 45jährigen Ernst Kuzorra und seinen zwei Jahre jüngeren Schwager Fritz Szepan. Beide spielen noch einmal zwanzig Minuten und gehen dann Arm in Arm vom Platz. Schalke verliert dieses Spiel mit 1:3, das Ergebnis ist jedoch für alle Beteiligten vollkommen bedeutungslos.

1951

Ein altes Schalke-Gefühl kommt wieder auf. Hohe Siege, zum Beispiel 8:0 gegen Borussia Mönchengladbach und 8:1 gegen Preußen Dellbrück (sechs Tore durch Kleina), sorgen während der ganzen Saison für einen Spitzenplatz. Am vorletzten Spieltag ist wieder der BVB in der Glückauf-Kampfbahn zu Gast. Die Schalker liegen vor dem Spiel der Spiele punktgleich mit Preußen Münster an der Tabellenspitze, die Dortmunder mit gerade mal einem Pünktchen Rückstand auf dem dritten Platz. 40.000 Zuschauer gegen nach dem Spiel enttäuscht nach Hause. Ein absolut langweiliger Kick endet 0:0. Auf Schalker Seite fehlen mit Berni Klodt und Hermann Eppenhoff zwei wichtige Angriffsspieler. Trainer Fritz Szepan setzt deshalb auf die totale Defensive und tritt ohne Stürmer an. Der einzige Angreifer auf dem Papier ist Matzek – er spielt Innenverteidiger. Im Nachhinein erweist sich die für die Zuschauer langweilige Taktik jedoch als richtig. Mit einem 4:1 im letzten Spiel gegen Katernberg am 29. April sichern sich die Schalker die erste Meisterschaft in der Oberliga West. Zum ersten Mal spielen die Knappen nach dem Krieg in den Gruppenspielen um die Deutsche Meisterschaft mit.

Der Start verläuft katastrophal. Die Gegner heißen St. Pauli, SpVgg Fürth und 1.FC Kaiserslautern. Nach der Hinrunde stehen 1:5 Punkte auf dem Konto. Eine Heimniederlage (1:2) gegen Pauli, ein 0:0 in Fürth und ein 0:1 in Kaiserslautern sind zu wenig. Die Aufholjagd in der Rückrunde ist jedoch nicht von Erfolg gekrönt. Drei Siege sorgen am Ende zwar für 7:5 Punkte und Platz zwei, aber laut Reglement zieht nur der Gruppensieger Kaiserslautern mit Kapitän Fritz Walter in die nächste Runde ein.

1952

Ein neuer Konkurrent im Westen. Rot-Weiss Essen sichert sich überlegen die Oberligameisterschaft. Mit fünf Punkten Rückstand werden die Schalker Zweiter und nehmen ebenfalls an den Gruppenspielen um die Deutsche Meisterschaft teil. Mit mäßigem Erfolg. Ein 3:0-Sieg gegen den Hamburger SV, ein 2:2 in Nürnberg und vier Niederlagen sorgen für den letzten Gruppenplatz. Die Schalker Mannschaft erweist sich als Torso: 22 Gegentore in sechs Gruppenspielen. Weder Heinz Kersting noch Hartenstein können als Keeper dieses Debakel verhindern. Dafür überstehen die Schalker erstmals die Regio-

Ein Hesse auf Schalke: Günter Siebert.

nalrunden im DFB-Pokal und erreichen die 1. Hauptrunde. Dort ist aber schon im ersten Spiel am 17. August Borussia Neunkirchen Endstation (1:2).

1953

In den Oberligaspielen ist wieder Durchschnitt angesagt. Ein sechster Tabellenplatz ist am Ende die Ausbeute. Der Rechtsanwalt Albert Möritz löst den bisherigen Präsidenten Josef Wietfeld ab. Am Schalker Markt wächst langsam eine völlig neue Mannschaft heran. Torwart Heini Kwiatkowski wechselt nach Dortmund. Dafür tauchen andere junge Spieler auf: Manni Orzessek hütet das Schalker Tor, Helmut ›Catcher‹ Sadlowski und Günter Brocker verteidigen. Im Sturm geht ein 23-jähriger Hesse, der von Kassel 03 zu den Knappen gewechselt ist, auf Torejagd: Günter Siebert. Kein Superfußballer, meinen Beobachter, aber dafür ein durchschlagskräftiger Stürmer mit einem gewaltigen und sicheren Schuss.

1954

Schalke wird 50. Jubel, Trubel, Heiterkeit nicht nur am Schalker Markt. Am 1. August findet das Jubiläumsspiel gegen den Club aus Nürnberg statt, das die Knappen mit 3:1 für sich entscheiden. Bei der Fußball-WM in der Schweiz ist Berni Klodt dabei. In der Vorrunde gehört er in den beiden Spielen gegen die Türkei noch zur Mannschaft, im Finale gegen die Ungarn im Berner Wankdorf-Stadion ist er nicht mehr dabei, weil auf seiner Position Helmut Rahn den Vorzug bekommt.

Am Rande der Fußball-WM wird der Wiener Edi Frühwirth als neuer Trainer verpflichtet. Sein Vorgänger Fritz Szepan war zuvor auf eigenen Wunsch zu Rot-Weiss Essen gewechselt, mit denen er zwei Jahre später Deutscher Meister werden sollte.

7. ERST FLUTLICHT, DANN LICHTBLICK

Hässliche letzte Spielminuten, böse Karlsruher: Nach dem 50. Geburtstag musste Schalke allerhand Unbill überstehen. Doch dann kam das (Flut-)Licht und am Ende wurde alles gut, wie im Märchen.

Neue Ideen: Edi Frühwirt

1955

Edi Frühwirth, im Jahr zuvor als neuer Trainer verpflichtet, beginnt mit dem Umbau der Schalker Mannschaft. Otto Laszig, Piontek und Helmut Jagielski rücken in die erste Mannschaft auf, aus Kassel kehrt Günter Siebert wieder zurück. Frühwirth legt viel Wert auf ein schnelles Reaktionsvermögen seiner Spieler. In der ersten Mannschaftsbesprechung stößt er nebenbei einen Aschenbecher vom Tisch. Der Einzige, der aufspringt, um das gute Stück zu retten, ist Walter Zwickhofer.

In den Oberliga-Spielen zahlt sich das Spezialtraining aber zunächst nicht aus. Am Ende der Saison stehen die Schalker mit fünfzehn Punkten Rückstand auf den Oberligameister Rot-Weiss Essen auf Platz 5. Hauptgrund ist die Niederlagenserie in den letzten Spielen der Rückrunde. Die Mannschaft konzentriert sich diesmal offensichtlich auf die Pokalspiele.

Die einzelnen Pokalrunden sind jedoch nichts für schwache Nerven. Bei Jahn Regensburg kassieren die Schalker in der 1. Runde kurz vor Schluss den 1:1-Ausgleich und auch im Wiederholungsspiel in der Glückauf-Kampfbahn haben die Knappen große Probleme. Zwar führen sie bereits nach 15 Minuten mit 3:0, lassen aber dann die Zügel schleifen. Zur Halbzeit führt plötzlich Regensburg mit 4:3. Zwei Sadlowski-Tore und ein Elfmeter von Paul Matzkowski in der Schlussminute sorgen dann doch noch für einen glücklichen 6:4-Erfolg. In der zweiten Runde ist Schweinfurt 05 zu Gast. Zwar erzielt Soya bereits in der 9. Minute den Schalker Führungstreffer, doch auch hier fällt kurz vor Schluss der 1:1-Ausgleich der Schweinfurter. Im Rückspiel erzielt Hansi Krämer den 1:0-Siegtreffer für die Blauen in der 73. Minute.

Im Viertelfinale gegen Bremerhaven 93 brauchen die Schalker bis zur 80. Minute, um in der Glückauf-Kampfbahn durch ein Freistoßtor von Günter Brocker in Führung zu gehen. Drei Minuten vor Schluss sorgt wiederum Brocker per Elfmeter für den 2:0-Endstand.

30.000 Zuschauer sehen am 7. April in Wuppertal das Halbfinale, bei dem sich Schalke und Kickers Offenbach gegenüberstehen. Schon nach zwei Minuten steht es 1:0 für die Kickers, die auch im weiteren Verlauf die spielbestimmende Mannschaft sind. Trotzdem fällt in der 28. Minute der Ausgleich durch Wilmovius. Nach dem Wechsel gibt es Einbahnstraßen-Fußball: Offenbach stürmt und Schalke mauert. Sieben Minuten vor Schluss lenkt der Offenbacher Kemmerer den Ball bei einem der wenigen Schalker Konter ins eigene Netz. Dabei bleibt es. Mehr als glücklich ziehen die Knappen ins Pokalendspiel ein.

Am 21. Mai ist in Braunschweig der Karlsruher SC Endspielgegner. Den Karlsruher Führungstreffer durch einen Kopfball von Kunkel gleicht Manfred Sadlowski nach einer Flanke von Berni Klodt mit dem Pausenpfiff aus. Wiederum Sadlowski bringt die Schalker in der 70. Minute mit 2:1 in Führung. Bis kurz vor Schluss sieht alles nach dem zweiten Schalker Pokalsieg aus. Ein Doppelschlag in der 85. Minute durch Sommerlatt und Traub, der den Ball fast von der Eckfahne aus ins Netz setzt, reißt die Knappen jedoch aus allen Träumen. Karlsruhe holt sich den Pokal.

1956

Die Arbeit von Edi Frühwirth trägt weitere Früchte. Als Zweiter der Oberliga Westfalen nehmen die Knappen an den Spielen um die Deutsche Meisterschaft teil. In den beiden Heimspielen gegen Hannover 96 und den 1.FC Kaiserslautern gewinnen die Schalker mit 3:1. In Hannover heißt es am Ende 4:0 für die Knappen, während das Spiel auf dem Betzenberg 4:4 endet. Hier zeigt sich wieder, dass die Schalker keinen Vorsprung über die Zeit bringen können. Fünf Minuten vor Schluss heißt es noch 4:2 für die Blau-Weißen, dann treffen noch Wenzel und Scheffler für die roten Teufel. Das eigentliche Schalker Problem heißt jedoch wieder Karlsruher SC. In der Glückauf-Kampfbahn siegen die Badener mit 3:0. Am letzten Spieltag müssen die Schalker nach Karlsruhe reisen. In der Tabelle sind die Königsblauen zu diesem Zeitpunkt Erster und haben zwei Punkte Vorsprung auf die Karlsruher. Ein Unentschieden würde die Endspielteilnahme bedeuten. Zweimal gehen die Schalker durch Tore von Hansi Krämer und Otto Laszig in Führung, zweimal gleicht Karlsruhe bis zur Pause noch aus. Der 3:2-Siegtreffer durch Beck in der 79. Minute beendet alle Schalker Hoffnungen auf das Endspiel – wieder ist man an den Karlsruhern gescheitert.

Am 22. Dezember wird in der Glückauf-Kampfbahn die Flutlichtanlage mit einem Freundschaftsspiel gegen UDA Prag eingeweiht. Zugleich ist es das Abschiedsspiel für den letzten Aktiven aus den Meistermannschaften der Vorkriegszeit: Hermann Eppenhoff.

1957

Die Blauen spielen auch in dieser Saison wieder oben mit. Am Ende werden sie jedoch nur Vierter, drei Punkte hinter dem Meidericher SV, der als Tabellenzweiter an den Spielen um die Deutsche Meisterschaft teilnehmen darf. Mit Willi Koslowski, der auf der Zeche Hugo arbeitet, steht aber wieder ein echter Knappe in der Mannschaft.

1958

Die Schalker machen es unnötig spannend. Am vorletzten Spieltag geht das Heimspiel gegen den Tabellenzweiten 1.FC Köln mit 2:3 verloren – die Entscheidung um den Meistertitel wird vertagt. Das letzte Meisterschaftsspiel am 13.4. gewinnen die Knappen beim SV Sodingen mit 1:0 und sichern sich mit einem Punkt Vorsprung vor den Kölnern den Titel des Westfalenmeisters.

Die Fußball-WM in Schweden steht vor der Tür. Neben Berni Klodt kommt auch Heiner Kördell im Dress der Nationalmannschaft zum Zug. Gegen Ägypten bestreitet er sein einziges Länderspiel.

Aus Zeitgründen wird die Endrunde um die Deutsche Meisterschaft in zwei Gruppen gespielt, wobei es nur zu jeweils einem Aufeinandertreffen auf neutralem Platz kommt. 4:1 gegen Eintracht Braunschweig, 9:0 gegen Tennis Borussia Berlin und 3:0 gegen den Karlsruher SC – die Blauen sichern sich überlegen den Gruppensieg. In der anderen Gruppe steht der Hamburger SV (mit dem jungen Uwe Seeler in seinen Reihen) am Ende vorn.

18. Mai 1958: Es wird der Tag des Berni Klodt. Im Hannoveraner Niedersachsen-Stadion sehen 80.000 Zuschauer eine von Anfang an stürmende Schalker Mannschaft. Durch zwei Klodt-Treffer heißt es bereits zur Halbzeit 2:0. Nach der Pause erhöht Manni Kreuz auf 3:0. Der hohe Favorit aus Hamburg wird geschlagen – Schalke ist zum siebten Mal Deutscher Meister.

Die Rückkehr nach Gelsenkirchen wird zu einem einzigen Triumphzug. Zwei Brauereien spendieren Freibier, das Regionalfernsehen überträgt live, eine Kneipe wird direkt nach dem Endspiel blau-weiß angestrichen. Berni Klodts Haus wird von oben bis unten mit Girlanden geschmückt. 50.000 Schalker feiern auf dem Bahnhofsvorplatz, ca. 300.000 Menschen geleiten die Schalker Mannschaft zur Feier am Hauptbahnhof. Ernst Kuzorra kommentiert den ersten Meistertitel nach 18 Jahren Pause auf seine unnachahmliche Art und Weise: »So haben sie uns 1942 nicht empfangen.«

Zum siebten Mal
Deutscher Meister:
Schalke im Jahre 1958.

8. MEISTER UND KOHLEKRISE

Die Jahreszahl 1958 steht auf den Schalke-Wimpeln für die bisher letzte errungene Meisterschaft. Das Jahr 1958 steht aber auch für den Beginn der Kohlekrise. Durch das Vordringen billiger Kohle aus Amerika und wegen der Umstellung auf das günstigere Erdöl kam es zur Absatzkrise; 40 Mio. Tonnen lagen bereits 1959 auf Halde. Erste Zechen mussten stillgelegt werden, das gesamte Revier bekam dies zu spüren. In den kommenden dreißig Jahren wurden über hundert Zechen stillgelegt. In Gelsenkirchen wurde 1959 die erste Feierschicht gefahren. Nicht nur auf Schalke waren die Zechen immer weniger in der Lage als Sponsor des Vereins aufzutreten. Immer mehr nahmen die Funktionsträger der Städte die Rolle der Zechenvertreter ein.

100 METER IN 11 SEKUNDEN

Auch bei Schalke war dies der Fall. Seit 1958 war mit Dr. Georg König der Stadtkämmerer Vereinsvorsitzender des FC Schalke 04. Dr. König war ein sehr geschätzter und einsichtiger Mann, dem man es durchaus zutraute, Schalke in eine gute Zukunft zu führen. Außerdem war er selbst alter aktiver Sportler, guter und begeisterter Handball- und Fußballspieler und zu seiner Zeit ein talentierter Leichtathlet (als 17-jähriger lief er die 100 Meter in 11,0 Sek.). Als dem Oberleutnant der Fallschirmtruppe bei der Ardennenoffensive allerdings ein Unterschenkel abgerissen wurde, waren weitere sportliche Träume ausgeträumt. Bei seiner Wahl zu Schalkes Vorsitzenden gab es Schwierigkeiten, da er selbst gar nicht anwesend war. Man hatte ihn durch eine Panne gar nicht benachrichtigt. Manch einem Schalker war sicher weh ums Herz geworden, als er einsehen musste, dass niemand aus dem eigenen Verein das Zeug hatte, den Klub in die Zukunft zu führen.

»LANG GENUG WIENER SCHNITZEL GEFRESSEN«

Trotz des neuen Mannes an der Vereinsspitze konnte Schalke sportlich das Niveau der Meistersaison nicht halten. Hansi Krämer, zeitweise als Nationalspieler im Gespräch, ging zurück nach Duisburg. Zwar kam mit Hans Nowak (ursprünglich Nowaschebski) von Eintracht Gelsenkirchen auch ein späterer Nationalspieler hinzu, aber am Ende der Saison 1958/59 stand Schalke auf einem enttäuschenden elften Platz. Der Österreicher Edi Frühwirt, der erste Schalker Trainer, bei dem die Psychologie eine Rolle spielte, wurde wegen Erfolglosigkeit gefeuert. »Wir haben lange genug Wiener Schnitzel gefressen«, soll Ernst Kuzorra gesagt haben. In seiner Doppelfunktion als Vorsitzender des Vereins und Kommunalbeamter musste König dafür sorgen, dass Schalke 04 der Stadt in vorzüglicher Verfassung erhalten blieb. Die Zeiten, in denen die Königsblauen unter Szepan und Kuzorra dem kleinen Mann durch die Erfolge der Mannschaft eine Art ideeller sozialer Befreiung von den Alltagssorgen gab, waren aber vorbei.

Die gemeinsame Überwindung der Nazi-Zeit, des Krieges und der Kriegsfolgen hatte dem Wirtschaftswunder Platz gemacht, Hunger und Not waren überstanden – doch

Schalke war schließlich Gelsenkirchens Aushängeschild geworden. Die Stadt hatte mit dem Verein Schalke 04 ihre einzige Fremdenattraktion. Das gilt im übrigen auch noch heute uneingeschränkt. Schalke 04 musste also, koste es was es wolle, mit seiner Tradition als Basis kommender Leistungen erhalten bleiben. Im Augenblick aber war die Mannschaft wieder mal im Umbau. Hermann Eppenhoff, Walter Zwickhofer, Paul Matzkowski, die das Rückgrat der Schalker Nachkriegself bildeten, waren längst abgetreten. Berni Klodt, inzwischen weit über dreißig, wollte und konnte nicht mehr. Er hatte inzwischen eine Wirtschaft am Schalker Markt übernommen, die für die Spieler und Schalker Anhänger ein Ersatz für »Mutter Thiemeyer« wurde.

IM DOPPELPACK

Wenn die anstehenden Aufgaben gelöst werden sollten, dann musste Dr. König im trüben Teich des deutschen Fußballs mitfischen. Und er fischte mit. Zunächst war da in Wattenscheid, im unmittelbar an Gelsenkirchen grenzenden Vorort Günnigfeld, ein Amateur-Nationalspieler namens Willy Schulz aufgetaucht. Dr. König erfuhr, dass der damalige BVB-Trainer Max Merkel, oft genug in der elterlichen Kneipe von Willy Schulz verkehrte. Also bot er 25.000 Mark, 5.000 mehr als die Borussia, und Willy Schulz unterschrieb bei den Königsblauen. Dass aus diesem schlaksigen, leicht o-beinigen Kicker später »Worldcup-Willy« wurde, konnte damals noch niemand ahnen.

Der zweite Streich ging um den Karlsruher Herrmann, ein ausgezeichneter Sturmführer, ein Reißertyp mit großer Übersicht. Da er

Günnigfelder Gastwirtsohn: Willy Schulz.

aber für die vom DFB gestattete Ablösesumme von 50.000 Mark nicht zu bekommen war, ging man auf Schalke einen neuen Weg. Man erfand das »Kopplungsgeschäft«, das heißt, man bezahlte für zwei Stürmer und wollte nur einen. Mit Herrmann übernahm man den Durchschnittsspieler Lambert und bezahlte für den »Doppelpack« 100.000 Mark. Dieser Coup löste einen ungeheuren Wirbel aus. Er verstieß zwar nicht gegen die DFB-Statuten, wurde aber dennoch als eine glatte Schiebung angesehen. Der DFB bestrafte Schalke später dafür auch mit einem Abzug von vier Punkten, war aber gezwungen, die Strafe in der Berufung wieder zurückzunehmen. Ähnlichen Wirbel gab es um den Aschaffenburger Stopper Horst, um dem sich etliche weitere Vereine bemühten. Als er endlich bei Schalke unterschrieben hatte, versteckte man ihn, bis der Termin der Ablösemöglichkeiten verstrichen war. Schalke mimte den Unschuldigen.

9. MANIPULATION AN DER VERGNÜGUNGSSTEUER

Inzwischen hatte die Einführung der Bundesliga feste Formen angenommen. Man musste dafür sorgen, dass man in der Oberliga einen guten Platz fand, um sicher in der Bundesliga zu landen. Dr. König war zwar gezwungen, in der Vereinsverwaltung zu sparen, aber trotzdem musste die Mannschaft intakt bleiben. Man hatte sich weiter verstärkt oder glaubte es getan zu haben. Aus Berlin kam der Ex-Nationalrechtsaußen der DDR, der Oberleutnant der Volksarmee Horst Assmy, und aus Köln der Stürmer Klaus »Zick Zack« Matischak. Im letzten Oberligajahr erreichte Schalke den sechsten Platz. Nach jahrelangem Hickhack beschloss der DFB-Bundestag schließlich die Einführung der Bundesliga.

Praktisch änderte sich überhaupt nichts, obwohl die Ablösesummen verdoppelt und die gestatteten Spielerbezüge höher wurden. Außer den Prämien für Sieg oder Unentschieden sollte ein Lizenzspieler nicht mehr als 2.000 Mark verdienen. Auch die Handgelder wurden beschränkt, aber das stand alles nur auf dem Papier. Die Vereine, die sich um die Bundesligateilnahme bewarben, mussten ein Stadion mit einem Fassungsvermögen von 35.000 Zuschauern, eine Flutlichtanlage, 300.000 Mark Jahresumsatz und ein Betriebsvermögen von 200.000 Mark vorweisen. Über 40 Bewerbungen lagen dem DFB vor. Es wurde ein Schlüssel gefunden, der alle Erfolge und Tabellenplätze der letzten 13 Jahre berücksichtigte, um zu erreichen, dass die bekanntesten Klubs in die Bundesliga kommen. Ohne diesen Schlüssel hätten sowohl Schalke als auch der 1. FC Nürnberg Schwierigkeiten gehabt, in die neue Liga zu gelangen. Aber eine erste Liga ohne diese beiden Vereine war schier undenkbar.

Die Vorbereitung auf die Bundesliga hatte es in sich. Der Kölner Schnellinger und der Lüdenscheider Schütz waren für sagenhafte Gehälter nach Italien gewechselt, so dass auch die Preise der übrigen Spieler in die Höhe schnellten. Am Schalker Markt war man gehörig in der Klemme, die finanzielle Lage wurde immer bedenklicher. Für Matischak, Horst, Herrmann und Lambert musste man 200.000 Mark aufbringen. Es wurde ein Freundschaftsspiel gegen den brasilianischen Meister FC Santos in Essen auf dem Rasen von Rot-Weiß organisiert. Hiermit wollte man Geld verdienen, doch der Schuss ging nach hinten los, man fiel jämmerlich rein und musste am Ende sogar noch 70.000 Mark draufzahlen.

GRIFF IN DIE INTRIGENKISTE

Doch das war alles nichts gegen die damaligen ewigen Anfeindungen und Streitigkeiten innerhalb des Vorstands. Einige, die nicht so recht an den Drücker kamen, machten Schwierigkeiten. Es bildete sich in erster Linie eine Front gegen Dr. König. Da man dem Stadtkämmerer aber mit sachlichen Argumenten nicht beikommen konnte, griff man in die Intrigenkiste. Anstatt in diesen schweren Zeiten wie Pech und Schwefel zusammenzuhalten – wie es bei der Sperre der ersten Mannschaft 1930 der Fall war – erschien der zweite Schalker Kassierer Wilhelm Nittka am 21.9.1961 mit der Abrechnung des Spiels gegen Hamborn 07 beim Gelsenkirchener Stadtdirektor Hülsmann und erklärte, dass Schalke 04 laufend Steuergelder unterschlagen habe und auch sonst nicht seinen öffentlichen Verpflichtungen nachgekommen wäre. Alle Vergehen seien durch Dr. König gedeckt worden. Zunächst gab Nittka an, »die Last der Lüge nicht länger tragen zu können«. Obwohl Nittka seine Behauptungen am nächsten Tag schriftlich zurücknahm, blieb Oberstadtdirektor Hülsmann nichts anderes übrig, als den Fall der Essener Staatsanwaltschaft zu übergeben.

Im Dezember 1961 begann die Steuerfahndung zu ermitteln. Und im Laufe der Zeit kam heraus, dass Dr. König und der erste Schalker Kassierer Asbeck spätestens seit 1959 aus einer schwarzen Kasse 42.900 Mark Prämie, 71.500 Mark Handgelder und Möbelrechnungen in Höhe von 36.300 Mark gezahlt hatten. Das Geld war u.a. durch nicht abgerechnete Eintrittskarten und mit Hilfe von »Stundung« der Vergnügungssteuer durch die Stadt »zusammengespart« worden.

Weil die Stadt diese Manipulation an der Vergnügungssteuer gedeckt hatte, wurden Dr. König und der zuständige Finanzbeamte Wiescherhoff, der noch nie ein Fußballspiel gesehen hatte, vom Dienst suspendiert. Die Verpflichtungen von Schulz und Co. wären ohne diese unerlaubten und unversteuerten Handgelder nicht möglich gewesen. Und auch Handgelder mussten sein, »sonst hätten wir keine Spieler mehr auf den Platz locken können«, gestand Asbeck.

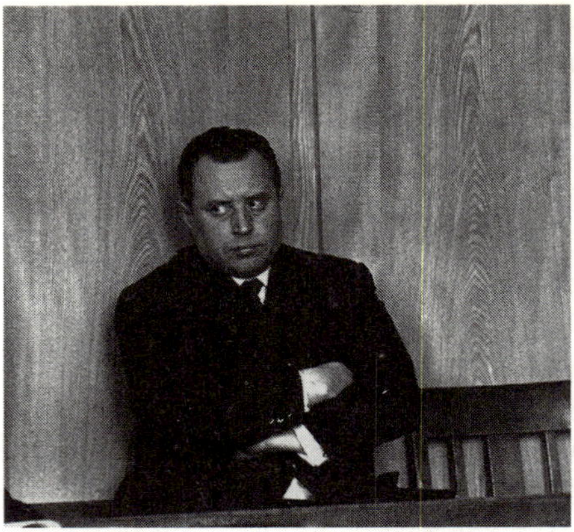

Opfer von Intrigen: Dr. Georg König.

DER PROZESS

Das anschließende Gerichtsverfahren schlug wie eine Bombe ein. Die Denunzianten wussten genau, dass König, um Schalke wieder auf normale Bahnen zu bringen, Kopf und Kragen riskiert hatte. Im übrigen Fußball-Deutschland bekam man etwas kalte Füße, da alle anderen Vereine ihre schwarzen Kassen genauso gefüllt hatten wie Schalke: nicht abgerechnete Eintrittskarten, übertünchte Ausgaben, falsche Belege und Steuerhinterziehung. Etwas anderes blieb den Vereinen auch gar nicht übrig, wenn sie oben mitspielen wollten. Man staunte aber, dass beim berühmten Schalke 04 eine solche Niedertracht innerhalb des Vorstands möglich war, und vor allem wunderte man sich, wie Vorstandsmitglieder so dumm sein konnten, die schwarze Kasse der Staatsanwaltschaft auf dem Präsentierteller zu servieren.

Der Prozess überschattete den Einzug Schalkes in die Bundesliga. Es dauerte über zwei Jahre, bis die Verhandlung in Essen stattfand. Die Anklage warf sechs Schalker Vorstandsmitgliedern und dem städtischen Steueramtsleiter Wiescherhoff Steuerhinterziehung, Betrug, Urkundenfälschung und Untreue im Amt vor. Eine respektable Liste, wobei allerdings den Angeklagten bescheinigt wurde, für sich selbst keinen Pfennig veruntreut zu haben. Alles geschah, um Schalke zu helfen. Im Prozess sagte Nittka dann aus, doch nicht wegen seiner Gewissensbisse ausgepackt zu haben. Vielmehr behauptete er, von seinem ehemaligen Vorstandskollegen und Schlachterbedarf-Großhändler Karl Stutte, Vereinsarzt Dr. Weiler und einem Parteigenossen Königs, Rübenstrunk, dazu erpresst worden zu sein. Spielobmann Stutte habe sich über König geärgert, weil er seinem Schwiegersohn Otto Laszig keinen neuen Spielervertrag gegeben habe. Der damalige Landtagsabgeordnete Rübenstrunk wäre selbst zu gern Vorsitzender von Schalke geworden, weil er damit im Landtag besonderes Gewicht bekommen hätte, und Weiler war wütend, weil König seine finanziellen Bezüge kürzen wollte. Nittka selbst wollte sich rächen, weil ihm als ersten Schatzmeister Hans Asbeck vor die Nase gesetzt worden sei.

König konnte vor Gericht geltend machen, dass er von vielen Manipulationen nicht unterrichtet war, was auch nachweislich stimmte. Nach allen Entlastungen zugunsten von König fiel das Urteil auch einigermaßen milde aus. Er wurde zu einer Geldstrafe von 3.400 Mark verurteilt, Asbeck zu 2.000 Mark und Nittka, der den Stein ins Rollen gebracht hatte, zu 200 Mark. Nach dem Urteil erhielten die Angeklagten Blumen vom Oberbürgermeister. Die »Zeit« resümierte nach dem Urteilsspruch: »Niemand hätte auch nach dem Prozess an der Ausstrahlung des Goodwill gezweifelt, wären nur Steuerhinterziehung und Kartenabschöpfung zur Sprache gekommen. Selbst die Untreue im Amt, die das Gericht den Beamten Wiescherhoff und König vorgeworfen hat, wäre an Theken und Tresen als Kavaliersdelikt abgetan worden. Die schmutzige königsblaue Wäsche jedoch, die vor dem Tribunal ausgebreitet worden war, erschütterte die Stadt. Die Jungfrau Schalke ist geschändet.«

WIEDER SELBSTMORD

König legte nach dem Urteil sofort seinen Vorsitz bei Schalke nieder, wurde aber später wieder ins Amt gesetzt und 1968 sogar zum Oberstadtdirektor gewählt. Asbeck war wohl einer der sympathischsten Männer im Schalker Vorstand, gewandt, liebenswürdig und gescheit. Als Kaufmann zunächst erfolgreich, verkalkulierte er sich aber und schied wenig später freiwillig aus dem Leben. Mit Schalke hatte sein Freitod – im Gegensatz zu dem des Schatzmeisters Willi Nier 1930 – aber nichts zu tun. Asbeck hatte wohl ziemlich voreilig gehandelt, denn bei einem möglichen Vergleich wäre für ihn immer noch so viel übrig geblieben, um gut leben zu können. Eine Frage aber blieb: Was muss das für ein Verein sein, für den selbst pflichtbewusste Beamte ihren Ruf, ihre Zukunft und sogar ihre Existenz aufs Spiel setzen? Wer die Verhältnisse auf Schalke nicht kannte, konnte dies nicht nachvollziehen. Doch es sollte nicht das letzte Mal sein, dass man über Schalke den Kopf schüttelte.

10. DIE LIZENZ ERSCHLICHEN?

103:26 lautete das Ergebnis, als am 28. Juli 1962 der DFB-Bundestag über die Einführung einer Bundesliga abstimmte. Schalke gehörte zu den acht »Gesetzten«, bei denen von Anfang an feststand, dass sie in der neuen Eliteliga kicken durften. Trainer Georg Gawliczek trat mit einem Kader von insgesamt zwanzig Spielern an. Folgende Elf bildete die erste Garnitur: Horst Mühlmann (aus Brambauer), Hans Nowak (von Eintracht Gelsenkirchen, bis dahin neun Länderspiele), Friedel Rausch (aus Meiderich), Willy Schulz (aus Günnigfeld, 15 Länderspiele), Egon Horst (aus Aschaffenburg), Manfred Kreuz (aus Buer, als Steuerbeamter brauchte er eine Sondergenehmigung zum Abschluss eines Lizenzvertrages), Willi Koslowski (Schalker Eigengewächs, Teilnehmer der WM 1962 in Chile), Günter Herrmann (aus Karlsruhe, sieben Länderspiele), Klaus Matischak (stammt aus Bottrop, kam aus Köln), Waldemar Gerhardt und Reinhard »Stan« Libuda (beides Schalker Eigengewächse).

Und schon wieder ein Neuaufbau: Trainer Georg Gawliczek.

DER ABSTURZ

Das war schon eine starke Mannschaft, und in den ersten Spielen der Bundesliga lief auch alles nach Plan. Bis Dezember verlor die Mannschaft nur gegen Bremen und Frankfurt. Man schlug sogar den 1. FC Nürnberg auf dessen Platz. Aber dann kam der Einbruch. Während in Essen beim Prozess mit Dr. Georg König schmutzige Schalker Vorstandswäsche gewaschen wurde, ging es auch mit der Mannschaft bergab. Nur noch vier Siege gab es in der Rückrunde und ein Unentschieden. Tiefpunkt war das 1:7 bei 1860 München kurz vor Schluss der Saison. Bei der Endabrechnung landete Schalke gerade mal auf dem achten Tabellenplatz. Die Elf war noch lange nicht in sich geschlossen, und wie das immer so geht, schuld war der Trainer. »Schorsch« Gawliczek, Schalker Spieler in der Nachkriegszeit, 1961 geholt, warf man nun seine häufigen Besuche auf der Rennbahn und zu lasche Trainingsmethoden vor. Gawliczek hatte sowieso in den damaligen Vorstandsintrigen einen schweren Stand. Ernst Kuzorra mischte sich oft genug in die Mannschaftsaufstellung und die Traineranweisungen ein, es gab Krach mit den Spielern, und außerdem rückte auch schon das nächste Skandälchen an.

LIZENZBETRUG?

Dr. Hubert Claessen, Rechtsanwalt aus Bonn und Vorsitzender des DFB-Kontrollausschusses, von jeher kein großer Schalke-Anhänger, wollte festgestellt haben, dass Schalke bei dem Aufnahmeantrag zur Bundesliga gemogelt habe. Jeder Verein, der sich für die Bundesliga bewarb, musste ein Stadion mit einem Fassungsvermögen von 35.000 Zuschauern, ein Stammkapital von 200.000 Mark und einen Umsatz von 300.000 Mark vorweisen. Nun hieß es, Schalke hätte bei der Präsentation der Lizenzunterlagen nicht die ganze Wahrheit auf den Tisch gelegt. Von 250.000 Mark Schulden, die Schalke verschwiegen haben sollte, war die Rede. Das verlangte Vermögen sei auch nicht vorhanden gewesen.

Am Schalker Markt bangte man um die Lizenz für die nächste Saison. Erst im Juni 1964 wurde das Verfahren vom DFB-Kontrollausschuss eingestellt, weil »keine arglistige Täuschung« vorlag. Die Vorwürfe konnten entkräftet werden. Das trug aber nicht dazu bei, dass Ruhe in die Mannschaft einkehrte. Besonders der Karlsruher Neueinkauf Günter Herrmann war unzufrieden. Er behauptete immer wieder, der Verein wäre seinen Verpflichtungen nicht nachgekommen. Er wurde ausgesprochen widerspenstig und kümmerte sich mehr um sein Espresso-Cafe in Moers als um das Training.

Matischak war mit 18 Treffern (in nur 22 Spielen) interner Torschützenkönig der Knappen geworden. Aber in der nächsten Saison ist das »Zick-Zack-Matischak« in der Glückauf-Kampfbahn nicht mehr zu hören gewesen. Schon während der Saison hatte es, als es in der Tabelle immer weiter abwärts ging, Abwanderungsgerüchte gegeben. Und nachdem es in Matischaks Schuhladen, den er mit seinem Mitspieler Manfred Berz betrieb, bereits »Totalausverkauf« gegeben hatte, verkaufte Klaus Matischak auch sich selbst nach Bremen.

FÜR 'N APPEL UND 'N EI

Aber es gab auch noch Nachwehen des Skandals. Dr. Georg König, als Vorsitzender des FC Schalke 04 nach dem Prozess wiedergewählt und rehabilitiert, war sich über eines im Klaren: Die finanziellen Belastungen mussten endlich ausgeräumt werden.

Die teure Glückauf-Kampfbahn war einer der Gründe gewesen, warum der Verein auf gewisse »Zusatzeinnahmen« nicht verzichten konnte. Die Stadt Gelsenkirchen entschloss sich zu einem entscheidenden Schritt: Man kaufte dem Verein das Stadion ab. Für 850.000 Mark wechselte das Stadion nach der ersten Bundesliga-Saison den Besitzer – für die alten Schalker nur »'n Appel und 'n Ei«, für realistische Betrachter jedoch ein mehr als angemessener Preis. Dabei muss man wissen, dass das Gelände einem großen Industrie-Konzern gehörte. Die Stadt erwarb also nur Tribünen, Umkleideräume und die Mauern ringsum. Es war ein wahrhaft großzügiges Angebot, und die Stadt hätte mit keinem anderen Kontrahenten ein solches Geschäft abschließen können, ohne mächtigen Ärger zu bekommen. Mit Schalke 04 – nun, das war ja wohl selbstverständlich.

Die Stadt knüpfte eine Bedingung an diesen Kauf: Der gesamte Vorstand tritt zurück, ein neuer Vorstand sei zu wählen. Man darf annehmen, dass hinter diesem eigentlich recht anmaßenden Angebot auch Dr. König stand, denn er wusste zu genau, dass Schalke genau drei Dinge brauchte: Ruhe, Ruhe und nochmals Ruhe. Dazu gehörte neben der Sanierung auch ein Vorstand, der wenigstens innerlich einig war. Der Vertrag wurde geschlossen, Dr. König trat zurück. Auf der Suche nach einem Mann, der den Neuanfang symbolisieren sollte, erinnerte man sich an Fritz Szepan. Es sprach für ihn, dass es einige Überredung kostete, bis er widerwillig zustimmte, das Amt zu übernehmen. Denn der erste und einzige Schalker, der Spieler, Trainer und Präsident war, war für dieses Amt nicht vorbereitet. Im Grunde war seine Amtszeit ein Rückfall in unprofessionelle Zeiten. Denn so viele Verdienste Szepan auch haben mochte – er zählte nicht zu den Fachleuten, die der Verein nun brauchte.

11. AUFSTOCKUNG DER BUNDESLIGA – WEGEN SCHALKE

Es kam die schlimme Saison 1964/65 und mit ihr ein »harter Hund« als Trainer. Fritz Langner, der wegen seiner Kriegsvergangenheit nur der »Feldwebel« genannt wurde, sollte wieder für Disziplin und Ordnung sorgen. Langner vertrat den Standpunkt, dass man Berufsspieler – wie in Italien – ordentlich an die Kandare kriegen muss, damit sie für ihr vieles Geld auch etwas leisten.

Der Standpunkt war vielleicht richtig, aber Langner konnte sich damit nicht durchsetzen. Mit seiner Anweisung im Training, »Ihr fünf spielt jetzt vier gegen drei«, machte er sich aber zumindest im Schalker Anekdotenschatz unsterblich.

Fußball-Feldwebel Fritz Langner.

Durchaus guter Hoffnung ging die Schalker Mannschaft – gespickt mit fünf Nationalspielern – in die neue Saison 1964/65. Aber schon nach wenigen Spieltagen fand sich Schalke am Tabellenende wieder. Zwei Unentschieden, vier Niederlagen zum Auftakt. Und dann gegen Dortmund ein 2:6! Schon zur Halbzeit hatten die Dortmunder 6:0 geführt, und später gab der Dortmunder Trainer Eppenhoff zu, dass nur dank seines Schalker Herzens die Niederlage nicht noch höher ausgefallen war. In der WAZ vom 28.9.1964 war »prophetenhaft« zu lesen, dass sich Schalke nicht darauf verlassen sollte, dass am Ende auch die Bundesliga aufgestockt werde. Gerade siebenmal konnte Schalke in der gesamten Saison gewinnen. Und so stand Schalke am Schluss des zweiten Bundesligajahres an letzter Stelle der Tabelle und sollte zusammen mit Karlsruhe absteigen.

SPIELER KOMMEN, SPIELER GEH'N

In Schalke herrschte blankes Entsetzen, zum Teil auch Wut gegen die Spieler, die es so weit hatten kommen lassen. Die Kanonen kündigten allesamt, und es ging das Gerücht um, viele Spieler hätten bewusst auf Abstieg gespielt, weil auf diese Weise ihre Verträge gelöst wurden, da sie schon längst bessere mit anderen Vereinen in der Tasche hätten. Willy Schulz ging unter sagenhaft guten Bedingungen nach Hamburg. Als dies

Bloß weg von Schalke: Willy Schulz, Stan Libuda und Hans Nowak.

bekannt wurde, setzten sich einige Schalker Anhänger demonstrativ auf Stühlen vor seine Kneipe in Günnigfeld und tranken das Bier, das sie ebenso demonstrativ in einer gegenüber liegenden Trinkhalle gekauft hatten. Willy Schulz dazu: »Dat wa mich egal. Die Trinkhalle gehörte mich auch.« Egon Horst ging ebenfalls zum HSV, Hans Nowak wechselte zu den Bayern, Stan Libuda sogar nach Dortmund.

STANDING OVATIONS

Aber nun kam unter den vielen, fast traditionellen Skandalen einer, der sich zum Segen Schalkes auswirkte. Hertha BSC, durch das Fassungsvermögen des Olympiastadions plötzlich einer der reichsten deutschen Vereine geworden, hatte so unverschämt hohe Summen (auch verbotene Handgelder) beim Einkauf der Spieler gezahlt, dass der DFB sich verpflichtet fühlte einzugreifen. Hertha wurde mit einem Zwangsabstieg bestraft, und es gab wieder einen der berühmten DFB-Eiertänze, wie man die Bundesliga durch die Hertha-Lücke auffüllen konnte. Wie zwiespältig hierbei wieder das Verhalten des DFB war, bewies die Tatsache, dass den Enthüllungen der Berliner, die Verstöße auch bei allen anderen Bundesligisten öffentlich machten, nicht einmal nachgegangen wurde.

Der Tabellenfünfzehnte, der Karlsruher SC, war natürlich gerne bereit, den Platz der Berliner zu übernehmen – was dieser auch genehmigte. Doch nun protestierte Schalke: Wenn der sportliche Abstieg nicht zählte, so müsste auch Schalke in der Liga bleiben. Zu Hilfe kam den Schalkern dabei Ministerialrat Dr. Klein vom Westdeutschen Spielverband. Zwar war der Mann kein Schalke-Fan, aber im DFB-Gerangel der Länder vertrat er den Standpunkt des Westens in einer glänzenden Rede: Eine Bevorzugung der Badener wäre ungerecht. Und weil eine Bundesliga ohne Schalke eben doch nur die Hälfte wert wäre, überzeugte er den DFB-Bundestag in Barsinghausen, der sich nach der eigenen Entscheidung minutenlang selbst beklatschte. In Schalke feierte man die »Rückkehr« wie die achte Meisterschaft.

ZITTERSAISON 1965/66

Die Bundesliga wurde auf 18 Vereine aufgestockt, und für Hertha BSC wurde die Berliner Tasmania neben den beiden regulären Neulingen Bayern München und Borussia Mönchengladbach aufgenommen. Im Zeitalter der Berlin-Sondermarken, kurz nach dem Mauerbau, musste aus »politischen« Gründen eine Berliner Mannschaft dabei sein. Die Tasmania-Spieler wurden sechs Wochen vor Beginn der Saison aus dem Urlaub zurückgeholt. Selbst das Radio beteiligte sich an der Rückrufaktion.

Viel besser als die Tasmanen, die mit ihrem Negativrekord von 8:60 Punkten Bundesligageschichte schrieben, waren allerdings auch die Schalker nicht gerüstet. Manfred Kreuz und Günter Herrmann waren die einzigen Routiniers, die geblieben waren. Rausch und Becher bildeten in der Abwehr noch etwas Rückhalt, alle anderen waren neu und gerade noch Amateure gewesen. Fichtel, Neuser, Pyka, Pliska hießen die Unbekannten. Niemand wusste, wie dieser zusammengewürfelte Haufen, immer noch trainiert von Fritz Langner, den Klassenerhalt schaffen sollte. Nur Ernst Kuzorra glaubte an den Erfolg: »Ich bin froh, dass die Stars aus unserer Mannschaft heraus sind. Während früher nur auf's Geld geschaut wurde, kommt es unseren jungen Leuten in der Hauptsache auf das Fußballspielen an. Ich halte unsere jetzige Mannschaft kämpferisch und moralisch sogar für stärker.« Er sollte recht behalten. Die Mannschaft kämpfte, aber trotzdem gab es erst im achten Spiel den ersten Sieg gegen den HSV.

In der Rückrunde musste Schalke sogar eine 0:7-Niederlage gegen den Erzfeind aus Dortmund hinnehmen – die höchste in der Geschichte des Derbys. Bis zum 32. Spieltag war die Abstiegsgefahr nicht gebannt. Aber die Schalker Fans verließen ihre Mannschaft nicht. Wieder einmal bewährte sich das beharrliche »Trotzdem« der Anhänger. Die Atmosphäre in der Glückauf-Kampfbahn war mit der heutigen Plastik-Bundesliga nicht zu vergleichen. Es gab keine bösen Sprechchöre gegen den Gegner, keine Pfiffe, wenn mal ein Fehlpass gespielt wurde. Die Gesänge »Aber eins, aber eins, das bleibt besteh'n, der FC Schalke wird nie untergeh'n« verursachten 90 Minuten Gänsehaut. Mit 508.000 Zuschauern, über 30.000 im Schnitt, war die Zuschauerzahl die höchste in der Bundesliga bis zur Errichtung des Parkstadions. Nicht einmal in der erfolgreichen Saison 1971/72 waren es mehr. Und das obwohl (oder weil?) die Menschen in Gelsenkirchen eigentlich andere Sorgen hatten: Die größte Zeche der Stadt, »Graf Bismarck«, wurde geschlossen. Auch der Gang zur Glückauf-Kampfbahn war eine Form von Protest.

Das Entscheidungsspiel fand am drittletzten Spieltag gegen den direkten Konkurrenten Borussia Neunkirchen statt. Erstmals fuhr die Mannschaft in ein Trainingslager, in die Sportschule Kaiserau. Und am 15. Mai 1966 war es geschafft: Mit 2:0 besiegte Schalke Borussia Neunkirchen. Bechmann und Kreuz waren die Torschützen. Noch lange nach dem Schlusspfiff sangen die Schalker Anhänger »... dann wird der FC Schalke niemals untergeh'n«. Auch wenn die tausend Feuer in Gelsenkirchen langsam verloschen ...

12. EINE FORELLE AM HAKEN

Nachdem der Abstieg in der Saison 1965/66 noch mit Ach und Krach vermieden worden war, wollten die Schalker diesmal nicht mehr zittern. Dem Namen nach starke Spieler wurden verpflichtet wie Mittelstürmer Willi Kraus, Rechtsaußen Blechinger und der Jugoslawe Zarco Nikolic. Nikolic war vom Essener Spielervermittler Raymund Schwab als zigfacher jugoslawischer Nationalspieler den Schalkern angeboten worden. Präsident Fritz Szepan griff zu, die Ablösesumme wurde bezahlt – und dann stellte sich heraus, dass es sich um den falschen Nikolic handelte. Einen Nationalspieler diesen Namens gab es zwar auch, doch war Zarco wohl nur ein entfernter Verwandter oder Namensvetter. Der wahre Nationalspieler spielte seinerzeit in Holland. Jedenfalls durfte sich Schwab fortan nicht mehr in der Glückauf-Kampfbahn sehen lassen.

Zarco Nikolic, über dessen Alter man nie richtig informiert wurde, lieferte auch eine der kürzesten Partien eines Schalker Spielers. Als er beim Spiel in Köln eingesetzt wurde, war er ganze drei Minuten auf dem Platz, dann sah er nach einem Foulspiel die rote Karte. Ins Tor kam mit dem gerade 18 Jahre alten Norbert Nigbur einer, der bald die Nachfolge von Josef Elting antreten sollte. Sein Vater, so behauptete Nigbur später, hätte den Vertrag bei Schalke auch unterschrieben, wenn der Sohn überhaupt kein Geld bekommen hätte.

Eng wurde es auch in diesem Jahr. Zu Beginn der Rückrunde gab es mit dem 0:11 gegen Mönchengladbach die höchste Niederlage in der Geschichte des FC Schalke 04.

18 Jahr, blondes Haar: Norbert Nigbur.

Eine Woche später gelang zumindest mit einem 4:2-Sieg im Pokal gegen Gladbach die Revanche. Und wieder fand das entscheidende Spiel um den Klassenerhalt am drittletzten Spieltag statt. Mit einem 2:1-Sieg gegen Fortuna Düsseldorf rettete sich Schalke, die Fortuna musste absteigen. Trotz der erwähnten Verstärkungen waren die Leistungen äußerst unbefriedigend. Mit 37:63 besaß Schalke das schlechteste Torverhältnis aller Vereine. Rund um den Schalker Markt hatte man sich mehr erwartet, also musste Trainer Fritz Langner seinen Hut nehmen. Auch im folgenden Jahr 1967/68 wurde es nicht besser. Mit Karl-Heinz Marotzke kam ein neuer Trainer – niemand weiß heute mehr genau, was für diesen unerfahrenen Mann sprach. Und so startete man miserabel in die Saison. Erst am zehnten Spieltag gab es den ersten Sieg.

DIE FORELLE

Fritz Szepan, der dem Fußballgeschäft nicht mehr gewachsen schien, trat von seinem Präsidentenamt zurück. Seit September 1967 hieß der neue Präsident Günter »Oskar« Siebert. Der ehemalige Mittelstürmer der Meisterelf von 1958, den man wegen seiner Schlüpfrigkeit und seines Leibgerichts nur die »Forelle« nannte, übernahm am 27.9.1967 das lecke Vereinsschiff mit 1:13 Punkten. Und unter welchen Umständen! Nachdem er eine eigene Vorstandsmannschaft aufgebaut hatte, sprangen noch am Tage der Jahreshauptversammlung etliche Männer aus Wirtschaft und Finanzen ab. Sie hatten angesichts der desolaten sportlichen Situation kalte Füße bekommen. Noch wenige Stunden vor der Versammlung hing Siebert am Telefon und bekniete etliche Männer, sich doch für das Vorstandsamt zur Verfügung zu stellen. Pünktlich zum Anstoß brachte er noch eine Mannschaft auf die Beine: Kurt Hatlauf, Heinz Aldenhoven, Willy Rohmann, Fritz Neuhoff, Heinrich Orzewalla und Gustl Osieck. Günter Siebert, zum erfolgreichen Getränkehändler aufgestiegen,

Jubel, Trubel, Heiterkeit: Forelle Siebert wird Präsident.

hatte vor allem Ellenbogen und brachte ein Schlagwort mit in das Hans-Sachs-Haus, über das alle Welt staunte: »Schalke muss wieder Deutscher Meister werden!« Bis dahin hatte man nur auf das Jahr gewartet, in dem Schalke endgültig ausgezittert haben würde.

Von nun an ging's bergauf. Günter Brocker, der Außenläufer der Meistermannschaft von 1958, übernahm als alter Kollege von Günter Siebert das Traineramt. Das Gespann Siebert/Brocker setzte zu einer tollen Erfolgsserie mit 27:15 Punkten an. Wenn auch nur als Tabellenfünfzehnter wurde der Klassenerhalt am Ende sicher geschafft. Den starken Worten auf der Jahreshauptversammlung ließ Siebert Taten folgen. Er versuchte durch gezielte Neueinkäufe eine schlagkräftige Truppe in die Saison 1968/69 zu schicken. Stan Libuda wurde vom BVB zurückgeholt, Heinz van Haaren vom MSV Duisburg losgeeist und der österreichische Nationalspieler Franz Hasil verpflichtet. Hinzu kamen Herbert Lütkebohmert (aus Marl-Hüls), Michael Galbierz, Gerd Kasperski und Bernd Michel. Insgesamt wurden 600.000 Mark Ablösesummen auf den Tisch geblättert – so viel hatte Schalke bis dahin noch nie investiert. Von einem gewissen Waldemar Slomiany, der noch eine wichtige Rolle im Skandal spielen wird, trennte man sich nach einigen Spieltagen wieder.

Mit großen Erwartungen sah die Schalker Vereinsfamilie der neuen Saison entgegen, zumal die Mannschaft 25 Vorbereitungsspiele zum Teil gegen international erstklassige Gegner unbesiegt überstanden und unter anderem den Alpenpokal gewonnen hatte. Doch wieder das alte Spiel: Den Vorschusslorbeeren folgte die Ernüchterung. Schalke wieder am Tabellenende, und wieder musste der Trainer den Hut nehmen. Im Bundesligaskandal spielte Brocker als Trainer von Rot-Weiß Oberhausen noch einmal eine unrühmliche Rolle.

»Riegel-Rudi« kommt

Mit Rudi Gutendorf kam ein Mann von ganz anderem Format. Der Paradiesvogel unter den deutschen Fußballlehrern war gerade frisch aus Amerika eingetroffen. Norbert Nigbur wird folgendermaßen zitiert: »Mit dem Mann kam Farbe in den Verein. Schon damals hatte Gutendorf viel von der Welt gesehen, war im Ausland erfolgreich, hatte ein gewisses Flair. Das tat Schalke gut. Es ging nicht mehr um die Frage, ob und wie wir den 16. Platz packen, sondern darum, wie wir ins obere Tabellendrittel kommen.« Schalke belegte am Ende der Saison 1968/69 einen Mittelfeldplatz – erstmals in der Bundesliga mit einem positiven Punktekonto (35:33). Die Meisterschaftsspiele wurden aber bei weitem überstrahlt vom Erfolg im DFB-Pokal.

Zum ersten Mal seit 1958 stand Schalke wieder im Rampenlicht des Fußballs, als die Mannschaft das Pokalfinale gegen Bayern München erreichte. Zwar unterlag man durch zwei Tore von Gerd Müller mit 1:2 (Schalkes Tor schoss Pohlschmidt), doch war die Niederlage nicht tragisch. Da sich Bayern München als Deutscher Meister für den Europapokal der Landesmeister qualifizierte, war für Schalke der Weg frei, als deutscher Vertreter in den europäischen Wettbewerb der Pokalsieger einzuziehen. Nach Siegen über den irischen Vertreter Shamrock Rovers und IFK Norrköping aus Schweden bezwang man im Viertelfinale den Spitzenclub Dynamo Zagreb. Der 3:1-Sieg der Schalker in Zagreb galt als große Sensation. Im Halbfinale aber überstand man Manchester City nicht, dennoch hatten sich die Schalker eindrucksvoll auf der europäischen Bühne zurückgemeldet.

Bissig: Günter Siebert Löwen in der Glückauf-Kampfbahn.

KOMMISSAR REX

Neben Pokal und Meisterschaft gab es noch einige bemerkenswerte Ereignisse in dieser Saison. Einmalig im deutschen Fußball ist wohl die Geschichte, die sich im Stadion »Rote Erde« am 6. September 1969 abspielte. Wildgewordene Schäferhunde, die an der Leine ihrer Ordner eigentlich die Fans aus beiden Lagern in Schach halten sollten, machten in der 47. Minute Jagd auf Schalker Spieler und bissen Friedel Rausch und Gerd Neuser ins Hinterteil und in den Oberschenkel. Rausch spielte mit zusammengebissenen Zähnen weiter, während sich bei Neuser in der Halbzeit Lähmungserscheinungen bemerkbar machten. Er musste ausgewechselt werden. Die Schalker spielten unter Protest weiter, am Ende hieß es 1:1.

Im Rückspiel in der Glückauf-Kampfbahn revanchierten sich die Schalker auf ihre Art: Sie engagierten anstelle von Schäferhunden zahme Löwen aus dem Löwenpark des Grafen von Westerholt, die an Halsbändern ihrer Pfleger den »Ordnungsdienst« versahen. In großem Bogen marschierten die Borussen um die Raubtiere auf den Platz.

13. JUNGBRUNNEN SCHALKE

Siebert setzte die Verjüngungskur fort. Jürgen Sobieray aus der Schalker Jugend hatte bereits bei Weisweiler in Gladbach unterschrieben, wurde aber von Günter Siebert überredet zu bleiben. Rolf Rüssmann, ebenfalls Jugendnationalspieler, kam aus Schwelm. Im April 1970 hatte Siebert die Forderung aufgestellt, »Wir brauchen einen Mittelstürmer und Torjäger«, und erstmals den Namen Klaus Fischer ins Gespräch gebracht. Der damals 20 Jahre alte Vollblutstürmer, der zwei Jahre zuvor als »Rohdiamant« vom SC Zwiesel nach München kam, war trotz seiner 19 Treffer mit 1860 abgestiegen. Die 1860er wollten allerdings ihren Torjäger auf keinen Fall abgeben. Der Schalker Vorstand schaltete jedoch schnell, schließlich war die halbe Bundesliga hinter Fischer her. Günter Siebert und Heinz Aldenhoven fuhren ins verschneite Zwiesel und sprachen mit Fischer und seinen Eltern.

Während der Verhandlung schellte auch der Geschäftsführer von 1860 an der Tür. Siebert und Aldenhoven kletterten durch das Fenster und sprangen in den meterhohen Schnee hinter dem Haus, warteten so lange, bis der Münchener fort war, und verhandelten dann weiter. Mit dem Ergebnis, dass sie am 1. Mai einen rechtsgültigen Lizenzspielervertrag mit dem Mittelstürmer präsentierten. München 1860 stimmte aber Fischer wieder um, der Scheck mit dem Handgeld landete wieder in Gelsenkirchen. Die Schalker fuhren erneut in den Bayerischen Wald. So ging es hin und her, ein Verfahren vor dem DFB drohte, bis die 1860er einsahen, dass Schalke 04 am längeren Hebel saß.

Schalke baute in der Spielzeit 1970/71 auf viele große Namen, darunter Nigbur, Burdenski, Fichtel, Rausch, Rüssmann, Sobieray, van Haaren, Scheer, Lütkebohmert, Libuda, Pirkner und Fischer. Trotzdem begann sie mit einem Knatsch, der vielerorts erwartet worden war: Günter Siebert war des öfteren schon mit Trainer Gutendorf aneinander geraten. Im September 1970 war Schalke das ewige Theater mit Rudi Gutendorf endgültig leid. »Das Maß ist voll«, stellte Präsident Siebert mit ernster Miene fest. Schalke und Gutendorf trennten sich in »gütlichem Einvernehmen«, wie es meist nach Trainerabschüssen so schön heißt. Der Jugoslawe Slobodan Cendic, bisher Assistent und Jugendtrainer, wurde Gutendorfs Nachfolger.

Auf der Trainerbank neben ihm saß übrigens etliche Wochen lang »Mr. Schalke« persönlich: Ernst Kuzorra! Er gab, solange der Jugoslawe noch nicht alle nötigen Lizenzen besaß, seinen Namen für die Trainerliste des DFB her. Das Schalker Idol feierte im übrigen am 16. Oktober 1970 seinen 65. Geburtstag und gleichzeitig seine 50jährige Vereinszugehörigkeit. Für ihn gab der Club im Hotel »Zum Schlachthof« einen großen Empfang, bei dem alle Lizenzspieler anwesend waren.

VON WOLKE 7 AUF SOHLE 8

Zunächst schienen sich Sieberts Träume zu erfüllen. Gleich im ersten Spiel unter Cendic gab es einen 2:1-Erfolg über den BVB. Schon am elften Spieltag standen die

Fünf Freunde für ein Halleluja: Klaus Scheer, Alban Wüst, Rolf Rüssmann, Klaus Pirkner und Jürgen Sobieray.

Schalker auf dem zweiten Platz. Äußerst positiv war nach Abschluss der ersten Serie auch die Bilanz in Sachen Nationalelf. Der Talentschuppen von Schalke 04 machte es möglich, dass gleich fünf Schalker in der Nachwuchsmannschaft des DFB auftauchten (Nigbur, Sobieray, Scheer, Lütkebohmert und Rüssmann), Fichtel und Libuda spielten bereits einige Jahre in der Nationalelf. Nigbur hätte diesen Sprung sicherlich auch geschafft, und er wäre möglicherweise zu einem wirklichen Konkurrenten für Sepp Maier herangereift, wenn er nicht ein zu loses Mundwerk an den Tag gelegt hätte. Als er im Aufgebot für das Junioren-Länderspiel gegen England in Leicester auftauchte und nicht im Kader der Nationalmannschaft, drehte er durch. In einem »Bild«-Interview schimpfte er wie ein Rohrspatz und erteilte Helmut Schön eine Abfuhr. Der lud ihn prompt wieder aus und vergaß ihm diese Entgleisung nie.

Schalkes Zukunft sah rosig aus. Auf der Jahreshauptversammlung konnte Schatzmeister Heinz Aldenhoven eine äußerst positive Bilanz vorlegen. Schalke überschritt bei den Einnahmen die Drei-Millionen-Grenze. Doch sportlich war zum Ende der Saison 70/71 nicht mehr viel drin. Der Anschluss an die Spitze ging immer mehr verloren. Siebert verlor erneut die Geduld und kündigte Cendic, der aber vorerst weiterhin die Mannschaft betreute, was der sportlichen Situation nicht gut tat. Es wurde nur noch lustlos trainiert und lustlos gespielt. Für die Schalker gab es in dieser Saison nichts mehr zu gewinnen und nichts mehr zu verlieren. Deswegen kam es auf eine Niederlage mehr oder weniger nicht mehr an. Eine der sechs Niederlagen der Schalker in den letzten acht Spielen aber – die gegen Arminia Bielefeld – sollte ein grausames Nachspiel haben. Doch dazu später mehr.

14. LÜGE UND WAHRHEIT

Über 30 Jahre ist es nun her, dass der Bundesliga-Skandal Deutschlands Kickerwelt in die schlimmste Krise seit Ligagedenken trieb. Siege, Niederlagen, Tore und Gegentore: Der naive Glaube an rein sportliche Realitäten war der Skepsis vor gebündelten Scheinen, gekauften Spielen und Spielern gewichen. Dennoch wurde die Bestechungsaffäre – nach der ersten großen Aufregung – der Öffentlichkeit nur in stereotypen Formeln bekannt. Fakten und Hintergründe blieben auf der Strecke.

Noch heute ist der Irrglaube, Schalke 04 sei Drahtzieher im Bundesliga-Skandal gewesen – in diesem Zusammenhang wird an erster Stelle immer Schalke genannt – weit verbreitet. Doch tatsächlich war fast die ganze Liga – Kickers Offenbach, 1. FC Köln, Hertha BSC Berlin, Arminia Bielefeld, VfB Stuttgart, Eintracht Frankfurt, MSV Duisburg, Bayern München, 1860 München, RW Oberhausen, Eintracht Braunschweig und Werder Bremen – in den Skandal verstrickt.

DER GERUCH VON FÄULNIS

Die Bundesligasaison 1970/71 blieb bis zum letzten Spieltag spannend. Schalke war jenseits von Gut und Böse, aber an der Spitze lieferten sich seit Monaten schon Borussia Mönchengladbach und Bayern München einen packenden Zweikampf. Bis vor wenigen Wochen durfte sich auch Hertha BSC Berlin Hoffnungen auf die Meisterschale machen, ehe eine Niederlagenserie die keimenden Siegesträume zunichte machte und man sich mit einem gesicherten dritten Platz begnügen musste.

Aber nicht nur an der Spitze machte der Kampf um die Punkte Schlagzeilen. Auch in den unteren Tabellenregionen waren die Nerven bis zum Zerreißen gespannt, denn gleich mehrere Mannschaften mussten um jeden Punkt zittern, um nicht auf dem vorletzten Platz zu landen, der zum Abstieg in die Regionalliga (die 2. Liga gab es noch nicht) verdammte. So mussten Kickers Offenbach, Arminia Bielefeld, Rot-Weiß Oberhausen, Eintracht Frankfurt und der BVB jeden Samstag bangen und wechselten ständig die Tabellenplätze.

Einige dieser Mannschaften schwangen sich in der Saisonschlussphase zu großen Taten auf und schlugen übermächtig erscheinende Gegner. Rot-Weiß Oberhausen verlor keines seiner letzten vier Spiele und machte 7:1 Punkte, Eintracht Frankfurt gewann drei Spiele in Folge, Arminia Bielefeld holte vier »goldene« Punkte in den letzten beiden Begegnungen. So mancher Toto-Tipper zweifelte an seinem Verstand ob dieser Ergebnisse, aber der Überlebenskampf der Abstiegskandidaten schien unerhörte Kräfte freizusetzen. Doch nicht alle Fußballfreunde gaben sich mit diesen »Überraschungen« zufrieden.

In Offenbach hegte der Südfrüchtehändler (»Bananenkönig«) Horst Gregorius Canellas schon lange Zeit Verdacht. Als Präsident der Offenbacher Kickers gehörte er auch zu den direkt Betroffenen. »Wir punkten und kommen doch nicht aus dem Keller«, musste er immer wieder verwundert feststellen. Bis zwei Spieltage vor Schluss waren die Kickers fünf Spieltage in Folge ungeschlagen, machten 8:2 Punkte und waren immer noch in akuter Abstiegsgefahr.

15. AM ANFANG WAR DIE PARTY

Ein Grillfest an einem heißen Juninachmittag, es war der 6.6.1971, im Offenbacher Vorort Hausen, Rosenstraße 19: Horst Gregor Canellas feiert seinen 50. Geburtstag. Einen Tag zuvor war sein Verein nach einer unglücklichen 2:4-Auswärtsniederlage gegen den 1. FC Köln am letzten Spieltag aus der Bundesliga abgestiegen. Eigentlich sollte man annehmen, dass Canellas an diesem Sonntag nicht zum Feiern zumute war. Doch der temperamentvolle Präsident hielt einige Trumpfkarten in der Hand, die ihn im berechtigten Glauben ließen, dass seine Kickers im nächsten Jahr nicht zum bitteren Marsch in die Regionalliga Süd antreten müssten.

Canellas' Frau Maria, von ihrem Mann liebevoll »Hasi« genannt, hatte ein üppiges Büffet angerichtet, es wurden Zigaretten, Champagner und Bier gereicht. Attika und Lord Extra, wo man hinsah, lange Koteletten und kurze Miniröcke, dazu James Last und Max Greger. Vor den Toren des eleganten Bungalows parkten lange Reihen von BMW, RO 80 und Mercedes 250 SE. Zu den geladenen Gästen zählten neben Freunden und Geschäftspartnern auch eine große Zahl von Medienvertretern, Bundestrainer Helmut Schön und DFB-Ligasekretär Wilfried Straub. Presse und DFB-Offizielle waren mit dem Hinweis eingeladen worden, dass einige »interessante Neuigkeiten« zu erwarten seien.

Das öffentliche Auftritte liebende Geburtstagskind nahm mit einem Lächeln auf den Lippen Platz inmitten seiner Gästeschar. Er hatte auf Tonband aufgezeichnete Beweise, dass es zum Ende der Saison 70/71 zu Schiebungen und korrupten Abmachungen unter Bundesligavereinen gekommen war, deren Opfer gegen Ende die Offenbacher Kickers waren. Tonmeister Hinz baute auf einem Gartentisch das Gerät mit dem ominösen Tonband auf. Als dann der Gastgeber die Haubitze hervorholte und die Bänder mit dem explosiven Inhalt abspielte, verschluckten sich viele am Bier oder Champagner. Ans Büffet wagte sich niemand mehr heran. Helmut Schön, der eigentlich nur gekommen war, um Canellas sein Beileid für den unglücklichen Abstieg auszusprechen, kauerte ängstlich wie ein Kaninchen vor der Schlange am Rande des Gartens. Der deutsche Fußball hatte soeben seine Unschuld verloren.

»SCHIEBUNG, SCHIEBUNG«

In dem auf Tonband aufgezeichneten Beweismaterial verhandelten drei bekannte Bundesligaspieler offen über den Verkauf von Spielen. Im Klartext: Im Abstiegskampf war nach Strich und Faden geschoben worden, kofferweise wurden die Banknoten durch Deutschland gefahren, bündelweise wurde der Judaslohn in die Socken gestopft. Korrupte Spieler? Verschobene Matches? Schwarze Handgelder? Das alles durfte nicht wahr sein. So kurz vor der WM im eigenen Lande konnte der deutsche Fußball keinen Skandal gebrauchen.

16. »ICH HÄTTE MICH ZU TODE GESCHÄMT«

Über die Details der Enthüllungen auf den Tonbändern werden wir später noch viel mehr erfahren, jedoch wollen wir versuchen, die Ereignisse chronologisch und mit Blick durch die blau-weiße Brille aufzuarbeiten. Zwar wurde auf Canellas' Geburtstags-Party noch nicht über Schalke gesprochen, doch auch hier im Westen war man sich schon lange nicht mehr sicher, ob bei den Königsblauen alles korrekt ablief. Ganz besonders nicht beim Heimspiel am 17. April 1971 gegen Arminia Bielefeld. Schalke spielte so schlecht – schlechter geht's nicht. »Der Sportbeobachter« (eine Art »RevierSport« der 60er und 70er Jahre) urteilte, dass Schalke seit dem Abstiegsjahr 1965 (nur die Aufstockung der Bundesliga auf 18 Vereine rettete Schalke damals) nicht mehr so mies gespielt hätte.

„Dieser Dummkopf hat gewettet, daß Arminia in Schalke nicht gewinnen kann!"

Ernst Kuzorra, der trotz seiner 65 Lenze sonst immer noch wie ein jugendlicher Haudegen wirkte, war plötzlich alt geworden. Wortlos starrte er nach dem Spiel im Kasino auf sein Bier. Zeitweise sah es so aus, als kämpfte er mit den Tränen. Dann schüttelte er den Kopf, und es brach aus ihm heraus: »Schämen sollten sie sich! Schämen! Ich hätte mich als Fußballer zu Tode geschämt!«

In Ostwestfalen bejubelte man natürlich den Sieg über den großen Favoriten. In Gelsenkirchen jedoch gab es nur Hohn und Spott für eine Mannschaft, in der die Hälfte der Spieler unter Normalform über den Rasen tänzelte. Und ganz klar, in Offenbach wurde von einem verschaukelten Spiel gesprochen. In der Tat konnte man den Zweifeln der Offenbacher beim Anblick dieses Spiels nur beipflichten. Einer der wenigen fleißigen Schalker an diesem Spieltag war Herbert »Aki« Lütkebohmert, der mit Schüssen aus der zweiten Reihe in der ersten Halbzeit nur Pfosten und Latte traf.

Doch je länger es 0:0 hieß, um so mehr taten sich gewaltige Lücken in der Schalker Abwehr auf. Klaus Fichtel musste zur Halbzeit mit einer Muskelzerrung ausgewechselt werden, Wittkamp spielte daraufhin den Ausputzer genauso schwach, wie er vorher im Sturm war. Seit Schalke Wittkamp zu verstehen gegeben hatte, dass man nicht bereit sei, seine Abwanderungsdrohungen durch dunkelbraune Geldscheine aus der Welt zu schaffen, war mit dem ehemaligen Schalker Torjäger einfach gar nichts mehr los. Im Tor hielt Dieter Burdenski, was er konnte; er vertrat den an einer Meniskusverletzung laborierenden Norbert Nigbur. In der 82. Minute aber schoss der Bielefelder Gerd Roggensack eine Fußabwehr des unter Dauerbeschuss stehenden Burdenski ins Tor, ohne dass Galbierz rechtzeitig eingriff. »Nu sag bloß, die hätten kein Moos gekriegt, wo se so tofte verloren ham«, war der Ausspruch eines Tribünenbesuchers, der vorzeitig das Stadion verließ. »Aufhören! Schiebung! Aufhören!«, reagierte ein Großteil des Publikums und Schalke-Anhangs schon lange vor dem Schlusspfiff und wähnte Verrat oder westfälische Nachbarschaftshilfe Schalkes für die Arminia.

1.000 MARK STRAFE

»Es ist einfach nicht zu glauben. Es ist nicht zu glauben!« Mit diesen Worten wandte sich Schalkes Vorsitzender Günter Siebert nach dem Spiel mit Grausen ab. Trainer Slobodan Cendic, der zwar schon gekündigt worden war, aber zwecks mangelnder Alternativen immer noch amtierte, wurde deutlicher: »Ich schäme mich vor dem Publikum. Jawohl, ich schäme mich. Aber die Spieler, die sich eigentlich schämen müssten, schämen sich nicht. Ich werde dem Vorstand vorschlagen, jeden Spieler, der nicht richtig gespielt hat, mit 1.000 Mark Strafe zu belegen. Die Mannschaft hat Lust, Form und Laune verloren, seit ihr der Vorstand meine vorsorgliche Kündigung mitgeteilt hat.«

Und weiter im »Sportbeobachter«: »Und sonst haben Sie nichts zu bieten, meine Herren in Königsblau? Dann dürfen Sie sich nicht wundern, wenn die restlichen Heimspiele vor leeren Rängen stattfinden. Denn eine derartige Gurkerei wie gegen Arminia können Sie einem so sachverständigen und fußballverwöhnten Publikum wie in Schalke nicht verkaufen.«

In der Tat waren knapp 14.000 Zuschauer in der Glückauf-Kampfbahn ein alarmierendes Zeichen, und mit einem solchen Anti-Fußball gewann man bestimmt keine neuen hinzu. Auch die sonstige Presse sprach bereits von Schiebung, doch man wiegelte ab. Norbert Nigbur: »Profis verzichten doch nicht freiwillig auf eine Siegesprämie von 1.000 Mark. Das Geschwätz von einem verkauften Spiel ist Unsinn.«

KRISENSITZUNG

In den nächsten Tagen trommelte Günter Siebert die Spieler zu einer Krisensitzung zusammen und bläute ihnen das Ziel ein: »Erreichen des Pokal-Endspiels mit einem Sieg im Halbfinale gegen den 1. FC Köln und einen Platz in der Spitzengruppe der Bundesliga, Platz 2 bis 5, der die Teilnahme am neuen UEFA-Pokal garantiert.« Die Spieler nickten beifällig. Dabei war nicht festzustellen, ob auch Wittkamp, Senger,

Wortgewandt ins Chaos: Günter Siebert.

Wüst, Pirkner, Galbierz und Burdenski eine Stirnverbeugung machten. Denn sie gehörten zu denen, die sich verändern wollten und einen neuen Verein suchten. Wittkamp hatte unmittelbar vor der Sitzung gekündigt, sein Weg führte in der nächsten Saison nach Mönchengladbach. Galbierz hatte beim Wuppertaler SV angeheuert, Pirkner zog es ins Ausland und Burdenski sollte ausgerechnet zu Arminia Bielefeld wechseln.

Die Abgänge mussten kompensiert werden. Neben zahlreichen namenlosen, aber hoffnungsvollen Talenten wie Huhse, Hessling und Holz hatte Siebert noch zwei ganz heiße Eisen im Feuer. Die Verhandlungen mit den Zwillingen Erwin und Helmut Kremers von den Offenbacher Kickers liefen auf Hochtouren.

ES GEHT ABWÄRTS

Doch erst musste man unter schwierigen Umständen nach Kaiserslautern fahren. Wegen großer Verletzungssorgen bestand das Aufgebot von Schalke 04, das am 27. April von der Glückauf-Kampfbahn mit dem Omnibus im überraschenden Schneegestöber in Richtung Süden startete, nur aus 17 Spielern. Doch die wehrten sich tapfer auf dem Betzenberg, bewiesen ohne Zweifel guten Willen, sich nach der Blamage gegen Bielefeld zu rehabilitieren. Aber es blieb nur beim Willen, der nicht zum Zünden kam, weil es im Sturm nur Platzpatronen gab. Schalke verlor am Ende etwas unglücklich mit 2:0 (den zweiten Treffer erzielte übrigens Otto Rehagel mit einem umstrittenen Foulelfmeter) und war nun Fünfter in der Tabelle. Und Schalke verlor weiter. Zwar hieß der Gegner in der Glückauf-Kampfbahn Bayern München, Tabellenzweiter der Liga, doch so schwach hatte man die Bayern lange nicht gesehen. Aber Schalke war noch schlechter. Nach dem 1:0-Führungstreffer durch Klaus Fischer lieferte Schalke ein Dornröschenspiel und schlief vollends ein. Nigbur agierte in der Manier eines nervösen Anfängers, hatte seinen »Tag der offenen Tür« und ließ drei »Dinger« rein.

Nach dem Bayern-Spiel war von einer etwaigen Schiebung bei der Begegnung gegen Bielefeld keine Rede mehr. Alle dachten: »Die haben damals nicht absichtlich so mies gespielt, die sind wirklich so schlecht!« Jeder fragte sich, wie es sein konnte, dass Schalke innerhalb von fünf Spieltagen vom möglichen Meisterschaftsanwärter zum willigen Punktelieferanten der Liga werden konnte. Immer mehr musste man zu der Überzeugung kommen, dass dem Fußball die Zeit des Transfers vom 1. Mai bis zum 30. Juni nicht gut tat. Ausgerechnet in der entscheidenden Phase der Meisterschaft wurden den Spielern mit Angeboten und Geld der Kopf verdreht.

DIE KRAFT FEHLT

Das Pokal-Halbfinale gegen den 1. FC Köln stand an. Günter Siebert hatte trotz der zuletzt miserablen Leistungen die Eintrittspreise angehoben. Doch nachher standen sie wieder mal mit leeren Händen da, Köln gewann mit 3:2. Schalke schien ausgelaugt, saft- und kraftlos. Aber das hatten sie sich selbst zuzuschreiben. Statt alle Kraft auf den fünften Platz zu konzentrieren, wurden immer noch Freundschaftsspiele zwischen den Ligaspielen eingeschoben. Diese Spiele auf den Dörfern brachten gerade mal die Spesen ein – Abendessen und ein Pils – aber zehrten an der Substanz, weil kein zweiter Anzug vorhanden war. So konnte die sportliche Krise nicht behoben werden. Im Gegenteil: In Oberhausen verlor man am nächsten Spieltag mit 4:1, die erste Schalker Niederlage im Niederrheinstadion seit zwölf Jahren. Gegen Kickers Offenbach gab es die nächste Heimpleite, 1:2 hieß es zum Abpfiff. Eine Beendigung des Abwärtstrends war nur durch das Ende der Saison abzusehen. Unterdessen konnte Günter Siebert einen Nachfolger von Slobodan Cendic präsentieren: Der neue Mann hieß Ivica Horvat, ehemaliger Trainer von Croatia Zagreb, der einen fantastischen internationalen Ruf genoss. Doch er sollte erst zur nächsten Saison auf der Trainerbank Platz nehmen, Cendic sollte die Saison noch über die Bühne bringen.

Am nächsten Spieltag kam es in der Glückauf-Kampfbahn zu einem brisanten Duell, Schalke traf auf den 1. FC Köln. Zum einen wollte Schalke die Heimpleite im DFB-Pokal-Halbfinale wett machen, zum anderen waren es unter anderem diese beiden Vereine, denen vor allem aus süddeutscher Sicht vorgeworfen wurde, den Ausgang einiger Spiele manipuliert zu haben: Schalke – Bielefeld 0:1, Schalke gegen Kickers Offenbach 1:2 (Freigabe der Kremers-Zwillinge erleichtert?) und 1. FC Köln – RW Oberhausen 2:4. In einem schwachen Spiel lag Schalke mit zwei Toren zurück, doch ganze fünf Minuten spielten die Schalker den Fußball vergangener Tage und glichen durch Tore von Libuda und Rüssmann kurz vor Abpfiff noch aus.

Das war bestimmt alles keine Augenweide, aber eine gewisse Rehabilitierung für die letzten Niederlagen und widerlegte eigentlich alle, die offen oder versteckt in den letzten Wochen beiden Mannschaften Schiebung oder Manipulation nachgesagt hatten.

SHOWDOWN

Plötzlich schien es auch dem FC Schalke 04 zu dämmern, dass der Tabellenfünfte noch an der UEFA-Runde teilnehmen konnte. Für einen Sieg im letzten Spiel der Saison in Bremen sollte es Sonderprämien geben. Die Meisterschaft war immer noch nicht entschieden, Bayern lag knapp hinter Gladbach und im Abstiegskampf grassierte wahre Existenzangst. Der Samstag war nichts für infarktgefährdete Mitmenschen. Zehntausende strömten zu den Bundesligabühnen, Millionen jammerten oder jubelten vor dem Radio.

Um 17.12 Uhr Rundfunkzeit war schließlich die Luft raus, die Spannung weg, die Entscheidung gefallen. Hennes Weisweiler, Günther Netzer und Berti Vogts konnten mit Borussia Mönchengladbach die Deutsche Meisterschaft feiern. Schalke gewann zwar in Bremen glücklich mit 1:0, hatte aber trotzdem einen Punkt Rückstand auf den Fünften Hamburger SV und war somit Zuschauer beim UEFA-Cup. Ein Stockwerk tiefer ging es für Oberhausen, Rot-Weiss Essen und Kickers Offenbach. Günter Siebert, mit einem neuen schnittigen Mercedes-Sportwagen und der dazu passenden blauweißen Sportmütze ausgestattet, stellte fest: »Schade, dass wir trotz des Sieges den fünften Platz nicht erreichen konnten. Die Kohlen dafür hätten wir schon viel früher in den Keller bringen müssen. Mit dem sechsten Platz holten wir aber mit einer sehr jungen Mannschaft immerhin die beste Position seit Bestehen der Bundesliga.«

17. JETZT GEHT DIE PARTY RICHTIG LOS

Wer nun glaubte, die Saison wäre abgeschlossen, sah sich getäuscht. Es ging jetzt erst richtig los. Am nächsten Tag feierte nun Kickers-Vorsitzender Canellas seinen 50. Geburtstag und ließ seine präparierten Bomben platzen. Zu den Einzelheiten auf den Tonbändern: Bereits Anfang Mai hatte Canellas einen Anruf vom Kölner Torwart Manfred »Cassius« Manglitz erhalten. Manglitz forderte vom Offenbacher Vereinsobersten 250.000 Mark, sonst würde er sich beim Auswärtsspiel in Essen nicht anstrengen und ein paar »Dinger« durchlassen. Canellas wollte damals kein Risiko eingehen, da Rot-Weiss Essen zu diesem Zeitpunkt noch als ernsthafter Konkurrent im Abstiegskampf anzusehen war. Er beriet sich mit seinen Kollegen aus dem Kickers-Präsidium und stimmte dem Handel zu. Um sich abzusichern, hatte sich Canellas aber zuvor noch beim DFB telefonisch erkundigt, ob Siegprämien aus dritter Hand erlaubt wären. Horst Schmidt, man kennt ihn noch als den dunkelhaarigen, großgewachsenen DFB-Aufsichtsbeauftragten bei den Pokalauslosungen, antwortete, dass »es nach den Statuten nicht verboten ist, dass es aber nicht sportlich wäre, da sich sowieso jeder Spieler für seine Mannschaft einsetzen müsse.« Am 6. Mai übergab der damalige Geschäftsführer der Kickers, Willi Konrad, der Braut von Manfred Manglitz an einer Autobahnraststätte das Geld gegen eine Quittung mit verschriebenem Datum. Köln gewann gegen Essen 3:2.

Doch Canellas' Misstrauen über verschobene Spiele blieb bestehen. In schöner Regelmäßigkeit machten die direkten Konkurrenten der Kickers wichtige Punkte. Immer wieder wies Canellas, der die Felle der Kickers auf dem Main davon schwimmen sah, den DFB auf die Ungereimtheiten im Abstiegskampf hin. In der DFB-Zentrale in der Zeppelinallee in Frankfurt-Bockenheim machte man sich indes nur über den »Verfolgungswahn« der Offenbacher lustig. Lediglich der junge Funktionär Wilfried Straub zeigte sich empfänglich. »Canellas, liefern Sie stichfeste Beweise«, hieß es offiziell von Seiten des DFB. Canellas nahm die Abwimmeltaktiken der Funktionäre ernst. In der letzten Woche der Saison bastelte er an höchst explosivem Material.

KORRUPTE SPIELER

Er nahm erneut Kontakt mit Manfred Manglitz auf, um für das letzte Spiel von Kickers Offenbach in Köln »etwas zu regeln«. Der Nationalkeeper forderte 100.000 Mark für ihn und fünf weitere Spieler, damit die Kickers »auf Sieg spielen« konnten. Wohlgemerkt: Diesmal sollte es keine Siegprämie geben, vielmehr sollten Manglitz und Co. dafür bezahlt werden, dass sie verlieren. Canellas zeichnete das Telefonat auf Tonband auf (das Tonbandgerät war damals der letzte Schrei und ein Verkaufsrenner bei Quelle). Es wurde während des Europapokalfinals Ajax Amsterdam gegen Panathinaikos Athen (2:0) am 2. Juni 1971 in Anwesenheit von Willi Konrad und dem Bild-Reporter Werner Bremser geführt. Der »Deal« war in

Canellas Augen nur zum Schein aufgezogen und sollte aufzeigen, was hinter den Kulissen alles möglich war. Der Bild-Reporter wurde um Stillschweigen gebeten, denn der Kickers-Präsident wollte erst den letzten Spieltag abwarten.

Doch Canellas führte nicht nur mit Manglitz Gespräche. Da Arminia Bielefeld am letzten Spieltag auf keinen Fall punkten durfte, nahm er mit den Wortführern der Hertha, Nationalspieler Bernd Patzke und Kapitän Tasso Wild, Kontakt auf. Canellas wollte den Siegeswillen der Hertha mit einer zusätzlichen Prämie stärken. Bei den Forderungen der Berliner musste er feststellen, dass die Bielefelder bereits vor ihm am Zuge waren. Die Summen eskalierten bis auf 140.000 Mark. Die Arminia war sogar bereit, eine Viertelmillion für die Ungerechtigkeiten auf dem Spielfeld zu bieten. Canellas musste handeln, denn nur, wenn es am letzten Spieltag mit »rechten Dingen« zugehen würde, wären die Kickers gerettet gewesen. Er schickte das Offenbacher Vorstandsmitglied Waldemar Klein mit einer Aktentasche, in der sich die 140.000 Mark befanden, nach Berlin, um die hin- und hergerissenen Gemüter zu beruhigen. Als Sicherheit dienten ihm die aufgezeichneten Telefonate.

DFB-Funktionär Wilfried Straub wurde stets über den Stand der Verhandlungen unterrichtet. Die Bitte, sich die Gespräche persönlich anzuhören, schlug der DFB-Mann jedoch immer wieder aus. Auch der spätere selbsternannte »Chef«-Ankläger der Fußballfunktionäre, Hans Kindermann, wollte mit den aufgestellten Behauptungen nichts zu tun haben. Als der DFB jedoch davon erfuhr, dass bereits ein Bild-Reporter eingeweiht war und Canellas ein Partyfeuerwerk plante, bekam man kalte Füße und bat Canellas, nicht an die Öffentlichkeit zu gehen und sich ganz auf das letzte Spiel in Köln zu konzentrieren.

„. . . und zum Saisonschluß der DFB-Gesundheits-Test." Zeichnung: Rudolf Schöpper

THE UNTOUCHABLES

Am 2. Juni hatte Canellas ein Treffen zwei Tage später, also am Vorabend des letzten Spiels der Saison der Kickers in Köln, auf einem Autobahn-Rastplatz mit »Cassius« Manglitz vereinbart, um ihm die 100.000 Mark Schmiergeld zu übergeben. Doch Canellas hatte bereits alles, was er wollte, auf Tonband aufgezeichnet und ließ den Deal platzen. Stattdessen fuhr er am Freitag zusammen mit seinem fünfjährigen Sohn Marcel in das Haus des Kölner Mannschaftskapitäns Wolfgang Overath und berichtete ihm von den ungeheuren verräterischen Handlungen des Torwarts.

Ein Mann, eine Brille: Hans Kindermann ermittelt.

Overath, der als ehrliche Haut galt, war empört über seinen Mitspieler. Am folgenden Tag wurde Manfred Manglitz kurz vor Spielbeginn aus dem Kader gestrichen und Ersatztorwart Milutin Soscic aufgestellt. Köln besiegte die Kickers mit 4:2. In Berlin »siegte« Bielefeld unter empörten »Schiebung, Schiebung«-Rufen mit 1:0. Rot-Weiß Oberhausen holte den rettenden Punkt beim 1:1 in Braunschweig. Offenbach war aufgrund des schlechteren Torverhältnisses in die Regionalliga abgestiegen. Die Enthüllungen auf der Geburtstagsparty waren natürlich ein gefundenes Fressen für die Presse, die sich auf die sensationellen Nachrichten stürzte und dankbar über den Schmutz unter den Fingernägeln der Bundesliga berichtete. So manches Mittagessen blieb den DFB-Funktionären im Halse stecken, denn mit der gemütlichen Sommerpause war es nun vorbei. Es begann die lange Zeit der Vernehmungen und Gerichtsurteile.

CANELLAS ANSCHULDIGUNG

25.000 Mark Prämie soll Kickers-Offenbach-Präsident Horst Gregorio Canellas Manfred Manglitz zugesagt haben, dem Torhüter des 1. FC Köln und einer der Hauptfiguren im Skandal, für den Fall, dass Köln gegen Rot-Weiss-Essen gewinnt, einem der Hauptkonkurrenten der Kickers im Abstiegskampf. Köln gewann, und Kickers-Geschäftsführer Konrad überreichte der Verlobten von Manglitz, Fräulein Walter, das Geld an einer Autobahn-Raststätte. Im schlechten Spiel mitgemischt haben auch die Berliner Patzke und Wild, die von Arminia Bielefeld 300.000 Mark für zwei Punkte erhalten haben sollen. Und auch beim Spiel Rot-Weiß Oberhausen gegen Köln soll alles nicht mit rechten Dingen zugegangen sein.

Presse und Fernsehen reagierten entsetzt. In der ARD kommentierte man den Skandal mit den Worten: »Auch das Fernsehen wird sich überlegen müssen, ob es einen solchen kriminellen Unsinn, der sich Fußball nennt, noch weiter übertragen soll.« Die Worte erzielten in der DFB-Führungsriege Wirkung. Sie drohten Klage und Boykott an (»Solange diese Äußerungen von der ARD im Raume stehen, werden wir aus Gründen der Selbstachtung nicht in der Lage sein, weiterhin Verhandlungen mit der ARD zu führen«).

Auch in den Lagern der Konkurrenten wachte man im Anschluss der Siegesfeiern über den verhinderten Abstieg nach Canellas' Tonband-Enthüllungen ebenfalls etwas verkatert auf. Als Gegenmaßnahme wurden in Oberhausen, Braunschweig, Bielefeld und Berlin die Köpfe zusammen gesteckt und härtestes »cattenacio« als taktische Anweisung angegeben: Jeder deckte jeden, Beschuldigungen wurden abgeschlagen und Gegenklagen herausgefeuert. Zielscheibe war Canellas, der Spielverderber.

Der DFB, der bereits im Vorfeld von Canellas unterrichtet wurde, aber seinerzeit keinerlei Reaktion zeigte, handelte nun auf einmal schnell. Hans Kindermann, Landgerichtsdirektor in Stuttgart und Vorsitzender des DFB-Kontrollausschusses, schritt zur Tat. Ganz schnell sollte die Sache vom Tisch kommen. Bereits vier Tage nach den Enthüllungen wurden zunächst Patzke, Wild, Manglitz und der Bielefelder Trainer Egon Piechaczek im DFB-Haus an der Zeppelinallee in Frankfurt vernommen. Eine Woche später trat Horst Gregorio Canellas vor den DFB-Kontrollausschuss und ließ die nächste Bombe platzen.

18. DIE GENTLEMEN BITTEN ZUR KASSE

Endlich mal ein Skandal ohne Schalke 04! So lautete der Tenor in den vielen Gaststätten rund um den Schalker Markt, wenn über den Bundesliga-Skandal diskutiert wurde. Doch hier hatten die Schalker Anhänger die Rechnung ohne Canellas gemacht: »Ein Vorstandsmitglied des FC Schalke 04 hat in einem Telefonat mit mir 100.000 Mark gefordert und dafür eine Niederlage gegen Kickers Offenbach zugesagt.«

Das Rätselraten über den Namen des Vorstandsmitglieds wurde von Schalke in einer kurzfristig einberufenen Pressekonferenz selbst gelüftet. Rechtsanwalt Walter Becker, zugleich Vorsitzender des Schalker Ehrenrats, erklärte: »Wir haben mit Hans Kindermann telefoniert und von ihm den Namen unseres angeschuldigten Vorstandsmitgliedes erfahren. Es ist unser Schatzmeister Heinz Aldenhoven. Hierzu ist anzumerken, dass Heinz Aldenhoven zahlreiche Verhandlungen per Telefon mit Herrn Canellas und einmal auch in dessen Wohnung geführt hat. In allen Gesprächen handelte es sich jedoch nur um den Wechsel der Kremers-Zwillinge von Kickers Offenbach zu Schalke 04 sowie um die Höhe der Ablösesumme. Über andere Dinge ist nie gesprochen worden.«

Heinz Aldenhoven, mit 31 Jahren der jüngste Schatzmeister aller Bundesligaclubs: »Ich habe Herrn Canellas immer als Gentleman betrachtet. Doch nach dieser schweren Anschuldigung gegen mich und unseren Club muss ich schon vor der Aussage beim DFB auspacken. Wir waren uns fast einig darüber, dass die Kremers-Zwillinge für eine Ablösesumme von je 120.000 Mark zu uns kommen sollten.

Beide Spieler gaben Günter Siebert in Gegenwart zahlreicher Vorstandsmitglieder ihr Ja-Wort, zu uns zu kommen. Am Samstagmorgen vor dem Spiel gegen Kickers Offenbach rief mich Herr Canellas an und unterbreitete folgende Offerte: Ihr könnt einen Kremers-Zwilling erhalten, falls Offenbach das Spiel in Schalke gewinnt. Herr Canellas gab auch zu bedenken, ob er die beiden Kremers-Zwillinge überhaupt noch in Schalke spielen lassen könne, weil sie mit halben Herzen doch schon bei uns seien.«

Heinz Aldenhoven holte tief Luft und erinnerte sich: »Ich telefonierte mit den Kremers-Zwillingen im Offenbacher Trainingslager und bat sie, in der Glückauf-Kampfbahn mit einer guten Leistung aufzuwarten, denn sie spielten schließlich vor einem besonders kritischen Publikum, das sehen wolle, ob Schalke für die neue Saison gut eingekauft habe. Herrn Canellas aber sagte ich, dass wir uns auf sein Angebot nicht einlassen könnten.« Aldenhoven wies mit Entrüstung die Behauptung zurück, von Herrn Canellas als Ganove am Telefon bezeichnet worden zu sein. Herr Canellas habe ihm im Gegenteil versichert, dass er lieber mit ihm als mit unserem ersten Vorsitzenden Günter Siebert über den Wechsel der Kremers-Zwillinge verhandele. »Der Siebert« sei für ihn Luft.

Der Kommentar von Günter Siebert lautete: »Die Anschuldigung von Herrn Canellas ist so unverschämt, dass wir gerichtliche Schritte erwägen. Wir warten zunächst einmal das Ergebnis der Vernehmung unseres

Als ob es so lustig wäre: DFB-Kontrollausschuss tagt.

Schatzmeisters vor dem Kontrollausschuss ab. Wir hoffen, dass es zu einer klärenden Gegenüberstellung mit Herrn Canellas kommt, der die Flucht nach vorn ergriffen hat, um sich zu retten und den Bundesliga-Fußball kaputt zu machen. Wir haben Beweise dafür, dass er mit den Kremers-Zwillingen bei vielen Vereinen gepokert hat. Die Brüder sind bereit, zu gegebener Zeit auszusagen. Wir erwägen eine Klage vor einem ordentlichen Gericht wegen Verleumdung und Schädigung unseres Rufes mit einer Wiedergutmachung in Höhe von einer Millionen Mark.«

WIE EIN BUMERANG

Canellas warf mit Anschuldigungen um sich, die stichhaltigen Beweise aber ließ er vermissen. Seine Anschuldigungen wurden zu einem Bumerang. Er musste zugeben, dass auch er manipuliert hatte. Im Fall »Manglitz« wurde dies bald klar. Anklage wurde nun nicht mehr nur gegen Manglitz, Patzke und Wild erhoben, auch Canellas und seine Offenbacher Kickers mussten sich vor Gericht verantworten.

Es kam auch nicht zu einer Gegenüberstellung mit Heinz Aldenhoven vor dem DFB-Kontrollausschuss. Kurz vor Beginn ließ Canellas durch seinen Rechtsanwalt erklären, dass er den Ausschuss für befangen halte. Tatsächlich saßen dort mit Fischer (Gastwirt aus Bielefeld) und Hartleb (Berlin) zwei Leute, die man eher der Offenbacher Konkurrenz zuordnen konnte.

Nach kurzer Beratung wurde der Antrag des Kickers-Präsidenten abgelehnt; Canellas Rechtsanwalt legte Protest beim DFB-Vorstand ein. Gleichzeitig verweigerten Canellas und die ebenfalls als Zeugen geladenen Offenbacher Verwaltungsratsmitglieder die Aussage. Doch das alles half nichts, die Klage gegen ihn lief auf vollen Touren.

Inzwischen ließ Schalke die Verleumdungsklage gegen Canellas vorbereiten. Zusätzlich wollte auch Aldenhoven persönlich wegen Verleumdung und Rufschändung in Höhe von 500.000 Mark klagen. Dass sich Canellas auf dem Rückzug befand, schien auch daraus hervorzugehen, dass er neben einigen anderen Spielern seines Clubs auch die beiden von zahlreichen Vereinen stark umworbenen Kremers-Zwillinge auf die Transferliste setzen ließ.

An ihrem Urlaubsort an der Costa Brava, wo auch viele Schalker Spieler und der damalige Mannschaftsbetreuer Ede Lichterfeld weilten, wurde mit der Unterschrift für einen Zweijahresvertrag alles perfekt gemacht. Je 120.000 Mark Ablösesumme sowie je 60.000 Mark sogenannte Treueprämie musste Schatzmeister Aldenhoven für die beiden auf den Tisch legen.

WENN WIR ALLE ENGLEIN WÄREN

Am 24. Juli 1971 kam es dann zum ersten großen Prozess im Bundesliga-Bestechungsskandal. Doch dieser geriet zu einer einzigen Farce. Vor der Vernehmung von Manfred Manglitz leitete der Sportgerichtsvorsitzende Dr. Kirsch mit den Worten ein: »Die Beschuldigten brauchen es mit der Wahrheit nicht so genau zu nehmen.«

Er hätte genauso gut sagen können: »Na, dann lügt mal schön.« Was sich sowohl Beschuldigte als auch Zeugen dann im Verlauf der Verhandlung nicht noch einmal sagen lassen mussten. Es wurde gelogen, dass sich die Balken bogen. Nimmt man die Aussagen der Beschuldigten, dann waren alle frei von Schuld, waren sie alle Engel. Aber so viele Engel vor einem Gericht, gibt's die? Wohl kaum. Manfred Manglitz hatte nur einmal sehen wollen, wie sich die Sache weiter entwickelt, nachdem er das erste Geldpäckchen von 25.000 Mark in seinen Besitz gebracht hatte.

Dann erklärte Manglitz, er habe auch bei dem 100.000 Mark-Angebot von Canellas nur zum Schein mitgespielt, weil er später einmal Trainer werden wollte und es ihn einfach interessierte, was alles möglich wäre: »Es kann nie schaden, wenn man weiß, wie so etwas gemacht wird.«

So unglaubwürdig die Aussage von Manglitz war, so lustig und auf keinen Fall ernst hatten die Herren Patzke (»Als meine Freundin mir sagte, ein Herr Konrad habe angerufen, dachte ich, dass das mein Mechaniker von BMW sei«) und Wild die 140.000 Mark-Transaktion empfunden. Alles wäre nur aus einer Bierlaune entsprungen.

Man sei betrunken gewesen, wie man besonders bei Wild den Eindruck haben musste, dass einige Bundesligakicker nur kassieren und saufen. Das wusste auch Wilds Kronzeuge und Freund Geyer als Zeuge zu untermauern: »Der Tasso hat zu mir gesagt, dass er einen fürchterlichen Brand gehabt hat.« Auf die Frage von Dr. Kirsch, was er mit Brand aussagen wolle, antwortete Geyer: »Einen Brand hat man, wenn man so richtig besoffen war.«

Mag der große Durst auch noch für die ersten Kontakte mit Canellas ausschlaggebend gewesen sein, so waren die Herren Patzke und Wild zumindest aber dann nüchtern, als der Offenbacher Abgesandte Klein mit den 140.000 Mark in Berlin empfangen wurde.

Klar, dass Canellas dies nicht auf sich sitzen lassen wollte. Nicht er habe Manglitz, sondern der ihn zuerst angerufen. Mit Patzke habe er nur über Standard Lüttich gesprochen, bevor der am nächsten Tag erst die Forderung über 100.000 Mark am Telefon ausgesprochen habe, die Wild dann auf 140.000 Mark hochgetrieben habe. Zudem wollte er ja nur ermitteln, was die Konkurrenz eventuell an Bestechung zahlen werde.

Auch Waldemar Klein versuchte zu untermauern, dass alle Kickers-Aktionen nur der Ermittlung dienten. Er konnte jedoch nicht stichhaltig beantworten, warum er jedes Mal in Offenbach anrief, wenn Wild und Patzke die Forderungen höher schraubten – er sei doch angeblich ohnehin nicht gewillt gewesen zu zahlen.

Fernab von allen Vernehmungen war aber eigentlich schon im Vorfeld klar, dass der DFB ein Exempel statuieren wollte. Im wesentlichen hielt sich das Sportgericht dann auch an das Strafmaß, das »Chefankläger« Kindermann gefordert hatte. Dem Kickers-Präsidenten wurde auf Lebenszeit untersagt, in einem Verein oder Verband des DFB ein Amt zu bekleiden, den Offenbacher Vereinsangehörigen Waldemar Klein und Fritz Koch wurden ihre Ämter für drei Jahre aberkannt. Manfred Manglitz und Tasso Wild wurden auf Lebenszeit gesperrt, Bernd Patzke erhielt zehn Jahre Sperre.

Kickers Offenbach wurde die Lizenz entzogen mit der Auflage, frühestens in der Saison 72/73 eine neue beantragen zu dürfen. Offenbachs Geschäftsführer Willi Konrad wurde als einziger nicht belangt, da er als Angestellter des Vereins handelte.

19. IM ZWEIFEL FÜR DEN DFB

Mit diesem Kahlschlag hoffte das Sportgericht des DFB, Ruhe an der Skandalfront zu erzielen und die im Anmarsch befindliche Bundesligasaison 1971/72 in Harmonie zu beginnen und Schaden von der bevorstehenden Weltmeisterschaft im eigenen Lande abzuwehren. Augen zu und durch, hinten dicht und vorne hilft der liebe Gott. Richtig peinlich wurde es für den Deutschen Fußball-Bund aber, als im Prozess herauskam, dass mindestens sieben DFB-Herren bereits vor der Enthüllung durch Canellas eingeweiht waren.

Wie funktionsunfähig die Maschinerie des DFB war, deutete Hans Kindermann an: Er rechtfertigte seine Untätigkeit – obwohl am Freitag vor dem letzten Spieltag sogar noch der Kontrollausschuss tagte – so: »Herr Canellas hätte sich nicht an mich wenden dürfen. Der Kontrollausschuss hat keine Möglichkeit, etwas zu unternehmen, weil seine Funktion die einer nachherigen Untersuchung ist. Canellas hätte sich an ein anderes Gremium wenden müssen.«

Ein klassisches Eigentor. Die Mitwisserschaft namhafter DFB-Vertreter wurde weder in der Anklage noch in der Urteilsbegründung erwähnt. Allen war klar, dass es dem Sportgericht nur um eine schnelle »Wiederherstellung des Vertrauens in die Sauberkeit des Sports« ging, nicht aber um eine lückenhafte Aufklärung der Geschehnisse.

Unter dem Druck der öffentlichen Meinung sah man sich zu überschnellen Verurteilungen gedrängt. Canellas war zwar schuldig gesprochen, doch der Schwarze

Geschickt am Tonband: Gregorio Canellas.

Peter lag nun beim DFB. Der Bundesliga-Skandal kam sogar als Punkt auf die Tagesordnung des Deutschen Bundestags, der zu klären hatte, ob Verbandsgerichte wie das Sportgericht des DFB rechtsstaatlichen Maßstäben genügen und ob diese Berufsverbote aussprechen dürften. Die Gerichtsbarkeit des DFB schien stark in Frage gestellt. Unter dem Teppich rumorte es gewaltig weiter.

Vorstand und Verwaltungsrat der Kickers tagten in Offenbach und beschlossen, in Berufung zu gehen. Canellas gab indes seinen Amtsrücktritt bekannt, um unbelastet und mit voller Kraft um seine volle Rehabilitation kämpfen zu können.

VORWÜRFE GEGEN RWO

Der DFB stritt mittlerweile bereits an zweiter Front gegen einen anderen Revierverein. Ins Visier wurde Rot-Weiß Oberhausen genommen. Anlass war die Aussage des Kölners Peter-Georg Friesdorf, der behauptete, die Kleeblättler hätten den 4:2-Sieg gegen Köln mit 30.000 Mark erkauft. Im RWO-Vereinslokal »Fritz am Altmarkt« war man erschüttert ob solcher Vorwürfe gegen RWO-Präsident Peter Maaßen und den früheren Trainer Adi Preißler. Die RWO-Fans waren ebenfalls aufgebracht.

Ihr Zorn richtete sich in erster Linie gegen eine Zeitung, die in den vorangegangenen Wochen Stimmung gegen RWO machte und die Kleeblättler als den Buhmann im Skandal hinstellte. Sie kauften alle erreichbaren Ausgaben dieser Zeitung auf und verbrannten sie nach einer öffentlichen Kundgebung in Oberhausen auf dem Altmarkt.

Der DFB aber blieb seiner harten Linie treu und ließ verlauten, dass man auch im Falle Rot-Weiß Oberhausen nicht vor einem Lizenz-Entzug zurückschrecken werde, falls eine Bestechung nachzuweisen wäre.

SCHALKE AUF ENGLAND-TOUR

Schalke bereitete sich indessen auf die neue Saison vor. Der neue Trainer Ivica Horvat nahm seine Arbeit auf und Günter Siebert konnte seine »Traumelf« präsentieren. Die schöne Zeit des Faulenzens an der Costa Brava war vorbei, Schalke testete seine Form gegen britische Mannschaften. Erster Gegner war der Traditionsverein Derby County, gegen den man gleich eine 1:3-Niederlage kassierte. Am folgenden Sonntag erfolgte der Start der Schalker Mannschaft ab Düsseldorf nach Schottland mit Zielhafen Edinburgh.

Insgesamt sollten Tests gegen Hibernian Edinburgh, Cardiff City und Derby County (Rückspiel) stattfinden. Rolf Rüssmann zur England-Reise: »Im Mutterland des Fußballs können wir noch einiges lernen. Wir haben ein straffes Trainingslager hinter uns und können die Kondition gegen die englischen Profis nur verbessern.«

Und Schalke schlug sich gegen die Hibernians (Tabellendritter der schottischen Liga) tapfer. Vor 10.000 begeisterten Zuschauern, die vor allem Norbert Nigbur wiederholt Beifall spendeten, erzielte man bei strömendem Regen ein beachtliches 0:0. Gegen Cardiff (3:5) und Derby County (0:2) gab es aber wieder zwei Lehrstücke. Ivica Horvat war aber dennoch nicht unglücklich mit den Spielen seiner Mannschaft.

Der jugoslawische Trainer glaubte übrigens fest daran, dass sich der Bundesliga-Bestechungsskandal nicht weiter negativ auf Schalke auswirken werde: »So etwas wird schnell vergessen, vor allem dann, wenn die Mannschaften mit guten Leistungen aufwarten werden. Dann wird der verloren gegangene Kredit schnell wieder eingespielt. Auch Vorstände und Trainer müssen eine seriöse Arbeit leisten.«

Tatsächlich schien der Skandal auch keinerlei Wirkung auf den Besuch der Spiele in der Glückauf-Kampfbahn zu haben. Wie Margot Stelter von der Schalker Geschäftsstelle der Presse mitteilte, lief der Verkauf der Vormietkarten, so hießen damals die Dauerkarten, besser als in den Vorjahren. Eine solche Vormietkarte für die Haupttribüne kostete damals 270 Mark, eine Einzelkarte für einen überdachten Stehplatz 7,50 Mark.

ERSTE GESTÄNDNISSE

Der Skandal zog weiter seine Kreise, und immer mehr Vereine gerieten in den Skandal-Strudel: Als erster Spieler hatte bald Hans Arnold vom VfB Stuttgart zugegeben, vom Bielefelder Spieler Jürgen Neumann 45.000 Mark für eine 0:1-Niederlage erhalten zu haben.

Das Geld habe er dann mit seinen Stuttgarter Mitspielern Weiß und Eisele geteilt. Die Stuttgarter Vereinsführung bekam einen Wink von Canellas, der von Arnolds Aktion wusste. Stuttgart vernahm daraufhin die gewählten Mannschaftssprecher Köppel, Haug und Arnold.

Als Arnold auf harte Fragen der Vereinsführung nur ungenau antwortete, nahm ihn der VfB-Präsident Weitpert unter vier Augen in die Mangel. Er legte schließlich ein Geständnis ab, das er später gegenüber Kindermann bestätigte.

Hans Arnold wollte es ganz schlau anfangen und auf Nummer Sicher gehen. Als er die 45.000 Mark von Neumann kassiert hatte, gab er dem Geldgeber zwar eine Quittung, händigte ihm diese aber nicht aus.

Die Quittung wurde in einem Banksafe deponiert, zu dem Arnold den Schlüssel hatte. Nach einer Niederlage wollte Arnold die unbequeme Quittung dann verbrennen, für den Fall eines VfB-Sieges wäre die Quittung als Faustpfand bei Neumann geblieben. Die gut eingefädelte Geschichte hat jedoch nicht geklappt. Irgendwie gelang es Neumann, eine Fotokopie der Quittung herzustellen, die jetzt Arnold das Genick gebrochen hatte.

Die betroffenen Vereine handelten sofort und beurlaubten Arnold und Neumann. Es schien ein Alleingang dieser Spieler gewesen zu sein, doch eine Frage blieb: Wer beauftragte Jürgen Neumann, die 45.000 Mark Schmiergeld zu zahlen?

VfB-Präsident Weitpert schien mit seiner Aussage »Wir sehen nur die Spitze eines Eisbergs« Recht zu behalten, denn nur drei Tage später sollte auch Schalke schon wieder mit in den Skandal hinein gezogen werden.

Die Bild-Zeitung titelte in ihrer Samstagsausgabe: »Bei Schalke 04 lief ein krummes Ding«. In dem Artikel – noch ohne beweiskräftiges Material – war davon die Rede, dass sich ein neuer Zeuge der Zeitung gestellt habe und bereit wäre, vor dem DFB-Kontrollausschuss auszusagen: »Ich bin vom Bielefelder Spieler Dieter Schulz angesprochen worden, für die Arminen Spiele zu kaufen. Ich habe von ihm gehört, dass auch bei Schalke ein krummes Ding gelaufen ist«.

20. EIN KRUMMES DING

»Bei Schalke 04 lief ein krummes Ding«, titelte die Bild-Zeitung Anfang August 1971. Ein neuer Zeuge habe sich der Zeitung gestellt und sei bereit, vor dem Kontrollausschuss des DFB auszusagen. Nach Köln, Bielefeld, Hertha, Stuttgart nun auch Schalke? Die Skandalwelle schwappte nun wieder auch auf Gelsenkirchen zu.

BILD LÜGT?

Bei dem Zeugen handelte es sich um den Essener Baukaufmann Erwin Sirrenberg. Er spielte früher zusammen mit dem Bielefelder Spieler Dieter Schulz beim Verbandsligisten VfB Bielefeld. Schulz, Sirrenberg und der Arminen-Spieler Jürgen Neumann trafen sich nach telefonischer Verabredung Ende Mai in der Autobahnraststätte Gütersloh.

In dem Gespräch ging es nach Angaben von Sirrenberg darum, dass er von Schulz gebeten worden sei, gegen Geld etwas für die Arminia zu tun, weil er doch im Ruhrgebiet viele Spieler kenne. Sirrenberg: »Dieter Schulz sagte, wenn du uns hilfst, wird es bestimmt nicht dein Schaden sein. Wir haben schon einiges unter Dach und Fach gebracht. Ich habe da so gewisse Vollmachten. Auch mit Deinem Heimatclub Schalke 04 ist das Ding geschaukelt worden.«

Völlig entrüstet reagierte der Schalker Geschäftsstellenleiter Hans Hörstermann auf die Berichte der Bild-Zeitung: »Ich lese diese Zeitung schon lange nicht mehr. Das ist zwecklos. Ich verweise nur auf die Anschuldigung von Canellas, dass unser Schatzmeister Heinz Aldenhoven das Spiel gegen Offenbach mit einer Niederlage für 100.000 Mark verkaufen wollte. Als Canellas bei einer Gegenüberstellung mit Aldenhoven die Beweise vor dem DFB-Sportgericht auf den Tisch legen sollte, hüllte er sich in Schweigen.«

BUNDESLIGASTART PLANMÄSSIG

Trotz der Schlammschlachten konnte die Bundesligasaison 1971/72 planmäßig starten. Zum Auftakt in Hannover reiste die Schalker Mannschaft am Freitag nach dem Abschlusstraining und gemeinsamen Mittagessen im Hotel »Schlachthof« in Heßler mit dem Bus ins Trainingslager nach Garbsen.

Der Einstand des neuen Trainers Ivica Horvat konnte besser nicht verlaufen: Im Niedersachsenstadion wurden von der jungen (Altersdurchschnitt 22,7 Jahre) blau-weißen Truppe nach einem zunächst deprimierenden 0:1-Rückstand mit einer glanzvollen zweiten Halbzeit etliche Rekorde gebrochen: Zum ersten Mal ein Auswärtssieg bei einem Auftaktspiel, Klaus Fischer mit vier Toren und einem Hattrick neuer Torjäger und Schalke 04 zum ersten Mal seit Bestehen der Bundesliga zusammen mit dem

Hamburger SV Tabellenführer. Die vielen Schalker Schlachtenbummler waren schier aus dem Häuschen und reimten bereits Verse von einer deutschen Meisterschaft.

Zweiter Spieltag, zweiter Sieg: 2:0 gegen den MSV Duisburg, Schalke Tabellenführer. Doch diesmal schoss nicht Fischer die Tore, sondern Stan Libuda, der einen der Tage erwischt hatte, an denen ihn keiner aufhalten konnte. Am Abend stellte sich im Aktuellen Sportstudio zum vierten Mal Dieter Kürten als Moderator vor. Diesmal trug der eingeladene Ivica Horvat (»meine Kleinigkeit«), der seine Schalker Jungen beileibe noch nicht als Meister sah (»Fußball ist ja Fußball«, »Die müssen treffen, nicht ich«, »Man kann nicht sagen im Fußball: heute so, deshalb morgen so. Ist immer anders«) zu einer gelungenen Sendung bei. Und Schalkes Serie riss auch im nächsten Spiel nicht. Bei der Hamburger Truppe um Uwe Seeler gelang Klaus Scheer der goldene Treffer. Schalke war Spitzenreiter.

Norbert Nigbur haargenau wie Jul Brynner

URLAUB VOM SKANDAL

Derweil genoss der geläuterte Manfred Manglitz seine neu gewonnene Popularität auf Sylt: »Noch nie haben mich so viele Leute gekannt«, sagte er einem Reporter. Kurz darauf wurde Manglitz wieder auf dem Fußballplatz gesichtet. Allerdings stand er nicht bei einem Profiverein zwischen den Pfosten, sondern beim Spiel Arbeitsamt Köln gegen Arbeitsamt München. Auch die Bundesliga nahm eine kleine Auszeit vom Skandalrummel. Schalkes nächster Gegner in der Glückauf-Kampfbahn hieß 1.FC Köln, und der sollte sein blau-weißes Wunder erleben. 6:2, davon fünf Tore von Klaus Scheer – bis heute einmalig in der Schalker Geschichte. Mit einem Schlag katapultierte sich Scheer an die Spitze der Torschützenliste (direkt vor Klaus Fischer), und Schalke blieb weiterhin unangefochten Tabellenführer.

In Frankfurt jedoch war die Luft raus, 2:0 kämpfte die Eintracht die Schalker nieder. Nigbur sah bei einigen Szenen nicht besonders gut aus, und da passte es ins Bild, dass ihn Bundestrainer Helmut Schön unberücksichtigt ließ. »Wenn Helmut Schön, der kürzlich meine langen Haare mokiert hat, es wünscht, bin ich natürlich bereit, mir eine Glatze schneiden zu lassen«, antwortete der Schalker Tormann. Nigbur tröstete sich mit seinem neuen Hobby, dem Trabrennen. Er folgte damit den Pferdespuren von Klaus Fichtel und Rolf Rüssmann.

In seinem Besitz befanden sich übrigens die Stute Isarino und der Wallach Fueger. In Dinslaken gewann der Lange ein Prominenten-Rennen mit Fidelitas, Rolf Rüssmann erreichte mit Neuenkirchen den fünften Platz. Heide Rosendahl, ebenfalls begeisterte Pferdenärrin, trabte unter ferner liefen. Das 25. »Kohlenpottderby« nach dem Krieg stand auf dem Programm, doch das Jubiläumsspiel war ein Reinfall. Spielerisch kam es einem Offenbarungseid gleich, was beide Mannschaften ablieferten. Lediglich »Aki« Lütkebohmert zeigte wie man Tore schießen kann – immerhin ein 1:0-Sieg.

21. CANELLAS' 2. AKT

Nur sieben Wochen nach den spektakulären Urteilen des DFB-Sportgerichts gegen Canellas, Manglitz, Patzke und Wild begann die Berufungsverhandlung vor dem Bundesgericht in fast gemütlicher Atmosphäre. Keine Zuschauermenge vor der Frankfurter Zeppelinallee 77, kaum Andrang im Sitzungssaal, und einige der Akteure waren sogar zu spät aus den Federn gekommen. Canellas präsentierte den Staranwalt Dr. Josef Augstein, den Bruder des »Spiegel«-Augsteins, als seinen Verteidiger. Dieser eröffnete seinen Auftritt mit einem neuen Knüller: »Wir haben konkrete Beweise, dass der Bielefelder 1:0-Sieg in Berlin am letzten Spieltag der vergangenen Saison für 250.000 Mark gekauft worden ist. Initiatoren waren Jürgen Neumann und Bielefelds Vorstandsmitglied Wilhelm Pieper.« Aber Jürgen Neumann war seinerseits aus dem Verein Arminia Bielefeld ausgetreten und somit vom DFB-Gericht kaum mehr haftbar zu machen.

Das DFB-Gericht unter der Leitung von Dr. Rückert ließ sich davon nur wenig beeindrucken, vielmehr wurde der Antrag, das Verfahren gegen Canellas auszusetzen, abgelehnt. Zudem wurde Dr. Augstein gar nicht erst als Rechtsanwalt zugelassen, da er keinem Verein des DFB angehörte. So folgte dem überraschenden Erscheinen des Dr. Augstein der ebenso schnelle Abgang.

Das Urteil: Canellas wurde weiterhin die Fähigkeit, ein Amt im Verein, im Verband oder im DFB zu bekleiden, auf Lebenszeit abgesprochen. Nach der Verhandlung soll Canellas übrigens sein zur Berühmtheit gelangtes Tonbandgerät verkauft haben. Canellas letzte Chance waren die Zivilgerichte, er stellte sich auf einen langen Kampf ein.

DAS BLAU-WEISSE HOCH

Vor dem nächsten Spiel der Königsblauen gegen Bremen lud Mannschaftsbetreuer Ede Lichterfeld die Mannschaft zum Wildschweinessen ein. »Das hat die Mannschaft ganz wild gemacht«, begründete Ivica Horvat später den 2:0-Erfolg (Tore von Rüssmann und Sobieray) gegen Werder.

Fortuna Düsseldorfs Fans mussten sich um ihre Eintrittskarten Gedanken machen, denn Schalke sollte mit 5000 Fans in den Flinger Broich kommen. Die blieben aber lange still, denn erst in der Schlussphase konnte sich Schalke den 2:0-Sieg sichern. Bedauerlich, dass Rüssmann kurz vor dem Abpfiff die Rote Karte sah; er soll den Schiedsrichter Walter Eschweiler »Drecksau« genannt haben. Rüssmann stritt alles ab, musste sich aber dennoch vor einem Sportgericht verantworten und wurde schließlich für vier Spiele gesperrt.

Der Schalker Höhenflug hielt an. Am folgenden Spieltag machten die Schalker ihrem Vizepräsidenten Heinrich »Onkel Heini« Orzewalla mit einem 4:0-Sieg gegen Hertha BSC Berlin das wohl schönste Geburtstagsgeschenk. Einem torlosen Remis in Braunschweig folgte wiederum ein 4:0-Erfolg (drei Tore von Klaus Fischer), diesmal gegen Oberhausen. Doch nun musste sich Schalke einer echten Bewährungsprobe

Mit mächtig Brand in den Gerichtssaal: Bernd Patzke und Tasso Wild.

unterziehen. Es ging zum Bökelberg, wo die Gladbacher gerade den »Büchsenwurf gegen Boninsegna« zu verarbeiten hatten. Hier hatte ein Gladbacher Fan beim Europapokalspiel gegen Inter den Mailänder mit einer Cola-Dose getroffen. Gladbach gewann zwar sein Heimspiel mit 7:1, musste jedoch wegen des Dosenwurfs ein Wiederholungsspiel auf (fast) neutralem Platz in Berlin in Kauf nehmen und schied am Ende doch noch aus. Beim amtierenden Deutschen Meister geriet Schalke mit 0:7 unter die Räder.

Tröstende Gesänge der zahlreich mitgereisten Schalke-Fans bauten die Mannschaft wieder auf. Das hatte sie auch bitter nötig, denn Schalke verlor nicht nur das Spiel, sondern auch die Tabellenspitze an Bayern München.

DAS LÜGENKARTENHAUS

Währenddessen wurde vor dem DFB-Sportgericht der Fall »Rot-Weiß Oberhausen« verhandelt. Im Mittelpunkt stand der Vorwurf, der 4:2-Sieg Oberhausens in Köln am 22. Mai sei vom damaligen Kölner Torhüter Manglitz für einen Betrag zwischen 22.000 und 30.000 Mark gekauft worden. Kindermann hatte auch hier lebenslange Sperren gegen den Präsidenten Peter Maaßen und Trainer Ady Preißler gefordert. Doch RWO kam noch einmal mit einem blauen Auge davon, weil »Chefankläger« Kindermann den Hauptbelastungszeugen Peter-Georg Friesdorf selbst als »Hyäne des Fußballs« und »alles andere als glaubwürdig« bezeichnete.

Bei der Verhandlung gegen Patzke, Wild und Neumann geriet Arminia Bielefeld immer mehr unter Druck. Der Verein selbst war zwar in diesem Verfahren noch nicht angeklagt, doch Hans Kindermann hielt alle Trümpfe in der Hand.

Der Vertagungsantrag der Bielefelder Verteidigung erwies sich als perfekter Bumerang: Ein Neumann-Verteidiger erschien gar nicht, der andere räumte mit seinem Mandanten fluchtartig das Feld, als der Bielefelder Kaufmann Rupert Schreiner als Kronzeuge aufmarschierte. Bis zuletzt leugneten die Schuldigen den Vorwurf, den Bielefelder 1:0-Sieg in Berlin für 250.000 Mark manipuliert zu haben. Neumann gab lediglich zu, für 45.000 Mark das Bielefelder 1:0 über Stuttgart »gekauft« zu haben. Es schien nur noch eine Frage der Zeit zu sein, wann das Lügenkartenhaus der Arminen zusammenbrechen sollte.

Der DFB-Kontrollausschuss ermittelte weiter und filzte die Bielefelder Geschäftsstelle. Dabei entdeckte man einen Buchungsbeleg über 40.000 Mark, auf dem stand: »Anteil Spielervermittler Holland«. Und mit Bleistift war darauf geschrieben: »FC Schalke 04«. Eine Unterschrift fehlte. Nun geriet alles außer Kontrolle, und Schalke war wieder mittendrin. Oskar Siebert: »Schließlich kann jeder mit einem Bleistift irgendeinen Vereinsnamen darauf schreiben. Das ist für uns kein Beweis. Wir haben eine saubere Weste. Speziell zum Spiel gegen Bielefeld hatten wir die Kabinen hermetisch abgeriegelt, um allen Eventualitäten vorzubeugen. Und Aki Lütkebohmert hat zweimal aus 20 Metern die Latte getroffen, das kann kein Spieler, wenn er kein Tor schießen will. Sollte sich jedoch gegen einen unserer Spieler auch nur der geringste Beweis ergeben, wird er sofort ausgeschlossen. Aber noch warten wir auf Beweise aus Bielefeld.«

Die Schalker Mannschaft spielte zunächst unbekümmert weiter. Nach der 0:7-Klatsche in Gladbach fing sich die Mannschaft wieder und gewann gegen Kaiserslautern mit 3:0 (Scheer, Lütkebohmert, Erwin Kremers). Pikant wurde es aber beim nächsten Spiel, Schalke musste auf die ausverkaufte Bielefelder Alm und war am Ende froh über einen Punkt.

Ausverkauft war aber auch bereits das traditionelle Winterfest des FC Schalke 04 am 19. November im Hans-Sachs-Haus. Die Winterfeste waren immer ein ganz besonderes gesellschaftliches Ereignis, und diesmal gab es auch ein dementsprechend erlesenes Programm: Peggy March und Roberto Blanco sowie Tänzerinnen aus dem Pariser Lido sollten für ausgelassene Stimmung sorgen. Ein besonderer Clou der Tombola war ein Zentner Hafer, gespendet vom Traber-Champion Willi Roth, der hoffte, dass ihn die Traberfreunde Klaus Fichtel, Ede Lichterfeld, Norbert Nigbur, Heinz Aldenhoven oder der Kegelclub »Lecker drin« für ihre Pferde gewinnen.

Für ganz andere Stimmung im Schalker Lager sorgte nun der ehemalige Arminen-Spieler Jürgen Neumann, der zum Kronzeugen in den Bundesligaskandal-Verhandlungen avancierte. Neumann sagte aus, dass alle Schalker am 17. April in der Glückauf-Kampfbahn Geld kassiert hätten. Der Ex-Schalker Waldemar Slomiany sei der Überbringer und Klaus Senger der Empfänger der 40.000 Mark Bestechungsgeld gewesen. Schalkes Rechtsanwalt Walter Becker erklärte: »Wir haben unsere Spieler noch einmal befragt, diesmal einzeln, ob sie Geld genommen haben. Libuda, Fichtel, van Haaren, Lütkebohmert, Rüssmann, Sobieray und Fischer haben sämtlich verneint. Obwohl ich sie auf die Folgen einer Unwahrheit aufmerksam gemacht habe, sind alle Spieler bereit, die bereits unserem Vorstand gegebene eidesstattliche Versicherung auch beim Landgericht in Essen zu machen.« Schalke hatte sich die Vernehmungsprotokolle von Slomiany und Senger (nun bereits bei Fortuna Düsseldorf) zukommen lassen, sie hatten ausgesagt, dass sie beide weder Geld übergeben noch angenommen hätten.

Der zweite Vorsitzende Heinrich Orzewalla (in seinen Schalker Jahren ein Schützling von Kuzorra) sagte: »Vor unserem Spiel gegen Kaiserslautern beteuerte Waldi: ›Onkel Heini, Du kannst mir glauben, ich schwöre, dass ich kein Geld überbracht habe‹.« Das Mitglied des Verwaltungsrates, der Alt-Internationale Berni Klodt, erklärte: »Wir glauben unseren Spielern.« Die beschuldigten Schalker Lizenzspieler erhoben sogleich Anklage gegen Jürgen Neumann wegen Verleumdung.

Unglaublich, wie die junge Schalker Mannschaft das ganze Gerede von verschobenen Spielen wegsteckte: Mit 4:1 fegte sie den vom ehemaligen Schalker Hermann Eppenhoff trainierten VfL Bochum vom Platz. Nicht zu stoppen war an diesem Tag Aki Lütkebohmert, der das Spiel unermüdlich aus dem Mittelfeld ankurbelte. Schalkes Stadionsprecher legte nach dem Abpfiff eine künstliche Pause ein, bevor er das Ergebnis aus Frankfurt bekannt gab. Dann kannten die Schalker Anhänger kein Halten mehr: Bayern hatte im Waldstadion verloren und Schalke somit die Tabellenspitze zurück erobert. In Stuttgart lieferte Schalke dann sein bis dato bestes Auswärtsspiel ab. Libuda nahm eine neue Rolle ein und spielte erstmals etwas zurückgezogen. In der Halbzeitpause meinte Günter Siebert: »Unsere Jungs spielen so abgeklärt und geschickt aus der Abwehr heraus, dass ich an einen Punkt glaube.« Am Ende waren es sogar zwei.

Unaufhörlich rasselten in der Geschäftsstelle die Telefone. Hans Hörstermann und seine Mitarbeiterinnen Margot Stelter und Frau Erdmann konnten nur, bald restlos am Boden zerstört, monoton wiederholen: »Nein, für das Spiel gegen Bayern München sind keine Karten mehr vorhanden! Es ist zwecklos, ohne Karte nach Schalke zu kommen.« Siebert und seine Vorstandskollegen bedauerten sehr, dass dieses Schlagerspiel noch nicht in dem im Bau befindlichen 70.000 Leute fassenden Parkstadion ausgetragen werden konnte. Aber zunächst stand das Pokal-Hinspiel gegen Hertha BSC Berlin an. Auch das gewann Schalke – trotz einer miserablen Schiedsrichterleistung – mit 3:1.

ENDSTATION SEHNSUCHT

Vor dem »Spiel der Superlative« gegen die Bayern fehlten Norbert Nigbur, Klaus Fichtel und Stan Nigbur, Klaus Fichtel und Stan Libuda beim Mittwoch-Training. Sie wurden in Frankfurt vom Kontrollausschuss in »Sachen Bielefeld« vernommen. Nigbur lachte vor der Abfahrt: »Ich weiß gar nicht, was ich dort soll. Bei der fraglichen 0:1-Niederlage gegen Arminia Bielefeld befand ich mich mit einem Meniskusschaden in Hellersen.« Nigbur war es dann auch, der im entscheidenden Spiel um die Herbstmeisterschaft zum Spieler des Tages wurde. Strahlend stand er nach dem Spiel unter der warmen Dusche

Ein Herz und eine Seele: Norbert Nigbur, Bundestrainer Helmut Schön und Sepp Maier.

und konnte sich kaum noch der vielen Glückwünsche erwehren. Noch vor dem Spiel hatte er erklärt: »Ein Tor werden die Bayern-Stürmer wohl machen.«

Das 1:0 für Schalke war am Ende sein Verdienst. 18:0 Punkte und drei Gegentore in neun Heimspielen: Schalke war Herbstmeister. Günter Siebert, der das Spiel bereits im Vorfeld als »Endstation Sehnsucht« bezeichnete, war überglücklich: »Das ist für mich neben dem Endspiel 1958 in Hannover das größte Erlebnis meiner sportlichen Laufbahn.«

Als dann alles vorbei war, vergoss Siebert still ein paar Tränen. Schalke wurde nun zum Gejagten und bekam dies bereits beim DFB-Pokal-Rückspiel in Berlin, dem letzten Spiel vor der Winterpause, zu spüren. Mit 3:0 gewannen die Berliner und wären somit eine Runde weiter gewesen. Aber sie machten dabei einen entscheidenden Fehler: Hertha setzte den Ungarn Zoltan Varga ein, den das Sportgericht und im Berufungsverfahren das DFB-Bundesgericht wegen angeblicher Manipulationen um das Bundesligaspiel Hertha BSC gegen Arminia Bielefeld (0:1) in eine Vorsperre genommen hatte. Das Landgericht Berlin erließ gegen dieses Sporturteil eine einstweilige Verfügung. Nach einer Aussprache im Vorstand von Hertha, der auch Trainer Helmut »Fifi« Kronsbein beiwohnte, entschloss sich der Verein, den DFB-seitig gesperrten Varga einzusetzen.

Halbzeitmeister? – Schalke heißt er!

Hertha BSC ging also aufs Ganze und versuchte, die Sportgerichtsbarkeit des DFB matt zu setzen. Doch Hertha kam damit am Ende nicht durch. Erst im Januar 1972 annullierte das DFB-Sportgericht das DFB-Rückspiel infolge unberechtigten Mitwirkens des gesperrten Zoltan Varga und wertete das Spiel mit 2:0 für Schalke. Schalke 04 stand damit trotz der 0:3-Niederlage in der zweiten Runde des DFB-Pokals.

22. SAG DIE WAHRHEIT

Die Schalker Knappen gingen als Herbstmeister in die Rückrunde der Saison 1971/72, gejagt von Bayern München und Gladbach. Auch im DFB-Pokal war Schalke noch vertreten, und das, obwohl Schalke der Hertha auf dem Spielfeld eigentlich unterlegen war. Sportlich lief es also bei den Königsblauen optimal – doch der Bundesligaskandal hing immer noch wie ein Damoklesschwert über dem Schalker Markt.

ALLES IM GRÜNEN BEREICH

Der Herthaner Zoltan Varga hatte in der Saison 70/71 vor dem Spiel gegen Bielefeld von seinen Mitspielern einen höheren Anteil an der Bestechungssumme verlangt. Während der Halbzeit rief er seine Frau an: »Ist das Geld da?« Weil es nicht da war, spielte der Ungar Varga nach der Pause als einziger auf Sieg, traf auch die Latte, konnte den Bielefelder Triumph im Alleingang aber dann doch nicht verhindern. Das Urteil des DFB-Sportgerichts am Freitagabend vor dem Start der Rückrunde wurde eine Stunde vor Mitternacht gefällt: Schalke 04 hatte mit dem Protest gegen die Wertung des DFB-Pokalspiels gegen Hertha BSC Erfolg. Da die Berliner den DFB-seitig gesperrten Varga einsetzten, stand nun der FC Schalke 04 in der nächsten Pokalrunde.

Die Rückrunde hätte aus Schalker Sicht kaum besser starten können. Mit einem Norbert Nigbur in Superform wurde Hannover 96 mit 5:0 förmlich weggefegt, der zehnte Sieg im zehnten Heimspiel. In einer überaus hart geführten Begegnung beim MSV Duisburg bekam Schalke jedoch wieder einen kleinen Dämpfer (0:2).

EINER LÜGT

Die VIII. Zivilkammer des Essener Landgerichts war nun Schauplatz des Streits zwischen dem ehemaligen Bielefelder Jürgen Neumann und dem FC Schalke 04. Neumann hatte in einem Boulevard-Blatt behauptet, Bielefeld habe die beiden lebenswichtigen Punkte am 17. April 1971 mit 40.000 Mark erkauft. Auf diese Behauptung antworteten acht Schalker Spieler mit einer Unterlassungsklage. Schlüsselfiguren des ersten Beweistermins waren die früheren Schalker Spieler Waldemar Slomiany (nun Arminia Bielefeld), Klaus Senger (nun Fortuna Düsseldorf) sowie der ehemalige Arminia-Funktionär Franz Greif. Greif behauptete, er persönlich habe Slomiany eine Stunde vor Spielbeginn die 40.000 Mark in einem Umschlag übergeben. Nach einigem Zögern erklärte er sich schließlich bereit, diese Aussage zu beeiden. Slomiany allerdings blieb bei seiner Aussage: »Ich habe kein Geld bekommen, nichts bekommen, auch keinen Brief.« Klaus Senger, der das Geld von Slomiany zur Verteilung an seine Mannschaftskameraden erhalten haben soll, blieb ebenfalls bei seiner Aussage: »Mit mir ist darüber nicht gesprochen worden. Ich habe auch keinen Briefumschlag bekommen.« Einer sagte die Unwahrheit, und so kommentierte der Gerichtsvorsitzende: »Die Wahrheit ist schon eine schwere Sache.« Man vertagte sich auf Mitte März und nahm Slomiany aufgrund des Schwurs von Franz Greif in eine Vorsperre.

Gegen den Hamburger SV gewann man das nächste Heimspiel in einer wahren Schlammschlacht mit 3:0. Mann des Tages war Klaus Scheer, der zwei Tore zum Sieg beitrug. In Schalke schien die Welt wieder in Ordnung zu sein. Die Fastnacht stand vor der Tür und Schalke musste gleich gegen zwei Karnevalsvereine antreten: Im DFB-Pokal zog man gegen Fortuna Düsseldorf ins Viertelfinale ein (1:1 und 2:1), und beim 1. FC Köln gab es den ersten Bundesligasieg überhaupt. Am nächsten Tag fuhren Günter Siebert, Heinz Aldenhoven und Ernst Kuzorra gemeinsam nach Frankfurt. Dort wurde das Urteil gegen Arminia Bielefeld mit Spannung erwartet. Bielefeld wurde wegen unsportlichen Verhaltens in fünf Fällen die Lizenz entzogen und die Rückversetzung in die Regionalliga (und dort zehn Punkte Abzug) verfügt. Ein harter Schlag.

BERG UND TAL MIT S04

Schalke sollte es egal sein. Nächstes Heimspiel, nächster Sieg. 2:0 gegen Eintracht Frankfurt, da platzte die nächste Bombe: Waldemar Slomiany, der mittlerweile selbst bei Bielefeld spielte, gab auf einmal zu, tatsächlich doch die 40.000 Mark erhalten zu haben. Nun ging alles drunter und drüber. Schalkes Rechtsanwalt Walter Becker zog unerwartet die Klage gegen Jürgen Neumann zurück. Anscheinend wollte er Slomiany vor einem Meineid bewahren. Dennoch wussten vier der acht klagenden Spieler vorerst nichts davon, dass Becker die Klage zurückgenommen hatte. Stan Libuda meinte: »Die Rücknahme unserer Klage hat uns unser Anwalt empfohlen.« Auf die Frage, was man mit der ganzen Angelegenheit bezwecken wollte, antwortete er nur mit einem Schweigen. Den Grund des Schalker Umfallers sah Schatzmeister Aldenhoven »rein sportlich«: »Die Spieler wollten ihren alten Mannschaftskollegen eben nicht bloßstellen.«

Neulich vor Gericht:
Stan Libuda, Rolf Rüssmann und Klaus Fischer.

Immerhin: Waldemar Slomiany beharrte vorerst auf seiner neuen Darstellung, wonach er die 40.000 Mark Schmiergeld zwar vom damaligen Bielefelder Mannschaftsbetreuer Franz Greif erhalten, dann aber in die eigene Tasche gesteckt habe. Vor dem Essener Landgericht war er vorher noch zum Eid bereit, dass er nie das Geld empfangen habe. Ihm drohten nun Anklage wegen falscher Aussage und Unterschlagung. Merkwürdig erschien dies alles auch Chefankläger Kindermann: »Da soll uns ein Buhmann präsentiert werden. Wir vom Kontrollausschuss sind nicht bereit, den Beteiligten das abzunehmen.« Rechtsanwalt Becker hatte mit seinem Klagerückzug schlafende Hunde geweckt.

Eigentlich unglaublich, wie sich die Spieler ob solchen Wirbels überhaupt noch auf den Fußball konzentrieren konnten. Den BVB fertigte man noch mit 3:0 ab, in Bremen (0:2) hielten die Nerven nicht stand und gegen Düsseldorf gewann man zwar mit 3:0, jeder andere Gegner hätte an diesem Tag aber wohl Schalke von der Tabellenspitze gefegt.

23. SIPPENHAFT FÜR SCHALKE

Der DFB reagierte so, wie man es kennt: konfus. Ohne stichhaltige Beweise fiel ihm nichts anderes ein, als die Schalker Spieler Rüssmann, Libuda, Fichtel, Lütkebohmert und Nigbur aus der Nationalmannschaft auszuschließen. Dieter Burdenski, der beim besagten Spiel gegen Bielefeld den Schalker Kasten hütete, durfte aber immer noch in der DFB-Junioren-Auswahl mitspielen. Rolf Rüssmann entrüstet: »Ich bin erschüttert. Ich bin bereit zu schwören, dass ich kein Geld kassiert habe. Es ist mein ehrgeiziges Ziel, in die Nationalmannschaft zu kommen. Das wirft mich mindestens um ein Jahr zurück. Die beste Antwort an den DFB ist wohl, dass wir trotz aller Querschläger Deutscher Meister werden.« Die Fronten zwischen DFB und Schalke 04 schienen verhärtet. Auch Schalkes Kremers-Zwillinge erteilten Bundestrainer Helmut Schön eine Absage für das Länderspiel in Budapest gegen Ungarn.

Nicht nur der Bundestrainer fühlte sich auf den Schlips getreten, der gesamte DFB zeigte sich brüskiert.

Wegen der permanenten Nervenbelastung war es nur eine Frage der Zeit, wann Schalke schwächeln würde. Gegen Hertha BSC Berlin (0:3) verlor man dann auch die Tabellenführung an Bayern München. Doch Schalke gab das Titelrennen nicht auf und hielt mit einem 5:1-Heimsieg gegen Braunschweig und einem 3:2 gegen Oberhausen Anschluss.

LEBENSLANG

Hinter einer Sonnenbrille hatte Slomiany seine vor Nervosität flackernden Augen verborgen. Mit seinem ruhelosen Auf- und Abgehen in den Verhandlungspausen »seines« Prozesses beim DFB-Sportgericht machte er den Eindruck eines Mannes, den der Skandal »geschafft« hatte. Inzwischen hatte er sich in eine ausweglose Situation hineinmanövriert. Da half auch nicht sein bockiges Schweigen bei seiner Vernehmung, das er nur einmal unterbrach, als er in einem Ausbruch hinausschrie, nachts nicht mehr schlafen zu können. Alles Bitten und Betteln half nichts, Slomiany wurde lebenslang gesperrt. Während sich Mannschaftsbetreuer Ede Lichterfeld in Essen-Bergeborbeck in einem

Krankenhaus wegen seiner Magengeschwüre behandeln ließ, sagten Günter Siebert und Ernst Kuzorra bei ihrer Vernehmung durch den Staatsanwalt in Gelsenkirchen unter Eid aus, nichts von einer Manipulation des Spiels Schalke gegen Bielefeld gewusst zu haben. Insgesamt erhoben 14 Schalker Lizenzspieler und Vorstandsmitglieder die Hand zum Schwur, kein Geld kassiert zu haben. Eines war nun klar: Es wurde ein Meineid geschworen. Nur war noch nicht klar, von wem: Von Bielefeld oder von Schalke?

DRECK AM STECKEN

Lange schon ging das Gerücht um, dass Dieter Burdenski, damaliger Torhüter im Spiel gegen Bielefeld, ebenfalls an den 40.000 Mark mit kassiert hätte. Lange wurde auch hierüber gelacht, denn Burdenski war in dem Spiel der beste Mann auf dem Feld und es gab überhaupt keinen Grund anzunehmen, dass er geschmiert worden wäre. Aber auch er wurde unter dem großen Druck schwach und legte ein Geständnis ab. Von der Oberstaatsanwaltschaft Hamm wurde bestätigt, dass er nach dem Spiel 2.000 Mark und später noch einige Hunderter kassiert habe. Allerdings weigerte er sich hartnäckig, den Namen des Geldgebers zu nennen. Weiterhin wolle er auch nicht gesehen haben, dass andere Schalker Spieler beteiligt worden seien. Bei den Schalker Anhängern löste dies Alarmbereitschaft aus. Verwunderlich wirkte in Schalke die verbreitete Behauptung von Kindermann, dass er vom Geständnis des Dieter Burdenski schon seit Monaten gewusst habe. Obwohl er also von Burdenskis Geständnis wusste, ließ er zu, dass von Schalker Seite 14 Eide oder Meineide geschworen wurden, nichts von der Manipulation gewusst oder gar Geld kassiert zu haben.

Fußball wurde auch noch gespielt. Nach zwei Unentschieden (1:1 gegen Gladbach, 2:2 auf dem Betzenberg) hatte Schalke diesmal gegen Bielefeld nichts zu verschenken. Der 6:2-Sieg und der anschließende 2:0-Erfolg über den VfL Bochum brachten aber nicht allzu viel, da auch Bayern München zum Seriensieger wurde. Im Pokal hatte sich Schalke gegen Gladbach durchsetzen können und traf nun im Halbfinale auf den 1. FC Köln. Im Hinspiel unterlag Schalke den Domstädtern mit 1:4, der Traum vom Finale schien schon geplatzt. Hinzu kam, dass der DFB wieder mal Sperren aussprach, die auch Schalker Spieler betrafen und somit einmal mehr für Unruhe innerhalb der Mannschaft sorgten.

»Erst durch Presse und Fernsehen erfuhr ich, dass Hans Kindermann beim DFB-Sportgericht die sofortige Sperre unserer früheren Spieler Jürgen Galbierz, Hansi Pirkner und Manfred Pohlschmidt sowie von mir beantragt hat. Bis jetzt habe ich jedenfalls offiziell noch keinen Bescheid bekommen«, erklärte Schalkes Abwehrspieler Jürgen Sobieray, der erneut seine Unschuld beteuerte. Sobieray konnte den Beweis erbringen, dass er nach dem Spiel nicht wie angegeben mit Galbierz, Pohlschmidt und Pirkner im Löwenpark in Buer war, wo angeblich das Bestechungsgeld übergeben worden sei. Er sei nachweislich sofort zu seinen Schwiegereltern nach Frankfurt gefahren. Wieder mal wusste keiner, was wirklich los war. Sobieray wurde angeklagt, sein Prozess sollte im August beginnen. Die Schalker

Fans hätten Kindermann am liebsten gelyncht. Jede Todesart sei er gestorben, berichtete der DFB-Staatsanwalt später. Vor allem nachts, wenn die Fans in den Kneipen nach dem siebten Bier Gewehr bei Fuß standen, klingelte sein Telefon: »Du kriegst einen Bauchschuss, du Drecksack!« – »Heute Nacht brennt dein Haus, du Sau!« – Er war froh, dass der Generalbundesanwalt und Terroristenjäger Kurt Rebmann direkt um die Ecke wohnte, so liefen die Polizeistreifen sein Haus automatisch auch gleich mit ab.

ELFMETERKRIMI

Schalke erwartete die Geißbock-Mannschaft zum Rückspiel in der Glückauf-Kampfbahn. Nach dem 1:4 im Hinspiel rechneten wohl nur noch die kühnsten Optimisten mit einem Erreichen des Finales. Doch sie sollten tatsächlich recht behalten. In einem der dramatischsten Pokalspiele der deutschen Fußballgeschichte (Trainer Horvat: »Alles, was ich erlebt habe, wurde in den Schatten gestellt«) schaffte Schalke ein 5:2, glich nach damaliger Regel damit zum 6:6 aus. Das Elfmeterschießen musste entscheiden. Den 16. Elfmeter verschoss Bernd Cullmann, damit stand Schalke als zweiter DFB-Pokal-Finalist nach Kaiserslautern fest. Günter Siebert wurde ganz euphorisch: »Jetzt wollen wir das Double.« Der 1. FC Köln war mit einigen wirklich sehr merkwürdigen Schiedsrichterentscheidungen überhaupt nicht einverstanden, legte dann auch Protest ein, der aber vom DFB abgewiesen wurde.

Schalke stand jetzt gehörig unter Terminstress. Zum einen nahte die Endphase der Meisterschaft, in der Schalke immer noch ein Wörtchen mitzusprechen hatte, das Pokalfinale stand noch mit Schalker Beteiligung an, und Deutschland stand im Finale der Europameisterschaft. Nach damaligem Modus wurden die Begegnungen bis zum EM-Viertelfinale mit Hin- und Rückspiel auf das Jahr verteilt ausgetragen. Erst ab dem Halbfinale trafen sich die vier besten Mannschaften zur EM-Endrunde in Belgien. Deutschland gewann gegen den Gastgeber durch zwei Müller-Tore mit 2:1 und besiegte im Finale die UdSSR mit 3:0. Bis heute steht ein Urteil, das kaum jemand in Frage stellt: Die deutsche Nationalmannschaft von 1972 war die beste, die es jemals gegeben hat. Beckenbauer, Netzer, Breitner, Müller und Erwin Kremers spielten einen Fußball vom anderen Stern.

In der Bundesliga griff Schalke nach dem letzten Strohhalm. In wirklich allerletzter Minute gelang der 2:1-Siegtreffer im letzten Heimspiel der Saison gegen den VfB Stuttgart per Foulelfmeter. Es kam zu einem wahren »Endspiel« im für die Olympischen Spiele gerade neu errichteten Olympiastadion in München gegen die Bayern. Bei einem Schalker Sieg wären die Königsblauen Deutscher Meister. 79.032 Zuschauer sahen allerdings eine überlegene Bayern-Mannschaft, die bei dem 5:1 eigentlich zu keiner Zeit etwas anbrennen ließ. Deutscher Meister 71/72 war Bayern München.

24. LIBUDAS ABSCHIED

In diesen turbulenten Zeiten machten sich auch die Spieler so ihre Gedanken. So zog es Stan Libuda und Heinz van Haaren ins Ausland, wo Racing Straßburg mit den Geldscheinen wedelte. Für 500.000 Mark – die höchste Ablösesumme, die bis dato in der Bundesliga gezahlt wurde – sollte Libuda zur nächsten Saison in den Elsass wechseln. Die Frage war, wie sich der überaus sensible Rechtsaußen dort wohl fühlen sollte. Denn der »Stan« brauchte nur die Zechentürme von Gelsenkirchen-Bismarck nicht mehr im Blick zu haben, dann überkam ihn bereits Heimweh. Hinzu kam ein weiteres Problem: Libuda und van Haaren hatten nur einen Vertrag bis zum 30. Juni beim FC Schalke 04, das Pokalfinale sollte allerdings erst einen Tag später stattfinden. Der DFB stellte sich natürlich sofort quer und erteilte den beiden keine Spielberechtigung.

Bei Trainer Horvat herrschte begreiflicherweise helle Empörung über diesen lächerlichen Bescheid des DFB: »Es ist unverständlich, dass der DFB unsere eingespielte Mannschaft wegen einer Frist von 24 Stunden auseinander reißen will.« Präsident Siebert fuhr schärfere Geschütze auf: »Wir haben die Termine doch nicht gemacht, sondern einzig und allein der DFB. Er hat sie mehrmals in seinem eigenen Interesse wegen der Länderspiele und der Europameisterschaft umgeworfen. Racing Straßburg hat uns vertraglich zugesichert, dass Libuda und van Haaren bis zum Abschluss der Saison für uns spielen. Der DFB soll in diesem Fall nicht päpstlicher sein als der Papst.«

Doch Schalkes Präsident zauberte noch einen Trick aus der Tasche. Er ließ die beiden

Strippenzieher mit Heimweh: Stan Libuda.

Spieler kurzerhand wieder auf die Transferliste setzen und verpflichtete sie mit dem Einverständnis von Straßburg für einen Tag zurück. In Hannover ließen die Schalker den Pfälzern nicht die Spur einer Chance. Zweimal Helmut Kremers, Klaus Scheer, Aki Lütkebohmert und Klaus Fischer sorgten für den 5:0-Endstand. Schalke hatte zum ersten Mal seit 1958 wieder einen nationalen Titel gewonnen. Schlimmer als beim Karneval ging es beim Empfang des deutschen Pokalsiegers in Gelsenkirchen zu. Um 11 Uhr kam die Mannschaft am Hauptbahnhof an, es folgte ein Zug durch die Bahnhof- und Ebertstraße zum Hauptmarkt.

Hier wurden Tanz- und Bierwagen aufgeschlagen, um ein echtes blau-weißes Volksfest zu feiern. Nach der offiziellen Ehrung durch die Stadt gab es ein Bankett. Doch selbst nach einem solch souveränen Sieg sprach DFB-Chefankläger Kindermann von einem »Erfolg der Sünder«. Er unterließ es zu keiner Zeit, anzudeuten, dass noch schlimme Zeiten auf den FC Schalke 04 zukommen würden. Bei der Auslosung der UEFA-Pokalauslosung beim Pokal der Pokalsieger stand auf der Ziehungskarte »FC Schalke 04/1. FC Kaiserslautern/1. FC Köln« (als Gegner wurde Slavia Sofia gezogen). Alle fragten sich: Wenn der Kindermann solche Anschuldigungen von sich gibt, warum legt er dann nicht endlich Beweise auf den Tisch?

25. DIE ANGST GEHT UM

Während der Vorbereitung auf die neue Saison fand die Verhandlung gegen Sobieray, Pohlschmidt, Galbierz und Pirkner (er hatte als einziger der Beschuldigten keinen Eid geleistet) statt. Als Hans Kindermann zu seinem Plädoyer ansetzte, rutschte Co-Trainer Friedel Rausch immer tiefer in seinen Sessel. Gleichmäßige Atemzüge bekundeten kurz darauf, dass er eingenickt war. Sein Gähnen sprach auch für die Skandal-Müdigkeit, die noch nie so bewusst spürbar in den Räumen des DFB-Hauses hing.

»Unter Fußballspielern ist es üblich, dass sie mehr Geld haben als Normalbürger. So kam es mir nicht komisch vor, als ich nach dem Spiel gegen Bielefeld in der Kabine Spieler mit zwei Tausendmarkscheinen sah.« Dieter Burdenskis Aussage als Hauptbelastungszeuge im Prozess gegen die vier Spieler musste dem unbedarften Beobachter zu denken geben. Burdenski hatte Geld in der Kabine gesehen und auch selbst erhalten – unter mysteriösen Umständen, wie er zu erklären wusste. Denn noch in der Kabine sei Manfred Pohlschmidt zu ihm gekommen und habe ihm den Treffpunkt des Parkplatzes vor dem Löwenpark Westerholt genannt. Um 21 Uhr des 17. April sei er dort eingetroffen, und habe, ohne aus seinem Wagen auszusteigen, von Pohlschmidt 2.000 Mark erhalten. Dabei habe er die anderen drei angeklagten Spieler in der Nähe des anderen Wagens erkannt.

Burdenski hatte also selbst Geld erhalten, wofür jedoch, wusste er unlogischerweise nicht zu sagen. Erst später, als er bereits in Bielefeld unter Vertrag war, habe er erfahren, um welche Gelder es gegangen sei. »Da habe ich Angst bekommen.« Den Verteidigern Dr. Hütsch und Rechtsanwalt Weber ging es darum, die Glaubwürdigkeit des Zeugen zu erschüttern, da in den Protokollen der verschiedenen Vernehmungen von Burdenski unterschiedliche Angaben beteiligter Spieler gemacht worden waren. Außerdem habe er zuerst ausgesagt, die

Spieler hätten sich in einer Gaststätte am Löwenpark getroffen, diese hatte aber nachweislich am 17. April geschlossen.

Wo die Wahrheit tatsächlich lag, konnten auch die Zeugen der Verteidigung nicht erhellen. Kindermann forderte für alle vier Spieler Sperre und eine Geldstrafe in Höhe von 2300 Mark. Das DFB-Sportgericht folgte der Forderung und sperrte die vier Spieler. Dieter Burdenski, der gestanden hatte, Geld genommen zu haben, durfte mit der Genehmigung des DFB weiter spielen. Kindermann ging sofort nach der Urteilsbegründung hin und stellte neue Prozesse in Aussicht. Mit großem Unbehagen startete Schalke 04 in die neue Saison.

Die Ankündigung des DFB-Chefanklägers Kindermann, dass mit der Verurteilung der vier Spieler der Skandal für Schalke noch lange nicht vorbei sei, bildete Gesprächsthema Nr. 1. Dabei standen unverblümt die Namen von Stan Libuda, Klaus Fichtel, Jürgen Wittkamp, Alban Wüst und Klaus Senger zur Diskussion. Trainer Ivica Horvat reagierte verärgert: »Unser Problem ist es nicht in erster Linie, Libuda und van Haaren zu ersetzen. Das Problem ist Kindermann. Sobieray ist gesperrt, weitere Verfahren sollen folgen. Ich verstehe das alles nicht.« Keiner verstand es.

Der Ball rollte wieder. Schalke musste zunächst im Europapokal gegen Slavia Sofia antreten. Die Bulgaren überraschten bei ihrer Ankunft damit, dass sie ihre Spielerpässe in Sofia hatten liegen lassen. Für Schalke ein Grund, unter Protest zu spielen. Schiedsrichter Davidson aus Schottland vermerkte das im Spielbericht. Weitere Bemerkungen konnte er sich ersparen, denn das Spiel in der Glückauf-Kampfbahn litt kaum unter Fouls, wohl aber unter schwachen Leistungen beider Mannschaften, die vom Publikum nicht geschont wurden. Am Ende hieß es 2:1 für Schalke.

Zwei Wochen später wartete neuer Verdruss auf die Schalker. Dicke Wolken hatten sich über dem Himmel von Sofia zusammengezogen, und das Hotel entsprach auch nicht den Wünschen. »Das Wasser lief die Wände runter. Die Zimmer waren feucht und ungemütlich«, erinnert sich Rolf Rüssmann. Am Spieltag goss es in Strömen. Doch der Schweizer Schiedsrichter Scheurer ließ sich von den mürrischen Mienen der Spieler sowenig beeindrucken wie von den geöffneten Schleusen des Himmels. Knapp 5.000 Zuschauer waren ins ziemlich leere Lewski-Stadion gekommen, viele hatte das schlechte Wetter vom Besuch abgehalten.

Die Schalker Spieler staunten nicht schlecht, als sie von 200 bundesdeutschen Touristen mit großem Jubel empfangen wurden. Beim Stande von 2:1 für Sofia hatte der Schiedsrichter, bis auf die Haut durchnässt, mit den Spielern ein Einsehen und brach das Spiel ab, zumal nun auch noch eine Verlängerung drohte. Schalke stimmte schweren Herzens einer Neuansetzung am nächsten Tag zu. Dies erwies sich als richtig, denn am Donnerstag hatten sich die Wolken verzogen, der Stadionrasen präsentierte sich in hervorragender Verfassung – genauso wie die Schalker Spieler, die siegreich mit 3:1 nach Hause fliegen konnten.

26. KNALLHARTE URTEILE

Im ersten Bundesligaspiel der Saison schlug Schalke Hannover 96 mit 3:1. Doch noch vor dem zweiten Spieltag nahm das Sportgericht Klaus Fischer und Stan Libuda in eine Vorsperre. Richtig verwundert hat das niemanden mehr. Aber die Frage war: Musste man mit der Sperre bis unmittelbar vor dem Spiel gegen Kaiserslautern (das Schalke mit 0:2 verlor) warten? Präsident Siebert war nicht mehr zu halten: »Wenn das so weiter geht, gibt Schalke die Lizenz zurück.« Ein einziger Satz nur brach Schalkes Mittelstürmer Klaus Fischer das Genick: »Da kann er ruhig hinschießen.« Gemeint waren damit zwei Schüsse von Aki Lütkebohmert gegen den Pfosten beim besagten Spiel gegen Bielefeld. Gehört haben will diese Worte der Arminen-Spieler Volker Klein, als beide den Strafraum verließen. Klein bestätigte diese Worte noch einmal ausdrücklich vor dem DFB-Gericht in Frankfurt. Da wäre er zunächst ganz verblüfft gewesen, erzählte Klein weiter. »Hatten Sie den Eindruck, dass Fischer zu sich selbst oder bewusst zu Ihnen gesprochen hat?«, wurde Klein weiter gefragt. »Das kann ich nicht sagen.« Jedenfalls war Volker Klein der Meinung, dass Schalke damals stark begonnen und dann nachgelassen habe.

Klaus Fischer war sicher kein Muster an Beredsamkeit. Nicht, dass er nicht reden mochte, aber er bekam die Zähne kaum aus-

Keine Gebetsstunde: Die Schalke-Sünder mit ihren Anwälten vor dem DFB-Gericht:
(v.l.) Dr. Wülfing, Jürgen Sobieray, Klaus Fischer, Dr. Hütsch, Dr. Weber und Hansi Pirkner

einander. In seinem offenen Hemd und schwarzer Lederjacke ganz der Fußballer, der es mehr in den Beinen, oder wie Fischer eben doch in den Kopfbällen, hat. Dennoch versteifte sich Fischer bei aller Ungelenkheit darauf, den mysteriösen Satz zu sich und nicht zu Klein gesagt zu haben. »Ich habe vor mich hingemurmelt ›Schon wieder nur den Pfosten getroffen‹, außerdem unterhalte ich mich nicht mit Spielern, die ich nicht kenne. Vielleicht noch mit Katsche Schwarzenbeck, mit dem ich zusammen beim Bund war, aber sonst nicht.«

Im Falle Libuda hatte es eine Geisterverhandlung gegeben, waren doch weder Libuda als Angeklagter, noch sein Hauptbelastungszeuge Stockhausen persönlich vor dem DFB-Gericht erschienen. Libuda war aufgrund eines Beinbruchs nicht reisefähig und hatte das Gericht in einem schwungvoll mit »meiner Unschuld bewusst« unterzeichneten Brief mitteilen lassen, dass der Inhalt der DFB-Anklage aus lauter Märchen und Romanen bestünde. Horst-Dieter Stockhausen, ehemaliger Spieler von Arminia, konnte nicht erscheinen, weil er seinen Schwager im Kloster besuchen musste, der dort zum Priester geweiht und dann für zwei Jahre ins Ausland gehen würde. Er ließ aber mitteilen, er halte alle Aussagen aufrecht. Stockhausen hatte als Verteidiger und Gegenspieler Libudas zu diesem gesagt, dass er, Stockhausen, nun selbst bald nach vorn gehen müsse, weil durch Arminias Sturm kein Tor falle. »Geh ruhig nach vorn«, soll Libuda gesagt haben, »hier passiert sowieso nichts mehr.« – »Wenn nämlich bald nichts passiert bei euch, dann müsst ihr das Geld zurück geben«, will Stockhausen weiter gebohrt haben, ohne dass Libuda darauf reagiert hätte. Doch meinte Stockhausen den Eindruck gewonnen zu haben, dass Libuda Bescheid gewusst hätte, sei er doch auch einmal während des Spiels ausgerutscht und überhaupt immer schwächer geworden. Libuda hätte ihm sogar den Tipp gegeben, einen Elfmeter gegen Wittkamp zu schinden. Harte Urteile sprach das DFB-Sportgericht am Ende der Verhandlung. Reinhard Libuda wurde auf Lebenszeit gesperrt, Klaus Fischer für zwei Jahre. Beide Spieler erhielten zusätzlich eine Geldstrafe in Höhe von 2.300 Mark und mussten die Kosten des Verfahrens tragen, für die Schalke 04 als Verein haftete.

SALAMI-TAKTIK

Kindermanns Salami-Taktik ging den Schalker Verantwortlichen gehörig auf die Nerven. Mit welchen unstatthaften Mitteln Kindermann arbeitete, ging aus einem Gespräch mit einem Mitglied des Kontrollausschusses hervor. Auf die Frage, ob Klaus Fischer nicht schon lange vor der Saison hätte gesperrt werden können, gab es die Antwort: »Ja, selbstverständlich, aber da waren ja keine Spiele, und die Vorsperre hätte gar keine Wirkung ausgelöst.« Als nächste Instanz stand die Verhandlung vor dem DFB-Bundesgericht an.

Wie eine Bombe schlug in Schalke unmittelbar vor dem Anpfiff gegen den Wuppertaler SV die Nachricht aus Frankfurt ein, dass das DFB-Bundesgericht die zweijährige Sperre von Fischer bestätigt hatte. Gleichzeitig bestätigte das Bundesgericht die Urteile der ersten Instanz gegen Sobieray, Galbierz, Pirkner und Pohlschmidt. Alles andere als ein Freispruch war aufgrund der dünnen

Beweislage eigentlich nicht erwartet worden. Schließlich wurde am Donnerstag zuvor beim Frankfurter Landesgericht noch eine einstweilige Verfügung erwirkt. Seine Verurteilung sei – so die zuständige 15. Kammer – nicht rechtens, weil die Indizien gegen Fischer nicht ausreichten.

Um so niedergeschlagener war nachher die Stimmung. »Wir werden jetzt vor ein ordentliches Gericht gehen«, kündigte der Anwalt Dr. Hütsch an. Und Fischer: »Zunächst warte ich einmal die Einspruchsverhandlung meines Kameraden Jürgen Sobieray am 20. Oktober ab. Wir erwarten alle einen Freispruch. Danach kann es auch für mich nur einen Freispruch geben. Ist das nicht der Fall, gehe ich ins Ausland, es liegen schon Angebote vor, auch Sobieray macht mit.« Die Verhandlung am 20. Oktober endete mit dem Beschluss, im Verfahren gegen Fischer erneut in die Beweisaufnahme zu treten. Während der zweitägigen Verhandlung konnten keine neuen Anhaltspunkte gewonnen werden, die zu einer Verurteilung der Schalker Spieler ausreichen würden. Vielmehr mussten nun größere Zweifel am Erinnerungs- und Wahrnehmungsvermögen des Hauptbelastungszeugen Dieter Burdenski aufkommen.

Denn einerseits drückte sich Burdenski äußerst vage aus (»Ich habe noch andere Spieler zu erkennen geglaubt. Obwohl man sich ja auch täuschen kann.«), andererseits schien er vom DFB-Ankläger Kindermann selbst unter Druck gesetzt worden zu sein. Kindermann hatte ihn gleich zu Beginn der Vernehmungen darauf aufmerksam gemacht, dass er als manipulationsverdächtigter Spieler die anstehende Ungarn-Reise als Torwart der B-Nationalmannschaft nicht mitmachen könnte. 14 Tage später wurde jedoch auch im Fall Klaus Fischer entschieden, dass die Strafe bestehen bleibt.

UM DIE NACKTE EXISTENZ

In der Bundesliga konnte Schalke keine schlagkräftige Mannschaft mehr aufstellen. Ohne Libuda, van Haaren (beide nun in Straßburg), Sobieray und vor allem Klaus Fischer lahmte das gesamte Team. Es setzte Niederlagen in Serie gegen die fünf B's (Bochum, Bayern, Bremen, Braunschweig, Berlin).

Auf dem DFB-Bundestag in Berlin trafen sich Kindermann und Siebert zur Aussprache. Mit großer Erleichterung wurde vermeldet, dass die beiden einen Waffenstillstand geschlossen hätten, nachdem Siebert dem DFB-Chefankläger vermittelt hatte, dass es bei Schalke 04 um die nackte Existenz ginge. Denn mittlerweile hatte sich der Skandal auch auf die Zuschauerzahlen ausgewirkt. In keinem einzigen Heimspiel wurde die von Schatzmeister Aldenhoven errechnete Basis von 21.000 Zuschauern erreicht. Kindermann ließ Siebert auch mitteilen, dass gegen die Herrschaften des Schalker Vorstands nichts vorliege.

Auf Schalke kamen schwere Zeiten zu. Schalke tanzte immer noch auf allen drei Hochzeiten und musste dies mit einem dezimierten Kader bewältigen. Das Los für die zweite Runde im Pokalsiegerwettbewerb meinte es aber gut mit den Schalkern. Nächster Gegner waren die Cork Hibernians, die nur deshalb noch im Rennen waren, weil sie in der ersten Runde einen noch schwächeren Kontrahenten (Pesoporikos Larnaka aus Zypern) erwischt hatten. Das Spiel in Cork endete torlos, und Präsident Siebert flog mit dem Gefühl nach Hause, zwei brauchbare irische Stürmer gesehen zu haben. Auf der Suche nach einem Ersatz für den gesperrten Klaus Fischer war ihm die Idee gekommen, die Cork-Stürmer Wigginton und Dennehy im Blickfeld zu behalten. Vor dem Rückspiel wollte er deshalb die Meinung der Zuschauer einholen. »Schreiben Sie uns auf einer Postkarte, wie Ihnen die beiden Spieler mit der Nummer neun und zehn gefallen haben«, ließ Siebert über Mikrophon ausrufen. Doch nach dem 3:0-Spaziergang der Schalker landete nur wenig Post im Schalker Briefkasten.

Die Schalker Personalmisere riss nicht ab. Schalke tat sich auf dem

Bälle statt Blätter: Friedel Rausch und Ivica Horvat.

Transfermarkt um und verpflichtete trotz vieler Bedenken (hohe Ablösesumme von 160.000 Mark) den Stürmer Rainer Budde vom MSV. In der Bundesliga ging Schalkes Niederlagenserie (gegen Wuppertal, Köln, Frankfurt, Stuttgart) weiter, lediglich Mönchengladbach und dem MSV Duisburg trotzte man ein Unentschieden ab. Im letzten Spiel der Hinrunde beim Hamburger SV stand Schalke schon mit dem Rücken zur Wand. Doch mit einer großartigen Leistung, vor allem in der Abwehr, schafften die Schalker im Schlüsselspiel ein 1:0 und konnten somit noch auf einem Nichtabstiegsplatz überwintern.

ALLES BEIM ALTEN

In der Winterpause konnte Schalke seine Kräfte sammeln, gewann das Turnier in der Westfalenhalle und spielte mäßig im DFB-Ligapokal (gegen den HSV im Halbfinale ausgeschieden). Noch bevor der Ball in der Bundesliga wieder zu rollen begann, wurde die Berufung von Stan Libuda verhandelt.

Doch auch hier blieb alles beim Alten; Stan blieb lebenslänglich gesperrt, was den Verantwortlichen seines neuen Vereins Racing Straßburg gar nicht gefiel. »Man hat uns betrogen«, hieß es von dort, und Schalke musste sogar um die für ihn gezahlte Ablösesumme bangen, die Straßburg nun zurückzufordern drohte. Zum Auftakt der Rückrunde setzte es eine verdiente 0:1-Niederlage bei Hannover 96 – Schalke wurde einfach nicht mit den Sperren und Verletzungen fertig. Gegen Kaiserslautern gab es zu Hause ein 2:2 nach 2:0-Führung. Vielleicht steckten aber auch die neuen Verdächtigungen vom DFB-Kontrollausschuss in den Köpfen von Rüssmann, Lütkebohmert, Nigbur und Fichtel.

Die Spieler wiesen immer noch jede Schuld von sich. Rüssmann: »Ich weiß wirklich nicht, was ich noch unternehmen soll. Schließlich habe ich einen Eid geschworen, nichts von den Manipulationen zu wissen.« Dieter Burdenski, Hauptaugenzeuge im Falle Fischer & Co, wurde vom DFB-Sportgericht auch noch belangt: Drei Monate Sperre und ein Bußgeld von 2.300 Mark, was fast einem Freispruch gleichkam. Kindermann wörtlich: »Er hat zwar einen schweren Schnitzer begangen, doch hat er nachher dafür gesühnt. Der ehrliche junge Mann hat das Geld genommen, weil er nicht anders konnte. Es stimmt doch, Herr Burdenski, dass Sie nach dieser Angelegenheit Repressalien und Pöbeleien ausgesetzt waren?« Burdenski: »Das stimmt, man hat mir sogar die Luft aus den Reifen gelassen. Mir tut das alles sehr leid, denn ich hänge sehr an meiner Heimatstadt Gelsenkirchen.«

27. DER STAATSANWALT GREIFT EIN

Fast zwei Jahre nach dem ominösen Spiel gegen Bielefeld ging es den Schalker Spielern und Verantwortlichen richtig an den Kragen: Im Rahmen ihrer Ermittlungen leitete die Bielefelder Staatsanwaltschaft 18 Verfahren gegen Funktionäre und Aktive des Vereins wegen Meineides ein. Paragraph 154 des Strafgesetzbuches sieht für dieses Delikt »Freiheitsstrafe nicht unter einem Jahr« vor. Sensationelle Enthüllungen machten die Staatsanwälte Kny und Dieckmann in Bielefeld: Danach hätten Schalker Spieler zwischen 130.000 und 150.000 Mark Schweigegeld an den ehemaligen Arminen-Spieler Waldemar Slomiany gezahlt. Dazu Dieckman: »Wir wissen inzwischen, dass es am 9. April 1972 zu einem Treffen der Schalker Spieler kam, erst am Parkplatz am Schloss Berge, dann in der Wohnung eines Spielers. Auf dieser Zusammenkunft legten die Spieler ihre weitere Marschroute fest. Man kam überein, dass jeder 15.000 Mark Schweigegeld an Slomiany zahlen sollte, damit dieser seine Behauptung aufrecht erhielt, er habe die 40.000 Mark selbst behalten. Nicht alle Spieler zahlten wie verabredet, und einige zahlten nicht in voller Höhe. Andere, die das Geld nicht in bar zur Verfügung hatten, haben deshalb Kredite aufgenommen.«

Nun war also eingetroffen, was Eingeweihte vorausgesagt und befürchtet hatten: Schalke drohte die Anklage wegen Meineides. Das, was einst als glänzende Rechtfertigung, gewissermaßen als Alibi gegen alle Behauptungen der Schalker Manipulation, gedacht war, die Schalker Eide vor dem Staatsanwalt, hatte sich nun als Bumerang erwiesen. Bedenklich stimmte der Hinweis, dass durch die Einsichtnahme in die Konten der Spieler Beweise erbracht werden können, dass Schweigegelder nach Bielefeld geflossen sind. Es mehrten sich die einsichtigen Stimmen, die den Schalker Spielern anrieten, sofort die Flucht nach vorn anzutreten und ein umfassendes Geständnis beim DFB-Chefankläger Hans Kindermann abzulegen. Das sei der einzige Ausweg, um für Spieler und Club noch zu retten, was zu retten ist. Doch die Spieler blieben zunächst uneinsichtig. »Ich bin sofort bereit, die drei Finger noch einmal zu heben, dass ich kein Bestechungsgeld genommen habe. Warum sollte ich da dem Slomiany Schweigegeld zahlen?«, beteuerte Vorstopper Rüssmann.

Nun stand die Vermutung offen im Raum: Schalker Spieler hätten Geld für ein verschobenes Spiel kassiert, später Schweigegeld gezahlt und anschließend einen Meineid geschworen. Die Staatsanwaltschaft schaltete sich ein, den Schalker Verantwortlichen und Spielern ging es nun richtig an den Kragen.

FAST WIE LYNCHJUSTIZ

Nach diesen Enthüllungen hatte Schalke immer noch Fußball zu spielen. Gegen Bochum nahm man alle Kräfte zusammen und schaffte ein wichtiges 2:0. Empört waren die Schalker über die von der Offenbacher Presse entfachte Stimmungsmache gegen Schalke, die einer Aufforderung zur Lynchjustiz gleichkam. Entsprechend vergiftet war die

Stimmung auf dem Bieberer Berg beim 2:0-Sieg der Kickers.

Das Heimspiel gegen die Bayern (1:1) brachte endlich mal wieder eine volle Hütte. Das war auch dringend notwendig, denn durch Skandal und sportliche Krise hatte sich ein Schuldenberg von 1,5 Millionen Mark angehäuft. Schalke hatte nun mit sieben Spielen in 21 Tagen ein Non-stop-Programm zu bewältigen, und das, obwohl die Spieler schon auf dem Zahnfleisch gingen. Im Pokal scheiterte man an Mönchengladbach (0:2 und 1:1), in der Bundesliga gab es Pleiten in Serie, nur ein einziger Sieg (gegen Frankfurt) in acht Spielen, Schalke war im Abstiegskampf. Im Viertelfinale des Europapokals wartete Sparta Prag, doch der »Wunschgegner« (Horvat) erwies sich nicht als solcher. In der Glückauf-Kampfbahn beschränkten sich die Tschechen auf ein geordnetes Abwehrspiel, am Ende hieß es 2:1 für Schalke, ein Ergebnis, das alles offen ließ.

DER GNADENSTOSS

Reduziert wurden die Hoffnungen der Schalker durch die Termingestaltung des DFB-Sportgerichts, das Rüssmann, Fichtel und Lütkebohmert ausgerechnet drei Tage vor dem Rückspiel in Prag nach Frankfurt zitierte. Das DFB-Urteil raubte den drei Angeklagten, die immer und immer wieder ihre Unschuld beteuerten, vollends die Nerven. Das Sportgericht entzog ihnen (und dem jetzigen Gladbacher Jürgen Wittkamp) für zwei Jahre die Lizenz, obwohl eigentlich keine Indizien gegen sie aufzutreiben waren. Die Richter werteten die Klage-Rücknahme gegen Neumann als Eingeständnis ihrer Schuld.

Nach dem Urteilsspruch geriet vorübergehend sogar das Europapokalspiel in Prag in Gefahr. Schalke hatte plötzlich nicht mehr genug Spieler für diese Begegnung. Deshalb stellte der Club den Antrag, die Sperre für das Europapokalspiel auszusetzen. Spielausschuss-Vorsitzender Hans Deckert entschied im Sinne der Schalker, denen die Montagspresse nach dem harten Urteil das baldige Ende und den sicheren Untergang voraussagte. Im Flugzeug nach Prag sprach kaum jemand vom bevorstehenden Spiel, wohl aber über die düstere Zukunft der gesperrten Spieler, die mit den Tränen und gegen Depressionen kämpften. Ein Dutzend Schlachtenbummler, eine Handvoll Journalisten und Trainer Horvat bemühten sich, die drei abzulenken.

Nicht an die verbaute Zukunft zu denken, fiel vor allem Rolf Rüssmann schwer, der seine Karriere als Nationalspieler gescheitert sah. Bis zum Spiel verbesserte sich die Stimmung zusehends. Das lag nicht zuletzt an Touristen aus der DDR, die sich im Hotel mit den Dreien solidarisierten. Auch die Begrüßung der Prager Presse fiel positiv aus: »Unsere Fußballfreunde wollen die beste Schalker Elf sehen, und Sparta will gegen die beste Schalker Elf gewinnen«, schrieb »Rude Pravo«. Das tat Sparta dann auch, schon in der ersten Spielminute ging Prag in Führung, es folgten zwei weitere Gegentreffer, doch eine so schlechte Figur wie das deutliche Ergebnis ausdrückt, machte Schalke nicht.

VERTRAUEN IN DEN DFB ERSCHÖPFT

Zum Ende der Saison 72/73 gab es nun nur noch ein Ziel: den Klassenerhalt. Ganz Gel-

Befehl vom DFB: Das Spiel gegen Köln wurde abgesetzt.

senkirchen fieberte mit dem S04 und wartete gespannt auf das Heimspiel gegen den 1. FC Köln. Der Kartenvorverkauf lief prächtig, Schatzmeister Aldenhoven rechnete mit einem ausverkauften Haus. Die Stimmung wurde noch angeheizt durch die Tatsache, dass mit Sobieray und Fischer zwei der gesperrten Spieler mit ihrer einstweiligen Verfügung beim Oberlandesgericht Frankfurt Erfolg hatten – theoretisch also hätten eingesetzt werden können. Es kam sogar noch besser. Am Freitagnachmittag entschied auch das Landgericht Frankfurt im Falle von Fichtel, Lütkebohmert, Rüssmann und Wittkamp gegen den DFB. Was folgte, waren heiße Diskussionen innerhalb des Schalker Vorstands: Sollte man weiter loyal gegenüber dem DFB sein, die gesperrten Spieler also nicht einsetzen, oder aber die Flucht nach vorn antreten?

Während in der Schalker Geschäftsstelle noch die Telefondrähte glühten, weil unzählige Anhänger den Einsatz der »fünf Geächteten« forderten, schaltete sich das Schicksal in Gestalt von DFB-Generalsekretär Hans Paßlack ein. Seine telefonische Auskunft »das Spiel gegen den 1. FC Köln wird abgesetzt«, traf alle Beteiligten und Beobachter wie ein Blitz aus heiterem Himmel. Erstmals griff damit der DFB zum Mittel der Spielaussetzung, die Kraftprobe zwischen dem DFB und den ordentlichen Gerichten ging weiter. Selbst im Bundestag kam die Frage auf die Tagesordnung: »Darf sich der DFB den Anordnungen von ordentlichen Gerichten widersetzen?«

Fast vier Wochen darauf kam es dann zum Spiel gegen Köln – ohne Fichtel, Rüssmann, Lütkebohmert, Fischer und Sobieray, dafür aber mit so »klangvollen« Namen wie Klein, Huhse, van den Berg und Ehmke. Schalke trotzte den Kölnern mit dem letzten Aufgebot ein 2:2 ab und befand sich auf dem 17. Tabellenplatz. Drei Spieltage vor Schluss herrschte immer noch Alarmstufe Rot – drei Spiele, die über Abstieg und Verbleib in der Bundesliga zu entscheiden hatten. Und Schalke nutzte seine Minimalchance, gewann 2:0 gegen Stuttgart, 1:0 beim Meidericher SV (mit mindestens 12.000 Schalker Auswärtsfans) und im letzten Spiel der Saison 2:0 gegen den Hamburger SV.

»So ein Tag, so königsblau wie heute«, titelte »Der Sportbeobachter«. Schalkes Trainer Horvat hatte unter den überaus widrigen Umständen tatsächlich den Klassenerhalt geschafft (Meister wurde wieder mal Bayern München, auf den Abstiegsplätzen fanden sich Hannover 96, Braunschweig und Oberhausen). Präsident Siebert und alle Schalker Fans atmeten tief durch.

CM: **Es liegt** was in der **Luft**

DFB AUF GNADENKURS

Schalke hatte sich immer an die Richtlinien des DFB gehalten und niemals einen Spieler eingesetzt, der zwar von einem ordentlichen Gericht frei gesprochen wurde, vom DFB-Sportgericht allerdings in eine Vorsperre genommen wurde. Dies sollte sich nun auszahlen. In einem Vergleich vor zwei neutralen Schiedsgerichten in Hamburg zwischen dem DFB und den Schalker Spielern wurden die Sperren auf je ein Jahr verkürzt, als Stichtag galt dabei jeweils die Verurteilung in erster Instanz durch das DFB-Sportgericht. Die Schiedsgerichte tagten nur zwei Stunden, bis der Vergleich von beiden Parteien akzeptiert wurde. Nach monatelangen Gefechten waren alle Seiten bestrebt, das Kapitel Bundesligaskandal zum Saisonende mit aller Macht abzuschließen. Der Vergleich vor den Schiedsgerichten war endgültig – das einzige Problem der Schalker waren nun »nur« noch die Meineidsermittlungen der Staatsanwaltschaft. Im Skandal blieb es nun lange ruhig.

Die neue Saison stand dennoch nicht unter einem guten Stern. Lütkebohmert, Fichtel und Rüssmann waren immer noch bis März 1974 gesperrt, es wurde keine einzige spektakuläre Neuverpflichtung getätigt, und Nigbur lag nach einer Meniskusoperation im Krankenhaus und sollte in der Hinrunde durch Helmut Pabst ersetzt werden. Rüssmann entschied sich, die Zeit zu überbrücken und wurde an den belgischen Meister FC Brügge ausgeliehen. Vor der Saison 73/74 trat Schalke in der Intertoto-Runde an, doch schienen die Blauen das Siegen verlernt zu haben. Gegen Feyenoord Rotterdam, Standard Lüttich (Abschiedsspiel von der Glückauf-Kampfbahn) und St. Etienne gab es in den Hinspielen Niederlagen. Doch im Rückspiel bei Standard Lüttich ging ein neuer Stern am Schalker Fußballhimmel auf. »Wir haben einen neuen Stan Libuda entdeckt«, freute sich Günter Siebert. Der neue Libuda, das war Jugend-Nationalspieler Rüdiger Abramczik, 17 Jahre jung, der in seinem ersten Seniorenspiel eine Klasseleistung als Rechtsaußen lieferte. Bissig, frech, am Ball gewandt und mit Kondition für 90 Minuten, jedoch auch noch reichlich unerfahren.

28. HALLO Ü-WAGEN

Während der Intertoto-Runde 1973 geschah das, was – insbesondere einer Frau in den 70er Jahren – niemals hätte passieren dürfen: Moderatorin Carmen Thomas versprach sich im Aktuellen Sportstudio und sagte »Schalke 05«. Alle Vorurteile schienen bestätigt – und noch heute hält sich hartnäckig das Gerücht, dass Carmen Thomas wegen »Schalke 05« den Moderatorenplatz räumen musste.

Über die Folgen dieses kleinen Lapsus erzählt Carmen Thomas in unserem Interview:

SIEHSSE, HÖRSSE, MEINSSE

Das SCHALKE UNSER-Interview

»Schalke 04 ist eine heilige Kuh«

(rk) Ein einfacher Versprecher hat ihr Leben verändert. »Schalke 05« – ein simpler Verdreher – und nichts blieb mehr so wie es war. SCHALKE UNSER sprach mit der Geschäftsführerin der 1. ModerationsAkademie für Medien und Wirtschaft Carmen Thomas über die unterschiedlichsten Folgen dieses ›unmöglichen‹ Versprechers für sie als Journalistin, als Coach und Bestseller-Autorin, über die Macht der Bild-Zeitung und das Benutzen und Gurgeln von Eigenurin.

SCHALKE UNSER: Frau Thomas, Schalke ist im letzten Jahr einhundert Jahre alt geworden, wäre es nach Ihnen gegangen, so würden wir dieses Jubiläum erst in diesem Jahr feiern.

CARMEN THOMAS: Aber nicht doch. (lacht) Vor einiger Zeit hat mir ein Zuschauer ein Fußball-Vereins-Blättchen aus dem Jahre 1949 zugeschickt. Schon damals stand dort ebenfalls »Schalke 05« geschrieben. Sie sehen, die alleinige Urheberschaft besitze ich nicht. Vielleicht lohnt es ja, das Gründungsdatum noch mal zu überprüfen. (lacht)

SCHALKE UNSER: Der Versprecher ist nun fast 32 Jahre her, trotzdem ist er allen noch gut in Erinnerung, weil es sich wohl um den bekanntesten Lapsus der deutschen Sport-Journaille handelt. Wie oft werden Sie heute noch darauf angesprochen?

CARMEN THOMAS: Praktisch Woche für Woche. Wo immer ich bin. Ob als Touristin verkleidet oder im Beruf: »Schalke« begleitet mein Leben. Eine Geschichte war, als ich mir ein Visum bei der Botschaft von Tansania in Bonn besorgen wollte. Bei dem tiefschwarzen Pförtner dachte ich so bei mir, ob ich ihn überhaupt auf deutsch ansprechen kann. Doch noch bevor ich den Mund aufmachen konnte, lächelte er mich mit einer Perlenkette von ca. 54 Zähnen strahlend an und sagte: »Ooh, Schalke 05«. Das war schon unerwartet komisch.

SCHALKE UNSER: Das hat ja dann schon etwas von »Und täglich grüßt das Murmeltier«. Empfinden Sie »Schalke 05« als zweiten Schatten?

CARMEN THOMAS: Aber nein. Im Gegenteil. Ich verdanke diesem Versprecher besonders viel Sonne in Form von wichtigen Einsichten, die seit 25 Jahren vor allem zu meinem unöffentlichen 2. Berufsbein, dem

Coaching für interne und externe Kommunikation gehören.

Wenn es sich damals tatsächlich um eine echte, und damit mir selbst peinliche Wissenslücke gehandelt hätte, wäre ich früher sicher nicht so locker und unbefangen damit umgegangen. Aber Schalke!! – das wusste und weiß doch jede-r. Und natürlich wusste auch jede-r – selbst die ärgsten Feinde –, dass ich es wusste.

Das Ganze war ja nur ein simpler Dreher: Am 21. Juli 1973 verlor Schalke in der Intertoto-Runde gegen Standard Lüttich sein letztes Spiel in der Glückauf-Kampfbahn. Im Aktuellen Sportstudio warf ich einen Blick auf meine Moderationskarte: »Fünf Vereine heute in der Intertoto-Runde« stand da, und »Schalke«. Aber im Geiste war ich schon beim Schalker Gegner. Und da ist es halt passiert: »Schalke 05«.

Ich selbst habe den Versprecher gar nicht bemerkt. Die Regie machte mich erst während des Beitrags darauf aufmerksam. Ich korrigierte dann wenig demütig, dass die echten Fans jetzt wieder aus ihrer Ohnmacht erwachen könnten. Ich hielt das Ganze für eine Lappalie. Dass diese Einschätzung richtig war, erkennen Sie daran, dass auch in den Medien 14 Tage lang gar nichts passierte.

SCHALKE UNSER: Bis dann die Bild-Zeitung auf der ersten Seite groß aufmachte.

CARMEN THOMAS: Genau. Alles war zunächst ganz ruhig. Keine echten Zuschauerreaktionen. Nicht einmal der Verein Schalke reagierte. Es sah so aus, als sei die »Fünf« niemandem besonders aufgefallen. Dann jedoch, gut zwei Wochen später, titelte die Bild: »Carmen Thomas im ZDF-Sportstudio gescheitert.«

SCHALKE UNSER: Welche Interessen hatte die Bild-Zeitung dabei?

CARMEN THOMAS: Die haben einfach Spaß an Macht und wollten mit Politik machen. Denn dahinter steckte in Wahrheit ein ganz anderer Kampf: der um die Hauptabteilungs-Leitung Sport, um Enttäuschte, Ausgebremste und um die Philosophie des neuen Chefs: Hajo Friedrichs – so wie ich eigentlich Politik-Redakteur – machte keinen Hehl daraus, was er vom »1:0-Journalismus« – so nannte er Kollegen mit ausschließlich engem Fachverstand – hielt. Er wollte dem Sportstudio einen neuen Touch geben. Er wollte – Zitat -: »Fußball mit Intelligenz gepaart«. Das aber schien manchen eine Ohrfeige und eine Bedrohung. An meinen fachfremden Nachfolgern können Sie ja auch sehen, dass Friedrichs das Angedrohte nicht nur mit mir wahr machte.

Und vergessen Sie nicht: Anfang der 70er Jahre waren auch diese enormen politischen Umbruchzeiten. Die »Bild« stand im Kreuzfeuer der Kritik. Und da war es mir doch drei Monate zuvor vergönnt gewesen, die BamS frisch beim Lügen zu überführen: Bereits nach meiner ersten Sendung hatte offenkundig jemand aus der Anti-Friedrichs-Liga den Auftrag gegeben, die Neue im Sportstudio »kaputtzuschreiben«, wie das so nett bei Journalistens heißt. Denn die Kritik, die ich zu Beginn der 2. Sendung verlas, war bereits mittwochs im Andruck und Samstag eine Stunde vor Sendebeginn am Kiosk zu kaufen. Also nutzen sie dann das »05« – ungenierlich zeitverzögert – um 1. »den Sack (die Moderatorin) zu hauen, obwohl der Esel (der Hauptabteilungsleiter Friedrichs) gemeint war«, und 2. konnten sie sich für die

Bloßstellung vom März 1973 noch nachträglich rächen.

Hinzu kam noch – für Ihre jüngeren Leser-innen – erst ab 1974 durfte die erste Frau Nachrichten im WDR-Hörfunk vorlesen. Erst 1986 durfte die erste Frau das WDR-Hörfunk-Mittagsmagazin moderieren. Und ich rede hier von 1986 und nicht 1886.

Als mich Hanns-Joachim Friedrichs zum Aktuellen Sport-Studio empfahl, und mich der damalige Leiter Kurt Meinicke für die erste Sendung holte, war ich 26 Jahre alt. Geplant war ich ursprünglich als Nachfolgerin von Wim Thoelke. Denn das ist ein beliebtes Muster: Frauen dürfen am ehesten in wirklich wichtige Positionen, wenn sie auf besonders »herausragende« Männer folgen, deren Schlagschatten Männern selbst zu groß ist. Beispiele: Angela Merkel auf Helmut Kohl, Sandra Maischberger auf Alfred Biolek, Anke Engelke auf Harald Schmidt, und – bei den Tagesthemen – Sabine Christiansen auf Hajo Friedrichs. Es ließen sich noch viele Beispiele nennen. Und so was macht die Sache in Wahrheit ja nicht gerade leichter.

SCHALKE UNSER: Es wird auch heute noch kolportiert, dass Sie wegen des Versprechers »Schalke 05« das Sportstudio verlassen mussten, obwohl Sie danach noch eineinhalb Jahre das Sportstudio moderiert haben. Warum meinen Sie, hält sich dieses hartnäckige Gerücht bis heute?

CARMEN THOMAS: Vermutlich lag das Gerücht auch im Zeitgeist des gesellschaftlichen Interesses: Die letzte Männer-Bastion. **Ein** Bereich mal ohne Frauen. Und – das war ganz einfach fremd und eine echte Störung von geliebten Gepflogenheiten. Und dann noch plötzlich so ein Frauen-Typ ohne Netzstrümpfe und Lider-Klappern. Eine, die das anders als gewohnt machte, und der auch anzumerken war, dass sie – durch ihren eigenen sportlichen Hintergrund – ein ziemlich kritisches Verhältnis zum Leistungssport und zu mancher Art von Funktionären hatte.

Und außerdem bewahrheitete sich, dass Gedrucktes sehr viel mächtiger sein kann als alles Gesendete. (Deswegen waren Moses und Luther vermutlich auch so erfolgreich). Denn nach der Schlagzeile war die Wirklichkeit unwichtig: Ich galt als weg, und es störte die Legende nicht, dass ich noch 10 weitere Sendungen lang da war.

SCHALKE UNSER: Dieser Versprecher hat sich geradezu in das Gedächtnis der Leute eingebrannt. Sie haben selbst mal den Vergleich gezogen, dass ein »VfB Bochum« oder »1. FC Stuttgart« niemals solche Ausmaße angenommen hätte.

CARMEN THOMAS: Ja klar. Das liegt natürlich in erster Linie an der Prominenz vom FC Schalke. Schalke ist eine heilige Kuh und hat schließlich eine Gemeinde und keine Anhängerschaft. Die Spiele auf Schalke kommen ja eher einem Gottesdienst gleich, als einem normalen Fußballmatch. Der Name Ihres Magazins zielt ja genau in dieselbe Richtung. Ich habe richtig laut gelacht, als ich den Titel das erste Mal gelesen habe.

SCHALKE UNSER: Im Rückblick: Hat Ihnen der Versprecher mehr genützt oder mehr geschadet?

CARMEN THOMAS: Mal ganz ehrlich: Dieses eigenartige Reduzieren auf 05, das erstaunt und nervt manchmal etwas, wenn Sie sich überlegen, was für ungewöhnlich spannende und zugleich für das Publikum nützliche Themen und Aufgaben meine Ar-

Freudscher Versprecher? Carmen Thomas.

beit in Wahrheit bietet. Aber – abgesehen davon – hat »Schalke 05« ganz eindeutig ausschließlich genützt. »Schalke 05« ist es mit zu verdanken, dass die Erinnerung an die Moderation des Sportstudios permanent medienpräsent ist – in den merkwürdigsten Zusammenhängen (z.B. in den großen Quizzshows, Karte beim Trivial Pursuit-Spiel etc.). Denn ich selbst bin ja 1994 aus der Sendung »Hallo Ü-Wagen« – nach auf den Tag genau zwanzig Jahren – und damit aus der größeren Öffentlichkeit ausgestiegen. Auch der Anfangs-Erfolg von »Hallo Ü-Wagen« hatte sicher etwas mit dem Versprecher zu tun. Denn zu Beginn war das Publikum ja enorm scheu. Und da war für manche ein Motiv, sich die Frau, die »Schalke 05« gesagt hat, mal aus der Nähe anzuschauen. Und wenn die sich versprochen hat, »dann versteht die einen auch, wenn man sich selbst verspricht«. Jawoll, das stimmt auch genau. Das Geheimnis: Nur keine falsche Scheu.

SCHALKE UNSER: Und das hat Sie auch mit dazu gebracht, Bücher über so eigenartige Themen zu schreiben wie über den Umgang mit Leichen und das Benutzen und Gurgeln von Eigenurin?

CARMEN THOMAS: Insgesamt habe ich 14 Bücher geschrieben, von denen nur vier solche »eigenartigen« Themen behandeln. Aber solche Themen sind auch nur solange eigenartig, bis man sich eingehender mit ihnen beschäftigt. Danach staunen die meisten eher ehrfürchtig und fühlen sich – nicht nur weil sie viel Geld dadurch sparen – bereichert. Die anderen sind sehr ordnungsgemäße, zugleich handfest-hilfreiche Werke für alle, die sicher auftreten, Gruppen leiten und professioneller kommunizieren wollen. Und in Wahrheit handeln alle diese Bücher immer nur von einem Thema: »Wie gehen Menschen mit sich selbst um, und wie gehen sie mit anderen Menschen um?«.

Dass ich überhaupt mit Bücher-Schreiben anfing, hat in der Tat mit der »05«-Erfahrung und mit der Macht des Gedruckten zu tun. Die Verleger, die sich an diese Tabu-Themen rantrauten, waren natürlich gerade durch die »05«-Folgen ebenso ermutigt.

Auch für viele Prominente und Spitzen-Kräfte aus Politik und Wirtschaft, die ich seit 1980 coache, spielte das »05« oft eine äußerst vertrauensbildende Rolle, nach dem Motto: »Die weiß, wie es ist«. Bis heute profitieren alle in den Coachings und Seminaren von den »05«-Erfahrungen, weil Interessierte dort systematisch lernen können, wie sie: »aus jedem Fleck ein Blümchen, aus Schrott Steigbügel und – mit Gewinn – aus Dung Dünger machen können.« Und dass die ModerationsAkademie sich mitten im Wort mit einem großen A schreibt, stammt auch aus der »05«-Erkenntnis, dass Falsches merkbarer ist als Richtiges. Vgl.: »Ich habe fertig«.

SCHALKE UNSER: Haben Sie heute noch weiteren Kontakt zum FC Schalke 04?

CARMEN THOMAS: Im letzten Sommer war ich das allererste Mal »auf Schalke«. Rudi Assauer hatte mich im Rahmen der 100-Jahr-Feier eingeladen. Von dem gigantischen Stadion mit seinen Finessen, seiner tollen Atmosphäre und den treuen Fans war ich total beeindruckt. Der Stadionsprecher hat mich gemeinsam mit Assauer vor 61.000 – das ist ja ne ganze Kleinstadt – interviewt. Das war schon ein Erlebnis.

Schade, leider wurde das Heimspiel gegen Hansa Rostock verloren. Und ich dachte schon, ich könnte als Glücksbringerin fungieren. Aber das hat leider nicht geklappt. Im Gegenteil: Ailton wurde (wie ich finde irrtümlich) gesperrt, weil er eine (südamerikanisch-übliche, unaggressive) Handbewegung an eine Gegner-Wange gemacht hat, die ihm deutsch als Übergriff interpretiert wurde.

SCHALKE UNSER: Man soll die Hoffnung bekanntlich nicht aufgehen, vielleicht klappt es bei Ihrem nächsten Besuch in der Arena, Sie sind auf jeden Fall gern gesehen. Vielen Dank für das Gespräch und Glückauf.

Carmen Thomas, seit 1968 Moderatorin, Redakteurin, Bestseller-Autorin und Kommunikations-Expertin, war 1973–74 die erste Moderatorin einer TV-Sportsendung in der BRD. Heute ist sie – Zitat »auch wegen Schalke 05« – geschäftsführende Direktorin der 1. ModerationsAkademie für Medien und Wirtschaft.

29. LAND IN SICHT

»Endlich ist die Zeit des grausamen Wartens vorbei«, sagte Jürgen Sobieray, der nach 14-monatiger Sperre gegen Rotterdam im Eröffnungsspiel des neuen Gelsenkirchener Parkstadions wieder zum Einsatz kam. »Seit meiner Sperre erlitt ich einen hohen finanziellen Verlust und musste morgens ab sechs Uhr das tägliche Brot auf dem Bau verdienen.« Auf dem Bau musste sich »Sobi« mit seinem Vereinskameraden Klaus Fischer Hohn und Spott gefallen lassen: »Jetzt siehst du mal, wie schwer man im Alltag des Lebens sein Geld verdienen muss.«

Klaus, du glaubst es nicht: Rolli Rüssmann und Fichtel.

Vor 55.000 Zuschauern erlebte das Parkstadion seine Premiere mit einer 1:2-Niederlage, doch wurde den Schalkern die Niederlage durch eine neue Rekordeinnahme von 600.000 Mark versüßt. Schatzmeister Aldenhoven hatte sich zur Feier des Tages in für ihn ungewöhnlich schlichtes dunkelblaues Tuch gehüllt. Ebenso Oskar Siebert, dessen rot-weiß gepunkteter Schlips wie das Lächeln seines Trägers rosigsten Optimismus ausstrahlten: »Der Ernst Kuzorra hat allein für das Spiel gegen Feyenoord für 75.000 Mark Karten im Vorverkauf abgesetzt. Das ist Kuzorra-Rekord! Die Höchstmarke liegt sonst bei 31.000 Mark.«

Sportlich startete man mit einer herben 0:3-Niederlage beim VfB Stuttgart in die neue Saison, danach gab es einen 3:1-Erfolg über den Nachbarn VfL Bochum. So wechselhaft der Beginn der Saison war, so setzte sie sich fort: mal Weltklasse und mal Kreisklasse. Schalke suchte nun noch dringend nach Verstärkungen, und für 250.000 Mark holte man Franz Krauthausen vom FC Bayern München.

AUF UND NIEDER IMMER WIEDER

Beim 0:6 in Gladbach geriet auch Ivica Horvat erstmals in die Kritik. Günter Siebert stellte sich aber vor seinen Trainer und drohte allen Spielern bei Leistungsverweigerung eine Geldstrafe an. Das schien Wirkung zu zeigen, denn beim nächsten Spiel gegen den amtierenden Meister Bayern München lag man zur Halbzeit mit 5:2 vorn. Doch die Schalker Jungs waren wieder mal zu grün, kassierten noch drei Treffer und mussten sich am Ende mit einem Punkt begnügen.

Am 6. Oktober war endlich wieder Klaus Fischer spielberechtigt, der langersehnte Vollstrecker in Horvats Team, den Schalke auch dringend brauchte – mittlerweile war man auf den letzten Tabellenrang abgerutscht. Und Klaus Fischer zeigte es allen. Beim 4:2 gegen den Wuppertaler SV hämmerte er zwei Kopfballtorpedos und einen Linksschuss in die Maschen.

Bei den Länderspielen gegen Österreich (in Hannover) und Frankreich (in Gelsenkirchen) spielten zum ersten Mal Zwillinge im Nationaldress. Erwin und Helmut Kremers hatten allen Grund, sich Hoffnungen auf Plätze im Kader für die im eigenen Land stattfindende WM zu machen. Dieses Ziel hatte auch Norbert Nigbur noch nicht aus den Augen verloren. Am 17. Oktober (4:2 gegen Fortuna Düsseldorf) kehrte er nach langer Verletzungspause zurück und wurde auch gleich für sein 200. Bundesligaspiel geehrt. Überraschend gesellten sich auch wieder Heinz van Haaren und der reichlich korpulent gewordene Stan Libuda zum Schalker Training, die bei ihrem alten Club Racing Straßburg aussortiert wurden. In der Liga lief es weiter so lala, viele Verletzungen (Helmut Kremers mit Blinddarmoperation, Franz Krauthausen rutschte beim Brötchenholen aus und zog sich eine Platzwunde zu) warfen die Schalker immer wieder zurück. Schalke scheiterte zu Hause im Pokal an Wattenscheid 09 und am Ende der Hinrunde war man gerade 15. der Tabelle.

Die Finanzen entwickelten sich aber so positiv, dass Schalke am Ende des Jahres schuldenfrei dastand. Auch das traditionelle Schalker Winterfest im Hans-Sachs-Haus unter der Mitwirkung von Schlagerstar Tony Marshall war wieder einmal ein großes gesellschaftlichen Ereignis. Apropos Schlager: Ein benachbarter Rechtsanwalt, der anscheinend keine große Begeisterung für den Fußball entwickeln konnte, hatte gegen die Schalker eine einstweilige Verfügung erwirkt, die nicht alltäglich ist. Es wurde demnach den Schalkern untersagt, während den Halbzeitpausen Schlager zu spielen. In Zukunft müssten auch die Fans betont leise klatschen, damit der Herr nicht mehr durch den Lärm belästigt wird.

DAS COMEBACK DER »SÜNDER«

Rolf Rüssmann kehrte nach einem fast halbjährigen Gastspiel beim FC Brügge heimwehgeplagt zurück nach Schalke. Die Belgier waren finanziellen Zusagen nicht nachgekommen. Dies nutzte der »Lange«, um fristlos zu kündigen, damit er nach Ablauf seiner Sperre am 1. März 1974 wieder das königsblaue Trikot überstreifen konnte.

Zu Beginn des Jahres 1974 schien der DFB zu weiteren Verhandlungen bereit. Aus Anlass des 70-jährigen Vereinsjubiläums hatte Schalke in einem Telegramm um die vorzeitige Begnadigung der gesperrten Schalker Spieler gebeten. Doch als einziger der vier gesperrten Schalker Spieler wurde Stan Libuda vom DFB begnadigt. Er, der eigentlich lebenslang gesperrt worden war, war ab sofort wieder spielberechtigt. Er musste nur noch die Auflagen des DFB erfüllen: eine Geldstrafe (2100 Mark), Übernahme der Prozesskosten (4000 Mark) und Prozessverzicht. Zuvor hatte Schalke 350.000 Mark zurück an Racing Straßburg überwiesen, hatten die Franzosen doch Schalke und den DFB verklagt, weil der DFB den Straßburgern vor Libudas Transfer ausdrücklich bestätigt hatte, dass gegen ihn nichts vorläge. So zahlte Straßburg damals 500.000 Mark Ablöse, fühlte sich aber zurecht geprellt, als Libuda dann lebenslang gesperrt wurde und die anderen französischen Vereine den Abzug aller mit Libuda erzielten Punkte der Straßburger forderten. Schalke hatte praktisch den DFB freigekauft und wollte dafür als Gegenleistung die Spielerlaubnis aller gesperrten Spieler. Eine telefonische Zusage wurde seitens des DFB zunächst nicht eingehalten, Rüssmann, Fichtel und Lütkebohmert wurden erst Ende Januar begnadigt.

Stan Libuda hatte sich voll ins Training reingehängt, übte jeden Morgen zwanzig Sprints und war wild auf seinen ersten Einsatz. Doch Ivica Horvat hatte zunächst über ihn gesagt »Er ist noch zu fett«. Doch gegen den Hamburger SV war es dann soweit. Stadionsprecher Werner Hansch stellte das Fußballvolk auf die Probe: »Wollen wir ihn reinlassen?«, fragte er die 48.000 Fans. Und die antworteten mit einem vielstimmigen »Jaaa«. Klar, denn die meisten waren nur seinetwegen gekommen. Der »Stan«, dessen Name seit jeher die Massen faszinierte, zog sich achtbar aus der Affäre, bereitete auch den 3:1-Schlusstreffer vor.

Mit den vier nun wieder spielberechtigten Spielern wurde die Schalker Mannschaft neu geboren. Rüssmann und Fichtel gaben der Abwehr wieder Stabilität, Lütkebohmert war der Antreiber im Mittelfeld. Von den

Privates Glück: Rolf Rüssmann mit Frau.

nächsten zehn Spielen in der Stammformation gab es acht Siege, ein Unentschieden (beim Wuppertaler SV) und eine Niederlage (bei Bayern München). Womit noch vor Wochen niemand gerechnet hatte, konnte nun wahr werden: Schalke schnupperte an einem Tabellenplatz, der zum internationalen Geschäft berechtigte, und nicht wenige waren der Meinung, dass Schalke ein Titelaspirant gewesen wäre, hätten die besten Stammspieler keine Sperre absitzen müssen.

AUFGEWÄRMTER KAFFEE

Schalke hatte sich bis zum fünften Tabellenplatz vorgearbeitet, dann kam es zum Einbruch in der Mannschaft. Die letzten drei Spiele der Saison 73/74 wurden gegen den 1. FC Köln, den MSV Duisburg und den 1. FC Kaiserslautern verloren, so dass Schalke am Ende »nur« auf dem siebten

Rang landete und den UEFA-Cup-Platz knapp verpasste.

Dennoch war man mit dem Erreichten ganz zufrieden, als abermals Verdruss von Justitia drohte. Eine Meldung schreckte die Gelsenkirchener Fans hoch: Die Staatsanwaltschaft habe die Ermittlungen abgeschlossen und werde in Kürze ein weiteres Verfahren eröffnen. Im Klartext sah das folgendermaßen aus: Nachdem die Beschuldigten sich auf Anraten ihrer Anwälte zur Sache selbst nicht mehr geäußert hatten, schloss die Staatsanwaltschaft das Ermittlungsverfahren ab und kündigte die Eröffnung des Hauptverfahrens an. Die Beschuldigten erhielten eine Ermittlungsakte, sage und schreibe 1600 Seiten dick.

Als besonders belastet sah man Präsident Günter Siebert und Schatzmeister Heinz Aldenhoven an. Beiden werden laut Aussage der Justizbehörden »fortgesetzter Meineid und falsche uneidliche Aussage« vorgeworfen. Dazu Präsident Siebert: »Das ist doch alles aufgewärmter Kaffee! Die Spieler sind vom DFB zum großen Teil auf Grund von Indizien verurteilt worden. Jetzt sind sie begnadigt worden und dürfen wieder spielen. Unsere Auffassung ist: Einmal begnadigt, immer begnadigt.« Die Anklageschrift wurde Siebert und Co. im Mai 1974 zugestellt. Im März 1975 sollte es zum Prozess vor dem Essener Landgericht kommen, der wurde nochmals auf den 30. September 1975 verschoben – mehr als vier Jahre nach dem ominösen Spiel gegen Arminia Bielefeld.

Deutschland wurde Weltmeister, doch die Schalker Spieler saßen bei dem großen Triumph im Münchner Olympiastadion nur als Edelreservisten auf der Ersatzbank. Nach dem siebten Platz im Vorjahr wollten die Schalker in der Saison 1974/75 noch einmal richtig angreifen. Mehr oder weniger war der Kader zusammen geblieben. Die wichtigsten Spieler, Fischer, Fichtel, Sobieray, Lütkebohmert, Rüssmann, Nigbur, die Kremers-Zwillinge und Abramczik, waren einsatzbereit – und vor allen Dingen nicht mehr gesperrt. Trainer Horvat konnte wieder aus dem Vollen schöpfen, außerdem konnte man einen fantastischen Spielmacher hinzu gewinnen. Nach wochenlangem Tauziehen wechselte Hannes Bongartz für 777.000 Mark Ablösesumme von Wattenscheid 09 an den Schalker Markt. Finanziert wurde das ganze auch durch die Schalker Zuschauer, die eine »Bongartz-Mark« bei den Eintrittspreisen »abdrücken« mussten. Bei dem bis dato teuersten Transfer eines Regionalligaspielers gab es nur zufriedene Gesichter: 09-Präsident Klaus Steilmann wedelte zufrieden mit den Geldscheinen, Siebert und Horvat waren sich sicher, mit dem »Spargel-Tarzan« einen Hochkaräter an Land gezogen zu haben. Bongartz, der als Erfinder des »Übersteigers« gilt, war eine echte Verstärkung, auch weil er sich schnell integrieren ließ.

VOX POPULI

Auf der Suche nach weiteren Verstärkungen wurde Siebert in Brasilien fündig. Francisco Marinho hieß der »Wunderstürmer« des FC Botafogo, der bei den Schalkern anheuern wollte. Es schien alles klar, nur noch um die Ablöse wurde gefeilscht. Und wieder sollten die Schalker Fans für einen Spieler draufzahlen. 70.000 Stimmzettel wurden beim Heimspiel gegen den FC Bayern verteilt, mit denen abgestimmt werden sollte: »Marinho kaufen?« und »Marinho-Zuschlag?« stand darauf. Doch die Urnen mit den Stimmzetteln waren plötzlich verschwunden und blieben es auch, obwohl Günter Siebert samt Vorstand noch am nächsten Sonntag zur Müllkippe fuhren, um sie zu suchen. Damit wurde auch dieses Thema schnell zu den Akten gelegt. Nach dem 2:0-Sieg bei den Bayern sprach man auf Schalke schon wieder vom Titel. Das war dann doch etwas verfrüht, denn Schalke war noch nicht so stark, und Bayern enorm schlecht, am Ende landeten sie sogar nur auf dem zehnten Platz. Auch bei Schalke reichte es nicht für einen internationalen Platz: Wieder scheiterte man als Siebter nur denkbar knapp. Meister wurde in dieser Saison Borussia Mönchengladbach vor Hertha BSC Berlin.

Glamour auf Schalke: Hannes Bongartz mit Gattin und Pudel.

ABSCHIED VON HORVAT

Enttäuscht von dem Abschneiden seiner Mannschaft musste Trainer Horvat seine Koffer packen. Beim 3:0-Sieg im letzten Spiel der Saison bedankte sich Präsident Siebert mit Handschlag für die vierjährige erfolgreiche Arbeit, und die Fans verabschiedeten ihn mit viel Beifall und einem dicken Strauß blau-weißer Nelken. Eine Ära ging zu Ende. Im Nachhinein dürften es die Schalker Verantwortlichen wohl mehr als einmal bereut haben, ihn entlassen zu haben. Im Skandal blieb es in dieser Saison extrem ruhig. Eigentlich sollte es im März 1975 zum Prozess kommen, dieser wurde aber nochmals auf den 30. September 1975 verschoben, weil der Rechtsanwalt von Klaus Fischer, Dr. Hütsch, wegen eines Bandscheibenvorfalls nicht in der Lage war, die Verteidigung zu übernehmen. Für die Saison 1975/76 verpflichtete der FC Schalke 04 Max Merkel als neuen Trainer. Eigentlich hatte Merkel schon so gut wie bei den Bayern einen Vertrag unterzeichnet, doch als diese den Europacup gewannen, wollten sie nicht mehr ihren Trainer Dettmar Cramer entlassen. Da kam Merkel das Schalker Angebot gerade recht. Man versprach ihm weitere Verstärkungen, Tenhagen und Burgsmüller sollten jetzt geholt werden, zudem war ein Ende im Bundesliga-Skandal absehbar. An und für sich keine schlechte Ausgangssituation.

30. WIE BAADER-MEINHOF

Die versprochenen Verstärkungen ließen auf sich warten, der Meineid-Prozess jedoch nicht. Am 30. September 1975 wurden 15 Verhandlungstage angesetzt, und eines war klar: Würden die Schalker Angeklagten vor dem Essener Landgericht verurteilt, so stünden ihnen Strafen von sechs Monaten bis fünf Jahren (Meineid) oder von drei Monaten bis fünf Jahren, in schweren Fällen nicht unter einem Jahr (uneidliche Falschaussage) ins Haus. Das wäre natürlich das Aus aller Meisterschaftsträume. Der Prozess war eröffnet. Wäre die Schalker Abwehr auf dem grünen Rasen nur halb so gut wie ihre Verteidiger im schwarzen Ornat, den Gegnern dürfte in jener Spielzeit kein einziges Tor gelungen sein. Denn während die Verteidigung mit allen Tricks arbeitete, gelangen Gericht und Staatsanwaltschaft nur zwei Eigentore, von denen das zweite sogar zum Abbruch führte. Die Verteidigung lehnte gleich zwei Richter wegen Befangenheit ab, wobei der zweite abgelehnte Richter einen neuen Termin ansetzte; eben dies ist allerdings nach herrschender Rechtsordnung nicht erlaubt.

Während sich die Juristen ihre Spiegelfechtereien lieferten und dafür sorgten, dass der größte Teil des zweiten Verhandlungstages aus Pausen bestand, waren die angeklagten Spieler im Geiste mehr auf dem Fußballplatz als im Gerichtssaal. Klaus Fichtel gab seinem ehemaligen Kollegen Jürgen Wittkamp Tipps, wie Gladbach am nächsten Samstag gegen Braunschweig gewinnen könne. Stan Libuda hingegen gab sich überrascht über das enorme Zuschauerinteresse an diesem Prozess: »Mensch, dat is ja hier wie bei de Baader-Meinhof!« Hilf- und ratlos standen angeklagte Spieler und Beobachter dem Treiben der Juristen vis-a-vis. Auch am vierten Tag war immer noch kein einziger Zeuge vernommen. Wiederum war das Gericht durch Fichtel-Anwalt Dr. Mundorf in Frage gestellt worden. So wurde abermals juristische Haarspalterei betrieben, viel Blabla zum Fenster hinausgeredet und mit fünf Unterbrechungen mehr Pausen gemacht als Verhandlungen. Der Prozess drohte sogar zu platzen, wenn laut Strafprozessordnung die Frist von zehn Tagen zwischen zwei Hauptverhandlungen nicht hätte eingehalten werden können. Und Siebert-Verteidiger Dr. Schmidt-Leichner beharrte darauf, dass das Gericht nicht in die Hauptverhandlung hätte eintreten dürfen, weil das Verfahren bezüglich der von der Verteidigung gestellten Anträge auf Ablehnung der Richter »wegen Besorgnis der Befangenheit« noch nicht abgeschlossen wäre.

So war Dr. Schmidt-Leichner bei der Hauptverhandlung auch zunächst nur als »Mensch« anwesend. Er trat erst wieder in Erscheinung, als die Staatsanwaltschaft das Verfahren gegen Siebert und Fichtel abtrennen und den Angeklagten Pflichtverteidiger zur Verfügung stellen wollte. Schließlich vertagte man sich auf den 16. Oktober. Auch in der dritten Prozesswoche kam man in der Sache nicht weiter. Die Spieler antworteten auf die klare Frage des Richters, ob sie sich »zur Sache« äußern wollten, mit einem ebenso klaren »Nein«. Aber Schalke-Präsident Siebert kam wenigstens zu einer grundsätzlichen Erklärung über sein Verhältnis zum Fußball im allgemeinen und zum FC Schalke 04 im besonderen, die er teilweise unter Tränen der Rührung zum besten gab. Er ersparte sich dabei weder einen Seitenhieb auf DFB-Ankläger Kindermann (»der möchte gern Vizepräsident des DFB werden«) noch auf Staatsanwalt Dieckmann (»der möchte gern Oberstaatsanwalt werden«).

UMSTRITTENES PROTOKOLL

Anfang der fünften Prozesswoche gab es eine Bombendrohung im Essener Landgericht. Der Gerichtssaal musste vorsorglich evakuiert werden, doch weiter geschah nichts. Aber ein Protokoll des DFB-Anklägers Hans Kindermann, das Staatsanwalt Dieckmann erst jetzt zur Staatsanwaltschaft schickte und so in das Strafverfahren einführte, ließ es krachen. In dem vom 15.7.1974 datierten Protokoll belastete die Ehefrau des ehemaligen Schalker Rechtsanwalts Becker die Schalker Spieler enorm.

Margot Becker hatte darin bestätigt, dass sie Zeugin der Beratungen zwischen ihrem Mann und den Schalker Angeklagten gewesen sei. Sie wollte dabei erfahren haben, dass das fragliche Spiel Schalke gegen Bielefeld durch Schmiergeldzahlungen tatsächlich manipuliert worden sei, und dass Slomiany, der Geldbote, später von den Schalker Spielern Schweigegelder erhalten habe. Außerdem soll mit den Schalker Anwälten Dr. Hütsch und Dr. Weber darüber gesprochen worden sein, dass ein Eid (von Dieter Burdenski) gegen 13 andere Eide stehen würde; Schalke-Präsident Siebert soll zudem gesagt haben, dass man ihnen einen Meineid nicht nachweisen könne.

Dieckmann musste in den Zeugenstand, und sofort versuchte die Verteidigung mit bohrenden Fragen ihre These zu erhärten, dass bei der Vereidigung der Schalker Spieler nicht alles mit rechten Dingen zugegangen sei. Insbesondere verbiss sich Rechtsanwalt Schmidt-Leichner als Hauptfragesteller an dem Punkt, wann Dieckmann Kenntnis vom Gespräch zwischen Kindermann und Frau Becker erhalten und warum er das Protokoll über dieses Gespräch erst jetzt zu den Gerichtsakten gegeben habe. Erstmals seit Wochen hatte der Prozess Tempo. Doch der Zeuge Dieckmann schien ein schwaches Langzeitgedächtnis zu haben. 33 Mal in 87 Minuten berief er sich auf Erinnerungslücken, wand er sich wie ein Aal und suchte Ausflüchte. Er bestand jedoch darauf, dass eine eventuelle Annahme von Bielefelder Bestechungsgeldern für die Schalker Spieler »strafrechtlich nicht relevant« gewesen sei. Die Verteidigung sah ihren Verdacht bestätigt, man habe die Schalker schwören lassen, um ihnen anschließend einen Meineid nachweisen zu können. Von der Unwahrheit der Schalker Aussagen über-

Nahrhaftes Frühstück: Asbach-Cola.

zeugt, habe die Staatsanwaltschaft »hemmungslos vereidigt« und die Spieler ins offene Messer laufen lassen.

10 BIS 12 ASBACH-COLA

Am nächsten Verhandlungstag erzählte Dieckmann als Zeuge, was ihm während seiner Ermittlungsarbeit alles widerfahren ist. So erhielt er im November 1973 in Bielefeld den Anruf des Gelsenkirchener Gerichtspflegers Mucha, bei ihm hätte ein gewisser Günter Falk vorgesprochen, der der Halbbruder von Jürgen Sobieray sei und eine Aussage machen wollte. Falks Aussagemotiv war klar, hatte doch in der Zeitung gestanden, der Halbbruder eines Schalker Spielers hätte Günter Siebert erpressen wollen. Sofort fuhr Dieckmann nach Gelsenkirchen in die Schalker Straße 98, wo Falk wohnte und geriet dort in eine eheliche Auseinandersetzung der Falks, bei der Günter Falk die Frau Gemahlin per Fußtritt in die Wohnung befördert haben soll.

Am nächsten Tag pilgerte Günter Falk ins Amtsgericht Buer, doch Dieckman war noch nicht da. Rechtspfleger Mucha schickte ihn um 10 Uhr in die Kneipe nebenan, bis er kurz vor 11 Uhr gerufen wurde. Bis dahin hatte er sich »10 bis 12 Asbach mit Coca reingetan« wie er es nannte. Zurück im Amtsgericht, wo Dieckmann inzwischen eingetroffen war, war Falks erste Frage: »Wie, ist hier nichts zu trinken?« Rechtspfleger Mucha soll dann auf Anweisung Dieckmanns eine Packung Bier geholt haben, von der Falk zwei Einwegflaschen getrunken haben will.

Doch Asbach-Cola und Bier vertrugen sich nicht. Da habe ihn Staatsanwalt Dieckmann im beigen VW-Variant nach Hause gefahren. Dieckmanns Ermittlungsmethoden wurden nun stark in Frage gestellt, zudem auch noch ein Bielefelder Juristenkomplott im Raume stand, möglichst viele Schalker zu belasten, um Arminia halbwegs aus der Affäre zu ziehen; schließlich war Dieckmanns Chef, Oberstaatsanwalt Kny, Dauerkarteninhaber bei Arminia. Die Verteidiger fuhren starkes Geschütz auf und sahen sich darin bestätigt, dass Dieckmann aus »sachfremden Gründen die Ermittlungen geführt und Hilfsdienste für DFB und Arminia geleistet habe«. Daher ließ die Verteidigung ein Verfassungsgutachten beim Hamburger Professor Dr. von Münch und dem Dortmunder Dr. Rauball anfertigen, das der Dieckmannschen Eidabnahme Verfassungswidrigkeit bescheinigte.

31. DUMMHEIT SCHÜTZT VOR STRAFE NICHT

Der Eid der Schalker Spieler wurde von den Verteidigern also als »nicht rechtmäßig« hingestellt. Juristisch eine verzwickte Angelegenheit: Die Spieler hatten zwar die Unwahrheit mit einem Eid belegt, dieser Eid wäre aber kein »echter« Meineid, da dieser unter unrechtmäßigen Bedingungen abgelegt wurde. Die Spieler, die nun öfter auf der Strafbank im Landgericht als auf dem Trainingsplatz am Parkstadion anzutreffen waren, standen immer noch unter enormen Druck. Ihre Aussagen drohten unter der Indizienlast und dem Protokoll mit der Aussage von Margot Becker, zusammen zu brechen. So kam es, dass sich die angeklagten Spieler entschlossen, reinen Tisch zu machen. Die Schalker Meineids-Sünder wurden geständig. Jürgen Wittkamp war der erste, der kurz vor Weihnachten 1975 den Bann brach und sich das Geständnis von der Seele redete. »Ein Entschluss, mit dem alle die, deren Namen ich nenne, einverstanden sind«, wie er mit einer Stimme erklärte, als hätte er einen Frosch verschluckt. Die Erklärung gab er, zur Tatzeit 23 Jahre alt, so: »Ich hab mir nichts dabei gedacht. Nur, man könnte es ja mal machen.« Libuda, damals mit 28 Jahren der älteste und Mannschaftskapitän, hatte das von Anfang an nicht gewollt – und es dann doch getan. Vor Spielbeginn an jenem mysteriösen 17. April 1971 hatte er sich noch klar gegen jeden Spielverkauf gewandt und die Order ausgegeben: »Wir spielen ehrlich!« Doch dann waren in der Halbzeit plötzlich die 40.000 Mark in bar in der Kabine, für jeden 2.300 Mark.

RICHTER POHL: »Wie sind Sie bloß auf den Gedanken gekommen?«

LIBUDA: »Ja, wie?«

RICHTER POHL: »Dummheit?«

LIBUDA: »Dummheit sowieso!«

Herbert Lütkebohmert, der sein Geständnis mit den Worten begann »Hohes Gericht, ich komme vom Dorf«, meinte später: »Ich hab es schon tausendfach bereut. Denn ich hatte nichts von dem großen Geld. Als ich endlich einen großen Vertrag bekam, wurde ich vom DFB gesperrt.« Klaus Fischer, damals 21 Jahre alt: »Ich habe erst bei Halbzeit erfahren, dass das Geld da war. Dann ging alles so schnell. Ich hab mir gar keine Gedanken gemacht.« Rolf Rüssmann wusste auch keine Antwort, er erinnerte sich nur noch an die Qual nachher, wo er nirgendwo und mit niemandem darüber hätte sprechen können.

NOCH MEHR SPERREN?

Die Geständnisse waren vorbehaltlos. Geblieben war nicht einmal so sehr die Angst vor der Strafe des Gerichts, da diese schon durch die Verteidigung größtenteils abgewendet worden war. Vielmehr drohte eine weitere Sperre durch den DFB und damit die Vernichtung der fußballerischen Existenz. Geblieben war aber auch das abgetrennte Verfahren gegen Klaus Fichtel, der als einziger angeklagter Spieler nicht gestanden hatte. Er blieb bei seiner Aussage, dass er zur fraglichen Zeit nicht mehr in der Kabine war, sondern sich nach seinem Auswechseln in der 37. Minute schon auf dem Weg nach Dinslaken zur Trab-Rennbahn befand.

Alle Mitglieder des Schalker Vorstandes und Verwaltungsrates waren sich auf einer Sitzung nach dem Geständnis einig. Präsident Siebert erklärte: »Wir wissen jetzt, dass einige unserer Spieler eine Dummheit begangen haben. Was mich selbst anbetrifft und unseren zurückgetretenen Schatzmeister Heinz Aldenhoven, so kann ich nur erneut versichern, dass wir mit reiner Weste aus diesem Prozess hervor gehen werden.« Sichtlich erleichtert nahmen die acht geständigen Spieler am 25. Verhandlungstag die Strafanträge der Staatsanwaltschaft entgegen. Mit Geldstrafen von 3.510 Mark für Senger, 5.160 Mark für Galbierz, 9.960 Mark für Sobieray, Fischer und Libuda sowie 9.980 Mark für Rüssmann, Wittkamp und Lütkebohmert zeigte sich die Anklagevertretung ungewöhnlich milde. Anstelle von Haftstrafen, die der Gesetzgeber normalerweise für einen Meineid vorsieht, wurden auch im Urteil nur leichte Geldbußen verordnet. Haftstrafen wären aber wohl auch aufgrund der fragwürdigen Ermittlungsmethoden der Bielefelder Staatsanwaltschaft nicht haltbar gewesen. Die Schalker Spieler waren mit einem königsblauen Auge davon gekommen.

ZUCKERBROT UND PEITSCHE

In der Tabelle befand sich Schalke im Mittelmaß. Ende der Hinserie der Saison 75/76 standen fünf Siegen, vier Niederlagen und acht Remis gegenüber. Trainer Max Merkel hatte es aber auch nicht immer einfach. Seine wichtigsten Spieler waren in ihren Gedanken oft mehr bei den Paragraphen und Gesetzestexten als auf dem Platz.

Rüdiger Abramczik absolvierte seine Bundeswehrzeit und konnte somit auch nicht am täglichen Trainingsbetrieb teilnehmen. Zudem war auch das Verhältnis zwischen Trainer und Mannschaft nicht immer störungsfrei. Merkels »Zuckerbrot und Peitsche«-Stil kam bei vielen nicht an. Auch mit anderen Schalker Funktionsträgern geriet Merkel in die Wolle. So gab es Zoff mit Mannschaftsbetreuer Ede Lichterfeld, woraufhin Günter Siebert Merkel sogar schon entlassen wollte, dann aber doch lieber Ede Lichterfeld degradierte.

Wer nun meinte, das Spießrutenlaufen der Schalker Spieler sei mit diesem Gerichtsurteil beendet gewesen und Max Merkel hätte wieder voll auf seine Spieler zählen können, sah sich getäuscht. Denn schon zwei Wochen später zitierte der Kontrollausschuss des DFB die im Schalker Meineidsprozess verurteilten Spieler zu einer Anhörung nach Frankfurt. DFB-Chefankläger Hans Kindermann war der Meinung, dass bei einer Verurteilung wegen Meineids der für die Lizenzerteilung wichtige gute Leumund nicht mehr gegeben war. Erneut sollte über die Lizenzen der Spieler entschieden werden.

Fischer, Lütkebohmert, Sobieray, Libuda und Rüssmann erklärten übereinstimmend: »Wir haben in den letzten Jahren in Verbindung mit dem Bundesligaskandal und dem Prozess so viel mitgemacht, dass uns so leicht nichts mehr erschüttern kann. Wir sind auch fest davon überzeugt, dass Kindermann uns nicht erneut sperren kann. Zumal wir durch die Einlegung unserer Revision noch nicht rechtskräftig verurteilt sind.«

Arme Sünder: Schalker auf der Anklagebank.

Auch Günter Siebert und Ex-Schatzmeister Heinz Aldenhoven erwartete noch der Richterspruch im Verfahren wegen eidlicher Falschaussage vor dem Essener Landgericht. Derweil formierte sich bereits eine Opposition auf Schalke, die Siebert auf der kommenden Jahreshauptversammlung stürzen wollte. Doch gerade diese Opposition – bestehend aus dem Bäckermeister Josef Wittinghofer, dem Fichtel-Verteidiger Peter Michael und Dr. Rüdiger Fenne –geriet ins Kreuzfeuer der Kritik, weil ihre Kandidaten sich nur dann als Nachfolger wählen lassen wollten, wenn Siebert tatsächlich verurteilt würde.

IN DUBIO PRO REO

Weil sich ein Schöffe verspätet hatte, mussten Siebert und Aldenhoven eine ganze geschlagene Stunde warten. Für sie forderte der Staatsanwaltschaft sieben Monate auf Bewährung und 20.000 Mark Geldstrafe. Nie war der große Schwurgerichtssaal 101 so voll. Nie drängten sich auf den Fluren mehr Schaulustige, Kameramänner und Journalisten. Am Mittwoch, 4. Februar 1976, 9.55 Uhr, war für Günter Siebert und den ehemaligen Schatzmeister Aldenhoven die Welt wieder in Ordnung. Richter Pohl, Vorsitzender der siebten Strafkammer am Essener Landgericht, verkündete unter anhaltendem Beifall aus dem voll besetzten Zuhörerraum »im Namen des Volkes« das Urteil: »Die Angeklagten Siebert und Aldenhoven werden freigesprochen. Die Kosten des Verfahrens fallen der Staatskasse zur Last.«

Schalkes Tribüne hätte in diesem Augenblick keine wirkungsvollere Kulisse sein können. Der Beifall war größer als nach einem Schalker Tor. Und Günter Siebert, eben noch der eiskalte, smart plaudernde Weltmann und Fußballexperte, weinte hemmungslos wie ein Kind. Die Spannung von fünf Jahren und vier Monaten war urplötzlich von ihm gewichen.

Richter Pohl ließ offen, ob dies eine Stunde der Wahrheit war. »Die Kammer ist von der Unschuld der Angeklagten nicht überzeugt«, erklärte er, »aber auch nicht von der Schuld«. Eine weitere Wahrheitsfindung sei für das Gericht nicht möglich gewesen, da mit den bereits verurteilten und in Revision gegangenen Spielern entscheidende Zeugen von ihrem Recht auf Aussageverweigerung Gebrauch gemacht hatten.

In Erklärungsnot: Günter Siebert am Mikro.

Beim Verlassen des Gerichtsgebäudes sagte Siebert: »Nun ist Schalke kein Skandalverein mehr. Nun ist er ein Verein wie der 1. FC Köln, Hertha BSC und VfB Stuttgart. Nun ist Schluss mit allen Skandalen. Nun beginnt eine neue Zukunft.« Ein Wort, das in totalem Gegensatz zu dem seines ehemaligen Schatzmeisters Aldenhoven stand: »Nach all dem, was hier geschehen ist, werde ich nie mehr in irgendeinem Verein ehrenamtlich tätig sein.« Aldenhoven war sichtbar mit den Nerven am Ende. Sofort machte sich Siebert wieder an die Arbeit und nahm die Vertragsverlängerungen in Angriff – mit Bongartz, Lütkebohmert, Thiele, Dubski, Fichtel, Abramczik, Nigbur, Fischer, Rüssmann, Sobieray, van den Berg und den Kremers-Zwillingen. Die beiden Kremers sollen dabei 220.000 Mark Jahresleistung plus 50.000 Mark Prämien erhalten haben.

32. KEIN WÜRSTCHENVEREIN

Auf der Jahreshauptversammlung am 8. Februar 1976 im Hans-Sachs-Haus ließ sich Günter Siebert als alter und neuer Präsident feiern. Die Mitglieder brachten ihm Ovationen dar, ob er nun die Wahrheit sagte, rhetorische Purzelbäume schlug oder mit Zahlen wie Rastelli jonglierte. Er ging als klarer Sieger hervor und servierte den alten Verwaltungsrat, der ihm manchen Ärger bereitet hatte, gleich mit ab. Die 119 Stimmen für seinen Gegenkandidaten Wittinghofer, der praktisch gar nicht zu Wort kam und seine Vorwürfe nicht artikulieren konnte, ließen allenfalls ein Anwachsen der »stillen« Gegner Sieberts erkennen. Die große Mehrheit liebte immer noch »ihren Oskar«. Die Mehrheit interessierte es auch nicht, wo das Geld aus der Stadionbewirtschaftung geblieben ist und wie viel es war: »Wir sind doch kein Würstchenverein!« »Was soll man gegen einen Mann machen, der frenetischen Beifall erhält, wenn er mit Satzungsverstößen protzt«, resignierte ein Gegner. So geschehen, als Günter Siebert von Spielereinkäufen berichtete, die eigentlich nur mit Zustimmung des Verwaltungsrates hätten zustande kommen dürfen. Auf die Frage eines Mannes, der ihn mit einem Zirkusdirektor verglich, antwortete Siebert: »Ja, da bin ich stolz drauf, weil mein Zirkus immer ausverkauft ist.«

DIE AUTOBAHN NACH MÜNCHEN

Auch sportlich kriselte es beim FC Schalke 04, und so brauchte man nicht im Kaffeesatz lesen, um vorherzusagen, dass Siebert seinen Trainer Max Merkel über kurz oder lang vor die Tür setzen wollte. Merkel selbst brachte den Stein ins Rollen, indem er erklärte, Schalke zum Saisonende verlassen zu wollen. Ein willkommener Anlass für Siebert, den ungeliebten Trainer sofort zu beurlauben. Siebert: »Wenn Herr Merkel öffentlich sagt, dass die Mannschaft nicht mehr im oberen Drittel mitspielen könnte, dann ist er nicht mehr der richtige Mann für uns. Außerdem hat er lange genug auf der Würde der Spieler herumgetreten. Er hat ihnen das Selbstvertrauen genommen und einen Keil durch die Mannschaft getrieben. Wir wollen

Konnte das alles nicht glauben: Friedel Rausch.

noch den 5. Platz und den Uefa-Pokal erreichen. Nachfolger wird der bisherige Co-Trainer Friedel Rausch, der ohnehin den bisherigen Trainingsablauf geleitet hat.«

Max Merkel nahm seine Kündigung gelassen: »Eigentlich habe ich nichts anderes erwartet. Urlaub ist auch schön. Jetzt werde ich erst einmal zum Zahnarzt gehen.« Den Schalkern weinte er keine Träne nach: »Das Schönste an Schalke war schon immer die Autobahn nach München.« Erwin Kremers sagte im Nachhinein über den Startrainer: »Der Merkel war wirklich eine verhängnisvolle Trainerverpflichtung. Der kam zu einer Zeit, als man mit Spielern nicht mehr wie mit Soldaten umspringen konnte. Seine Sprüche waren auch nicht witzig. Wenn man so was beim ersten Mal hört, kann man vielleicht lächeln, beim zweiten Mal ist es schon nervig und beim dritten Mal kann man sauer werden. Wenn die Sprüche wenigstens alle von ihm gewesen wären, dann würde ich ihn als einen Komiker bezeichnen.«

HAPPY END

Der Zirkus ging noch weiter. Der DFB drohte noch mit einem Lizenzentzug für Fischer, Sobieray, Lütkebohmert und Rüssmann – die Nachwehen aus dem Meineidsprozess. Das Damoklesschwert baumelte weiter über dem Verein. Friedel Rauschs Saisonplanung war schwieriger denn je. Zudem wurde die Verletztenliste lang und länger. »Jetzt muss die Jugend an die Front«, forderte Friedel Rausch.

Das ständige Schiedsgericht beim DFB hatte die Lizenzentzüge für die sieben im Meineidsprozess verurteilten Spieler bis zur endgültigen Sachentscheidung des Schiedsgerichts ausgesetzt. Die betroffenen Spieler durften bis auf weiteres für ihre Vereine eingesetzt werden. Das Schiedsgericht legte den Spielern auf, bis zum 22. April Klage gegen den DFB zu erheben. Erst danach würde man sich Gedanken über einen Verhandlungstermin machen. Sollten die Spieler die Frist überschreiten, würde die vorläufige Aussetzung des Lizenzentzuges zurückgenommen. Verständlicherweise war die Erleichterung im Schalker Lager riesengroß. »Endlich können wir befreit aufatmen! Jetzt habe ich die Hoffnung, dass der Skandal endlich ein Ende findet«, erklärte Günter Siebert. Und Klaus Fischer: »Gott sei Dank sind die Fronten vorerst einmal geklärt. Jetzt will ich auch Torschützenkönig werden!«

Die Schalker Spieler legten fristgerecht die Klage gegen den DFB ein. Am 24. Mai sollte es zur Verhandlung kommen, doch wurde sie im Vernehmen aller Beteiligten vertagt. Vorausgegangen war ein Vergleichsvorschlag des Arbeitsgerichts Gelsenkirchen, das in einer Güteverhandlung vorgeschlagen hatte, die betroffenen Spieler bis zum Ende der laufenden Saison spielberechtigt zu lassen und sie vom Beginn der nächsten Saison bis zum 15. Oktober zu sperren. Dies wäre einer Sperre von etwa zehn Spieltagen gleichgekommen. Dr. Helmut Weber, Rechtsanwalt der Spieler, stand dem Vorschlag skeptisch gegenüber: »Ich stehe nicht dahinter. Dieser Vergleich würde die Spieler 20.000 bis 40.000 Mark kosten. Ganz abgesehen von den Schwierigkeiten, in die der Verein kommen würde, wenn er in den ersten zehn Spieltagen auf seine Spieler verzichten müsste.« So vertagte man sich abermals.

In der Liga konnte Friedel Rausch zumindest die Saison 75/76 mit allen Spielern an Bord positiv abschließen. Am Ende erreichte man noch eben mit einem Sieg auf dem Betzenberg am letzten Spieltag einen Uefa-Cup-Platz. Die Schalker jubelten, als hätten sie den Titel gewonnen, und Klaus Fischer bekam mit 29 Toren die Torschützenkanone überreicht.

Abschied unter Tränen: Norbert Nigbur.

Ein Wermutstropfen blieb: Der Vertrag mit Norbert Nigbur, jahrelanger Rückhalt der Knappen, wurde gekündigt. Man wollte seine jährliche Gage von 320.000 Mark um 60.000 Mark kürzen, dies gehörte zum straffen Sparprogramm des Vorstandes. Als Norbert Nigbur nach dem Spiel in Kaiserslautern in der Kabine jedem Spieler gratulierte, wischte er sich Tränen der Freude und des Abschiedsschmerzes aus den Augen. Er wäre noch so gern in Schalke geblieben, aber der Ruf von Hertha BSC Berlin war lauter und besser bezahlt. Der Jugoslawe Enver Maric sollte sein Nachfolger werden.

SIEBERT WIRD MANAGER

Noch im Juli vor Beginn der neuen Saison 76/77 kündigte Günter Siebert auf der außerordentlichen Mitgliederversammlung an, den Vereinsvorsitz zu verlassen, um stattdessen den Managerposten zu besetzen. Die Versammlung war eigens dazu einberufen worden, um zu klären, ob und in welcher Weise der Verein Günter Siebert für seine Arbeit in Zukunft bezahlen sollte, nachdem es die Stadt mit der Stadionbewirtschaftung nicht mehr tat.

Ernst wurde es für Siebert, als die Führung der Stadt Gelsenkirchen wechselte. Die neuen SPD-Leute waren nicht damit einverstanden, dass die »Siebert GmbH und Co. KG« Würstchen- und Verkaufsstände im Parkstadion kontrollierte, wobei monatlich 10.000 Mark Verdienst bei der Familie Siebert hängen blieb. Die Pachtverträge waren Sieberts einzige Einnahmequelle, da der Präsidentenjob nicht mehr mit der »linken Hand«, sondern hauptberuflich gemacht werden konnte.

Siebert hatte diese Manager-Lösung selbst vorgeschlagen, nachdem Vorstand und Verwaltungsrat zunächst mit ihren Anträgen scheiterten, den Verein durch einen hauptamtlichen Vorsitzenden leiten zu lassen. Sieberts Managervertrag sollte in dem Augenblick der neuen Präsidentenwahl wirksam werden. Hierzu sollte eine weitere außerordentliche Mitgliederversammlung einberufen werden. Doch manch einer blieb skeptisch: Der große, einflussreiche Günter Siebert nur noch Manager und nicht mehr der erste Mann im Verein? Konnte das gut gehen?

33. DER NEUANFANG

Viele Schalker Spieler waren nun auf dem Höhepunkt ihres Leistungsvermögens angelangt. Sie waren nicht mehr die »jungen Wilden«, sondern hatten viel dazu gelernt. Klaus Fischer und Rüdiger Abramczik bildeten ein Traumsturmduo. Im Mittelfeld die beiden Regisseure Hannes Bongartz und der oft überragend spielende Branko Oblak, dazu ein Cheftrainer Friedel Rausch, der die Stärken und Schwächen seines Teams genau kannte. Es sollte sich noch zeigen, dass einiges in der Schalker Mannschaft steckte. In den ersten Spielen der Hinrunde der Saison 76/77 gab es vier Heimsiege, aber auch vier Auswärtsniederlagen. Dann kam es zu einem der unglaublichsten Spiele der Schalker Vereinsgeschichte: In München gewann man gegen den FC Bayern sagenhaft mit 7:0. Deklassiert wurden die Bayern wie wohl noch nie zuvor und nie danach. Während den Bayern Hören und Sehen verging, während Präsident Neudecker und Manager Robert Schwan zur Salzsäule erstarrten und Trainer Dettmar Cramer fassungslos in die Szenerie schaute, in der seine Mannschaft erbarmungslos unterging, feierten die Schalker einen ihrer größten Triumphe. In der Schalker Kabine herrschte nach dem Spiel eine Stimmung wie an Weihnachten.

Hauptsache, die Haare liegen: Rüdiger Abramczik.

Im Uefa-Pokal lief es zunächst auch rund. Nach einem hochdramatischen Spielverlauf erreichten die Schalker mit einem 3:2-Sieg über den FC Porto (Hinspiel 2:2) vor 40.000 begeisterten Zuschauern im Parkstadion die zweite Runde. Und das, obwohl die Portugiesen schon durch zwei Tore von Oliveira uneinholbar in Front zu sein schienen. Doch Fichtel, Abramczik und Fischer brachten die Königsblauen wieder auf die Siegerstraße. In der zweiten Runde wartete Sportul Bukarest, das allerdings nicht wirklich eine gefährliche Hürde darstellte. Schon in Rumänien gewann Schalke mit 1:0, das Rückspiel gar mit 4:0 (je zwei Tore durch Fischer und Bongartz). Endstation war erst Belgiens Vertreter RWD Molenbeek. Im Hinspiel erzielte Schalke noch ein aufholbares 0:1, doch im Rückspiel lief alles schief, was nur schief laufen konnte. Zuerst musste Lütkebohmert verletzt vom Platz getragen werden, dann irrte Maric durch seinen Fünfmeterraum und ermöglichte so einen Gegentreffer. Und zum Schluss flog Klaus Fichtel nach einer Tätlichkeit gegen Teugels auch noch vom Platz. Ein rabenschwarzer Tag.

ENDLICH SKANDALFREI

Zum Beginn der Narrenzeit am 11.11.1976 berief der FC Schalke 04 seine angekündigte außerordentliche Mitgliederversammlung ein, um einen neuen ersten Vorsitzenden wählen zu lassen. Schon im Vorfeld pfiffen es die Spatzen von den Dächern, dass Dr. Hütsch – bis dato Verwaltungsratsvorsitzender – das Präsidentenamt übernehmen sollte. Und so kam es dann auch. Dr. Hütsch, Verteidiger im Bundesligaskandal, schritt sogleich zur Tat und handelte innerhalb von vier Wochen gemeinsam mit dem DFB einen Kompromiss aus, der ab dem 15. Januar 1977 den Skandal endgültig beenden sollte.

Am 9. Dezember 1976 wurde in Frankfurt die »Schluss-Akte« von Dr. Hütsch und DFB-Präsident Hermann Neuberger unterzeichnet und damit ein Schlussstrich unter den Bundesligaskandal gezogen, der am 17. April 1971 mit dem Spiel gegen Arminia Bielefeld seinen Anfang nahm. Um endlich für Schalke zu einem »Ende gut, alles gut« zu kommen, wurde den Spielern Fischer, Sobieray, Lütkebohmert, Rüssmann und Wittkamp vom 9. Dezember bis 14. Januar die Lizenz entzogen. Des weiteren zahlten sie pro Person 10.000 Mark an die Deutsche Krebshilfe. Sechs Jahre nach dem Skandal hatte Schalke endlich jene Affäre hinter sich, die den Verein bis zur Zerreißprobe belastet hat. Für den FC Schalke 04 war mit der Unterzeichnung des Vergleichs die Akte »Bundesligaskandal« geschlossen. Endlich konnte Schalke durchatmen. Lediglich die abgetrennte Verhandlung gegen Klaus Fichtel stand noch aus.

Weckt das Tier in dir: Klaus Fischer im Pelz.

Aus heutiger Sicht scheint klar zu sein, dass der Bundesligaskandal den Schalkern die eine oder andere Deutsche Meisterschaft gekostet hat. Wenn man sich heute vor Augen führt, dass sich damals eine so junge Truppe mit einem so großen Potenzial mit einer solchen Dummheit um den eigenen Ruhm gebracht hat, lässt das einen Schalke-Fan schon so manche Träne verdrücken.

34. SCHÖNE BESCHERUNG

Der FC Schalke 04 hatte den Bundesligaskandal hinter sich gelassen. Neu-Präsident Dr. Hütsch unterzeichnete zusammen mit dem DFB-Präsidenten Hermann Neuberger im Dezember 1976 die letzte Akte des unrühmlichen Kapitels. Schalke aber auch sorgenfrei? Keineswegs!

Eine vorweihnachtliche Bescherung im doppelten Sinne des Wortes gab es kurz vor dem Heiligen Abend im Gelsenkirchener Hotel »Maritim«. Vorstand und Verwaltungsrat des FC Schalke 04 beschlossen nach einer geheim gehaltenen Mammutsitzung, ihren langjährigen Präsidenten und designierten Manager Günter Siebert noch vor der Amtsaufnahme am 1. Januar 1977 seines Postens zu entheben. Ein rüder Fußtritt nach neun Jahren. Aber warum das ganze?

Günter Siebert gab bekanntlich sein Präsidentenamt auf der Jahreshauptversammlung am 11.11. ab, um das Ehrenamt in einen bezahlten Manager-Job zu tauschen. Siebert war über Jahre hinweg die personifizierte Macht auf Schalke, nun musste er nach Anweisungen anderer arbeiten. Und die, speziell sein Nachfolger Dr. Karl-Heinz Hütsch, pikanterweise der Schalker Rechtsvertreter im Bundesligaskandalverfahren, demütigte ihn in einer Art, die er nicht verdient hatte. Hütsch, insbesondere dafür verantwortlich, dass das Kriegsbeil zwischen Schalke und dem DFB begraben wurde, spielte den Friedensstifter, haargenau an Siebert vorbei. Hütsch fragte seinen Vorgänger auch nicht, als neue Verträge mit Klaus Fischer und Branko Oblak ausgehandelt wurden. Siebert erfuhr so was – wenn überhaupt – nur aus der Zeitung. Der Ex-Präsident fühlte sich nicht nur übergangen, sondern regelrecht »verarscht«.

Auf der Schalker Weihnachtsfeier drohte Siebert dann in angetrunkenem Zustand dem Vorstand mit seiner Kündigung. Aus dieser Schnapsidee wurde nun bitterer Ernst. Hütsch und Konsorten hatten nur auf ein Fehlverhalten Sieberts gewartet und nutzten dieses eiskalt aus. Sie hockten sich hin und stimmten ab: In der Mehrheit gegen Siebert. Genüsslich schlürften sie aus dem Fettnäpfchen, in das er getreten war.

Oskars Reaktion: »Meine Kündigung habe ich aus der Zeitung erfahren. Gesagt hat mir niemand etwas. Ich bin allerdings auf der Weihnachtsfeier zu Dr. Hütsch gegangen und habe ihm gesagt, dass ich kein Manager zur Ausrichtung von Weihnachtsfeiern wäre, nachdem man schon hinter meinem Rücken mit Fischer und Oblak verhandelt. Dann wäre es besser, ich würde kündigen.«

FAST MEISTER

Bei Schalke ging es offensichtlich nicht ohne Prozesse. Zu Beginn des neuen Jahres kündigte Siebert bereits an: »Ich werde um mein Recht und die Zukunft des FC Schalke 04 kämpfen. In meinem Beratervertrag ist eine sechsmonatige Kündigungsfrist vorgesehen.« Nach seiner Darstellung sei auch schriftliche Kündigung vereinbart. Dem widersprach Dr. Hütsch (»Es gibt keinen solchen Vertrag«) und verbot Siebert per Einschreiben das Betreten der Geschäftsstelle.

Perfektes Debüt: Thomas Lander.

Während Günter Siebert vor dem Arbeitsgericht klagte, spielte die Schalker Mannschaft weiterhin furios auf. Nach einem 7:1-Sieg in Karlsruhe wurde auch der amtierende, aber müde wirkende Meister Borussia Mönchengladbach tüchtig eingeseift, Rüdiger Abramczik schoss das goldene Tor.

Bundestrainer Helmut Schön hatte die richtigen Schalker Spieler für das Länderspielaufgebot gegen Nordirland nominiert. Fischer, Rüssmann und Abramczik demonstrierten ihr ganzes Können. Beim 5:0 über Nordirland schoss Fischer in seinem Länderspiel-Debüt gleich zwei Tore, drei Tage später durfte auch Rolf Rüssmann zum ersten Mal im »Adlerdress« beim 2:1-Sieg über Jugoslawien in Belgrad ran.

Auf Schalke ging es derweil hinter den Kulissen hoch her. Präsident Hütsch präsentierte einen neuen Manager. Der Ungar Emilio Östreicher, der zuvor bei Real Madrid, in Barcelona, Turin und Valencia tätig war, sollte den Posten übernehmen. Ein großer Name, von dem man sich vor allem Sachverstand und internationale Kontakte versprach.

Am vorletzten Spieltag der Saison 1976/77 wahrte Schalke beim VfL Bochum alle Chancen auf den Titelgewinn. Zuvor waren 17 Spieler mit ins Trainingslager gefahren, einer mehr als sonst. Fragende Blicke an Friedel Rausch wurden mit einem »undefinierbaren Gefühl« beantwortet. »Irgendwie hatte ich das Gefühl, dass wir den Thomas Lander in Bochum gut gebrauchen könnten«, sagte Rausch. Thomas Lander, der 17., stellte die Lage in der Liga sprichwörtlich auf den Kopf. Bis 17.10 Uhr war alles klar. In Mönchengladbach fummelten sie bereits an den Sektkorken. Dann schlug Bundesliga-Debütant Lander mit einem Kopfball zu. 2:1. Alles war wieder offen im Kampf um die Meisterschaft.

Vor dem letzten Spieltag hatte Gladbach zwar immer noch zwei Zähler mehr auf dem Punktestand, aber dafür mussten die Borussen nach München zu den Bayern. Schalke hatte ein Heimspiel gegen den BVB. Doch der eigene 4:2-Sieg reichte nicht, da es in München ein 2:2 gab. Mit einem Punkt Vorsprung war Gladbach wieder Deutscher Meister. Seit 1972 war dies die beste Platzierung in der Meisterschaft, die Teilnahme am UEFA-Cup war gesichert. Trotz des knappen Vorbeischrammens am Titel feierte Gelsenkirchen seine Helden. Der Vizemeister wurde mit Silbernadeln vom DFB geehrt und die Stadt gab in den Personen von Oberstadtdirektor Meya und Oberbürgermeister Kuhlmann einen großen Empfang.

35. NEUE SAISON, ALTE FEHLER

Das Arbeitsgericht hatte inzwischen in dem Verfahren von Siebert gegen den FC Schalke 04 einen Vergleich vorgeschlagen: Schalke sollte ihn mit 150.000 Mark abfinden. Doch in letzter Minute legte Schalke Einspruch gegen den Vergleich ein. Er wurde damit begründet, dass die Stadt Gelsenkirchen noch Forderungen aus der Stadion-Bewirtschaftung in der Siebert-Amtszeit in Höhe von 92.000 Mark stellte. Diesen Betrag plus Prozesskosten wollte Schalke auch noch von Siebert abgesichert wissen. Doch da spielte der Ex-Präsident nicht mit, denn vom damaligen Vorstand wurde Siebert selbst dieses »Würstchenmodell« vorgeschlagen, zudem sei auch »immer korrekt abgerechnet worden«.

Für die neue Spielzeit 77/78 wurden wieder einschneidende Fehler gemacht. Größter Fehler: Branko Oblak wurde zu den Bayern verkauft, weil er sich angeblich nicht mit Hannes Bongartz verstand. Geholt wurde Torhüter Volkmar Groß, dazu bekamen die Jugendlichen Höfer, Demange, Santanius und Wagner einen Vertrag. Schon bald traten erhebliche Verletzungsprobleme auf. Trainer Rausch hatte Personalsorgen. Im Verlauf der Hinrunde wurden deshalb die schon 34-jährigen Suurbier (von Ajax Amsterdam) und Ritschel (Kaiserslautern) verpflichtet. Emilio Östreicher, der auch Alfredo di Stefano und Ferenc Puskas als Gäste nach Gelsenkirchen einlud, war daran maßgeblich beteiligt.

Dennoch blieb seine Rolle unklar. Er erhielt schließlich einen Beratervertrag, der ihm 8.000 Mark monatlich einbrachte. Auf

Berater mit unklaren Aufgaben: Emilio Östreicher.

einer nicht in bester Harmonie verlaufenen Vorstandssitzung erklärte Dr. Hütsch: »Das genaue Aufgabengebiet von Östreicher muss noch bestimmt werden. Er bleibt auf jeden Fall vorerst in Spanien und wird uns bei der Vermittlung von internationalen Spielabschlüssen beraten. Dafür erhält er eine Provision.« Mit der Feststellung, dass Schalke weder einen Manager noch einen Berater brauche, die fürs Nichtstun Geld kassieren, verließ Vize-Präsident Ernst Kuzorra vorzeitig verärgert die Sitzung.

Auch sportlich lief es lange nicht mehr so gut wie in der Saison zuvor. Der Start in die Saison war noch wie erwartet: Siege gegen

Frankfurt, Stuttgart, Düsseldorf, Köln und Bremen – bis zum achten Spieltag unbesiegt, Schalke war an der Tabellenspitze. Doch bei den Bayern gab es dann eine derbe 1:7-Schlappe. Von nun an ging's bergab, zeitweise kam Schalke sogar in den Abstiegsbereich. Da nutzte es auch nichts, dass mit dem schwedischen Nationalspieler Lennart Larsson ein weiterer Legionär nach Schalke geholt wurde.

VON SPARWASSER GESCHLUCKT

Im UEFA-Cup konnte Schalke in der ersten Runde den AC Florenz ausschalten. Das Hinspiel in Italien endete zwar 0:0, wurde aber später am grünen Tisch mit 3:0 für Schalke gewertet, da die Florentiner den gesperrten Spieler Casarsa eingesetzt hatten. Doch nötig war das eigentlich nicht, denn das Rückspiel gewannen die Königsblauen vor 40.000 Zuschauer durch Tore von Rüdiger Abramczik und Helmut Kremers mit 2:1.

In der zweiten Runde gab es ein deutschdeutsches Duell beim 1. FC Magdeburg. Die Schalker Geschäftsstelle wurde mit einer Kartennachfrage wie selten bei Auswärtsspielen eingedeckt. Selbst aus der DDR kamen über 50 Anfragen. Weil Schalke selbst keine Karten zur Verfügung standen, musste jeder Anfrage eine Absage erteilt werden. Schalke wollte Karten von Magdeburg aufkaufen, um zumindest einige Schalke-Fans in Magdeburg ins Stadion zu bekommen. Etwa 2.000 königsblaue Schlachtenbummler mussten dann das sehr harte Spiel mit ansehen, in dem Jürgen Sparwasser die Schalker fast im Alleingang abschoss. Vor allem sein Gegenspieler Rolf Rüssmann wirkte bei der 2:4-Niederlage ziemlich hilflos. Auch im Rückspiel war Schalke trotz der 70.000 Schalke-Fans im Parkstadion chancenlos. Nach der 1:3-Niederlage und dem Aus im UEFA-Cup meinte Trainer Rausch nur noch: »Das war bitter.«

36. VIER MONATE BERUFSVERBOT

Es sollte noch bitterer für ihn werden. Der Ärger in und um Schalke riss einfach nicht ab. Wieder ging es vor Gericht, obwohl der Grund schon Jahre zurück lag. Was war geschehen? Laut Anklageschrift des DFB-Anklägers Kindermann geriet Schalke-Trainer Friedel Rausch, 1973 noch Assistent von Trainer Horvat, beim Bau seines Hauses in finanzielle Schwierigkeiten. Zur Bezahlung von Rechnungen behielt Rausch im November 1973 Gelder aus seiner Vorverkaufs- und Toto/Lotto-Annahmestelle in Höhe von 9.883,35 Mark ein, was noch vier weitere Male der Fall gewesen sein soll. Insgesamt seien es 25.631,85 Mark gewesen.

Rausch will einen wesentlichen Teil des Geldes jedoch an den damaligen Schatzmeister Heinz Aldenhoven weitergegeben haben. 1974 vom Schalker Vorstand auf die Fehlbeträge angesprochen, sagte Rausch, er habe das Geld im Einvernehmen mit Aldenhoven zur Manipulation der Jugendspiele beim MSV Duisburg (1:0-Sieg am 2. Juni 1973) und gegen den Hamburger SV (2:0-Sieg am 9. Juni 1973) benutzt. Rausch dazu: »In meiner damaligen Lage von mir frei erfunden.« Der damalige Schalke-Präsident Günter Siebert: »Ich bin sicher, dass Rausch niemanden bestochen, sondern das Geld wirklich für sich behalten hat.« Siebert sprach sich dafür aus, das Vergehen dem DFB zu melden. Doch Schalkes juristischer Berater Dr. Hütsch habe laut Kindermanns Anklageschrift geraten, keine Meldung an den DFB zu machen. Aber eine anonyme Anzeige machte den DFB aufmerksam, der nun wegen Unterlassung der Anzeige und Verdacht auf weitere Manipulation der Spiele gegen den MSV und HSV Anklage erhob.

Gut gekleidet in die Schuldenfalle: Friedel Rausch, hier mit Dr. Hütsch.

In der Verhandlung wies Siebert glaubhaft und überzeugend nach, dass er die Aussage von Rausch, er habe mit dem Geld Spiele manipuliert, von vornherein als Alibi für seine Veruntreuung gewertet habe. Er, Siebert, habe als Präsident nie und nimmer an die Rauschsche Version geglaubt. In dieselbe Kerbe schlug auch Dr. Hütsch, der allein mit Hilfe des Datums nachwies, dass eine Manipulation von Rausch schon zeitlich unmöglich gewesen wäre. Die erste Geldentnahme von Rausch sei im November 1973 erfolgt, also fast fünf Monate nach den entsprechenden »Verdachtsspielen« im Juni gegen den MSV und HSV.

Das DFB-Gericht zeigte sich von alledem unbeeindruckt und unterstellte dem jetzigen Schalke-Trainer grob unsportlich gehandelt zu haben, als er seinen Verein so unter Druck setzte, der selbst in Prozesse verstrickt war. Für den Verein Schalke 04 erklärte der Vorsitzende des DFB-Gerichts, der Verein habe sehr wohl und sofort das Vergehen von Rausch dem DFB melden müssen. Das Ende vom Lied: Vier Monate Berufsverbot für Friedel Rausch.

RIEN NE VA PLUS

Als gar nichts mehr ging, musste Friedel Rausch gehen. Dr. Hütsch und sein Vorstand machten Ende Dezember 1977 Uli Maslo, den bisherigen Jugend- und Assistenztrainer, zum sportlichen Verantwortlichen. Auch die Mannschaft hatte sich für Maslo als Nachfolger ausgesprochen, was dem Vorstand ganz gelegen kam. Maslos erstes Spiel auf der Trainerbank verlief äußerst unglücklich. Im DFB-Pokal-Viertelfinale unterlag man der Düsseldorfer Fortuna knapp mit 0:1. Im Wiederholungsspiel versagten Klaus Fischer die Nerven, er verschoss einen Elfmeter und damit zerplatzten die Schalker Träume vom Einzug ins Halbfinale wie eine Seifenblase. Doch durch Uli Maslo ging noch einmal ein Ruck durch die Mannschaft. Selten war auf Schalke härter trainiert worden als in den Tagen nach dem Pokal-Aus. Ein Fitnesstraining, das sogar an Silvester und Neujahr durchgezogen wurde, sollte die Mannschaft auf das Bevorstehende vorbereiten.

Dabei musste Uli Maslo zunächst auf Klaus Fichtel verzichten. Das Verfahren im Bundesligaskandal gegen den Schalker Libero war zur Jahreswende 75/76 vom Verfahren gegen die weiteren Schalker Spieler abgetrennt worden. Während Libuda, Lütkebohmert, Fischer, Rüssmann, Sobieray, Senger, Galbierz und Wittkamp damals vor dem Landgericht Essen ein Geständnis ablegten und wegen Meineids verurteilt wurden, beteuerte Klaus Fichtel bis zuletzt seine Unschuld. Im Januar 1978 nun das endgültige Urteil gegen »Tanne«. Nachdem ihn ein ordentliches Gericht zu einer Geldstrafe von 9.900 Mark wegen Meineids verurteilt hatte, zog nun auch der DFB nach und sperrte ihn bis zum 22. Januar 1978. Eine erneute Berufung hätte wohl nichts mehr gebracht, Klaus Fichtel akzeptierte das Urteil murrend. Damit war nun auch das allerletzte Kapitel des Bundesligaskandals zugeklappt.

Gegen Kaiserslautern dann das erste Erfolgserlebnis (3:0), es folgt eine Achterbahnfahrt, am Ende belegen die Schalker einen neunten Platz (sogar noch vor dem FC Bayern, der nur Zwölfter wird), Meister wird der 1. FC Köln.

36. OSKAR'S COMING HOME

Doch Schalke wäre nicht Schalke, wenn es da nicht noch eine weitere Geschichte gegeben hätte. Hinter den sportlichen Kulissen hatte es weitere Machtkämpfe um den Präsidentenposten gegeben. Günter Siebert, von Dr. Hütsch nicht auf die feine Art ins Abseits gestellt, machte auf der Jahreshauptversammlung des Klubs einen erneuten Führungsanspruch geltend und verzichtete auf den Managerposten. In einer turbulenten Nacht im Hans-Sachs-Haus konnte er sich gegen Dr. Hütsch durchsetzen.

»Gehen Sie nach Essen, wir brauchen Sie nicht mehr!« Mit diesen Worten schickten Schalkes Mitglieder ihren 16 Monate lang amtierenden Präsidenten in die Wüste. Schalkes neuer Vorsitzender schwamm derweil auf einer Woge der Begeisterung, hatte er doch mit der absoluten Mehrheit von 437 der 831 abgegebenen Stimmen ein sensationelles Ergebnis erzielt. Das war am 10.3.1978 um 23.45 Uhr. Um 1.20 Uhr drohte er schon wieder mit Rücktritt, da nicht mehr genügend Mitglieder anwesend waren, um die übrigen Vorstandsposten zu besetzen. Am Schalker Markt hatten sie also ihren »Oskar« wieder.

Man hatte einen Präsidenten, der beim Arbeitsamt Stempelgeld bezog, was es so wohl so schnell kein zweites Mal geben wird. Sieberts ironischer Kommentar: »Gelsenkirchen hat eine der höchsten Arbeitslosenquote, das spiegelt sich natürlich auch auf Schalke wider.« Befürchtungen wurden aber auch laut, dass Siebert wieder »zu groß« werden könnte, schließlich hatte er noch aus seiner gekündigten Managerposition Schadensersatzansprüche an den Verein geltend gemacht, die er sich nun als Präsident praktisch selbst genehmigen konnte.

Siebert machte sofort Nägel mit Köpfen: Berater Emilio Östreicher durfte gleich in Spanien bleiben, da sein Vertrag mit Dr. Hütsch nur mündlich vereinbart wurde. »Ich bin mit meiner Familie in den letzten Monaten durch die Hölle gegangen. Ich habe Muscheln gefahren und viel Zeit zum Nachdenken gehabt«, sagte Siebert, den die Fans auf Händen trugen und den die Mannschaft am nächsten Morgen mit dem Kabinenschriftzug »Viva Oskar« empfing.

Sie haben ihn immer bewundert, den Mann, der Rüdiger Abramczik entdeckte, der Klaus Fischer und Rolf Rüssmann nach Gelsenkirchen lotste. Diese Sprache haben sie stets verstanden. Nicht die des Juristen Dr. Hütsch, der Prozesse führte und dabei oft verlor, der junge Talente verkaufte und alternde Stars einkaufte. Auf die Frage an Dr. Hütsch, was ihm dieses eine Jahr gebracht hätte, antwortete er: »Ich habe viel gelernt.« Und mit einem Lächeln fügte er hinzu »Das ist eben Schalke.« Vier Worte, die den Kern treffen.

Günter Siebert war wieder Herr auf Schalke. Auf der Jahreshauptversammlung im März 1978 konnte er die Herzen der Schalker Mitglieder für sich zurück gewinnen. Präsident Dr. Hütsch war entmachtet, der Glamour-Manager Emilio Östreicher musste seine Koffer packen. Doch die finanzielle Lage des Vereins spitzte sich immer weiter zu.

Keine Freunde fürs Leben: Karl-Heinz Hütsch und Günter Siebert.

Oskar Siebert feierte seinen großen Sieg bis in den Morgengrauen. Dennoch saß er bereits um 8.30 Uhr wieder auf der Geschäftsstelle. Anschließend fand ein Gespräch mit der Mannschaft statt, nachmittags ging es ins Trainingslager nach Flaesheim. Siebert: »Ich habe den Jungs gesagt, dass sie unbedingt den UEFA-Pokal erreichen müssen. Sonst nämlich entsteht ein finanzielles Loch von über zwei Millionen Mark. Das können wir uns nicht leisten.«

Doch es half nichts, sich Mut zuzureden, die Saison 1977/78 schloss Schalke im Mittelfeld als Tabellenneunter ab, der 1. FC Köln durfte sich Deutscher Meister nennen. Schalke verkaufte Ende der Saison Hannes Bongartz nach Kaiserslautern. Sportlich sicherlich ein krasser Fehler, zumal im Vorjahr auch schon Branco Oblak verkauft worden war, aber die Finanzsorgen drückten immer mehr, da kamen die 812.000 Mark Ablösesumme sehr gelegen. Außerdem gingen Enver Maric (zurück nach Jugoslawien) und Wim Suurbier (zum FC Metz). Auch Trainer Uli Maslo hatte Siebert nicht überzeugen können, sein Vertrag wurde nicht verlängert.

Schalkes Mannschaft war entscheidend geschwächt worden und stand nun ganz ohne Spielmacher da. Schalke hatte zwar für die neue Saison viele junge Talente, aber es fehlte das »Mittelalter«, Spieler um die 24, 25 oder 26 Jahre, die schon Klasse mitbrachten. Als herausragende Namen waren nur noch zu nennen Fichtel, Bittcher, dazu die Nationalspieler Rüssmann, Fischer und Abramczik, die allerdings bei der WM 1978 in Argentinien auch keine Bäume ausrissen. Rüssmann war dort immerhin noch einer der besten deutschen Spieler.

38. ALTE BESEN KEHREN (NICHT) GUT

Für die neue Spielzeit 78/79 holte Siebert den alten Ivica Horvat als Trainer zurück, mit dem er schon zu Beginn der 70er Erfolge feiern konnte. Sicher nicht nur für die Spieler war dies eine faustdicke Überraschung. Offenbar wollte man den alten Geist wieder heraufbeschwören.

Und noch einer sollte Glück bringen: Ernst Kalwitzki, Ur-Alt-Schalker, wurde von Günter Siebert als Zeugwart für das Trainingslager in Inzell verpflichtet. Charly Neumann freute sich über die Unterstützung, so konnte er sich besser seinen Aufgaben als Mannschaftsbetreuer widmen. Horvats Assistent wurde der Jugoslawe Fahrudin Jusufi, der bislang in Österreich tätig war.

Finanziell war es um Schalke schlecht bestellt. Die Spieler hatten bei ihrem Gehalt sogar auf 430.000 Mark verzichtet, die sie jedoch über Siegprämien wieder einspielen konnten. Und zu Beginn sah es auch ganz danach aus. Einem 5:0-Sieg im Pokal gegen 1860 München folgte ein 4:0 gegen Eintracht Frankfurt. Die Schalke-

Zurück auf Schalke: Ivica Horvat mit seinem neuen Assistenten Fahrudin Jusufi.

Fans schöpften wieder Hoffnung. Erwin Kremers schien wieder der alte zu sein, Abramczik spielte gleich fünf Frankfurtern einen Knoten in die Beine, und in der Mitte stand ein Klaus Fischer, der nach Herzenslust einschießen konnte.

Auf der Bielefelder Alm hatte Schalke mit 2:3 knapp das Nachsehen, aber im Heimspiel gegen Bayern München gab es wieder Fußball, wie die Fans ihn mögen. Schalke hatte gleich Chancen für drei Spiele, aber am Ende war Ivica Horvat auch trotz der schlechten Chancenverwertung über den 2:1-Sieg glücklich. 62.000 Zuschauer im Parkstadion dachten genauso und verziehen es den Spielern, die schon mit den Gedanken auf dem Bökelberg schienen; dort trennte man sich torlos.

Im Verlauf der Hinrunde schlug sich die Schalker Elf wirklich tapfer. Im DFB-Pokal erreichte Schalke 04 durch ein Tor vom kurzsichtigen Norbert Elgert in letzter Sekunde gegen den VfB Stuttgart die dritte Runde. Nach dem Spiel meinte Horvat: »Wenn der Norbert Elgert nächste Woche seine Haftschalen bekommt, ist er bestimmt noch besser.«

Schalke gewann danach bei Darmstadt 98, in Nürnberg und zu Hause gegen den BVB mit 5:1. Bei diesem Spiel schoss Klaus Fichtel das 15.000. Tor der Bundesliga. Na ja, eigentlich das 14.999., denn da gab es noch am 27.11.1976 das abgebrochene Spiel Kaiserslautern gegen Fortuna Düsseldorf, das beim Stande von 0:1 abgepfiffen, aber später mit 0:2 gewertet wurde. Hier taucht somit ein Tor auf, für das es keinen Schützen gab. Somit schoss das 15.000. Tor der Bundesliga eigentlich der Gladbacher Bruns, doch um die reine Torstatistik nicht auf den Kopf zu stellen, nimmt Fichtel auch weiterhin seine Stelle ein.

Sollte an die Erfolge der frühen 70er anknüpfen: Ivica Horvat.

Gerade die Heimspiele wurden zur Schalker Schwäche. Gegen Stuttgart, Köln, Kaiserslautern, Düsseldorf und Braunschweig blieben wichtige Punkte nicht im Parkstadion. Hinzu kam ein ungeheures Verletzungspech: Die Kremers-Zwillinge, Larsson, Demange, Elgert, Sobieray und Thiele fielen lange aus. Als auf Schalke sowohl in der Meisterschaft als auch im Pokal (1:2-Niederlage bei Bayer Uerdingen) der Zug abgefahren war, hieß das einzige Saisonziel nur noch das Erreichen des UEFA-Cups. Doch die Rückrunde begann gleich mit einer Niederlage. Bei Eintracht Frankfurt, wo Ex-Trainer Friedel Rausch seinen Einstand gab, setzte es eine 1:3-Schlappe.

Nach weiteren Niederlagen gegen Bayern München und Werder Bremen stand ein »Schicksalsspiel« auf dem Programm. Gegen den VfL Bochum musste gewonnen werden, wollte man nicht ganz in den Abstiegsstrudel geraten. Ausgerechnet dieses so entscheidende Spiel wurde für eine Trikot-Benefizaktion der Deutschen Krebshilfe genutzt. Dr. Mildred Scheel, Gattin des damaligen Bundespräsidenten, führte den Anstoß aus und nahm einen Scheck in Höhe von 10.000 Mark entgegen.

TRAINERKARUSSELL

Doch nach der 1:3-Niederlage war keinem mehr nach Benefiz zumute. Ötte Tibulsky kurz und knapp: »Schalke hat viele Fußballer, aber keine Mannschaft.« Tags darauf wurde gehandelt. Während sich Horvat und Jusufi noch am Sonntag ein Spiel der Schalker A-Jugend gegen Wanne-Eickel (4:1) anschauten, war Siebert die Möglichkeit eingefallen, eventuell Gyula Lorant an den Schalker Markt zu holen. Der zuletzt in München weniger erfolgreiche Ungar wurde am Nachmittag bei Verwandten in Köln ausfindig gemacht, und er ließ sich von Charly Neumann nach Gelsenkirchen bringen, wo Günter Siebert zu Verhandlungen auf ihn wartete.

Am späten Abend wurde man sich einig: Lorant sollte zunächst einmal das Traineramt bis zum Saisonende bekleiden, danach sollte über eine weitere Tätigkeit gesprochen werden. Günter Siebert: »Gyula Lorant ist als harter Mann bekannt. Ich glaube, dass er zumindest zum jetzigen Zeitpunkt der richtige Trainer für unsere Mannschaft ist, weil er durchgreifen kann.« Siebert gab Horvat nicht die Alleinschuld an der Schalker Misere, doch auch Horvat sah ein, dass man handeln musste. Auf der anstehenden Jahreshauptversammlung musste sich Siebert den 607 Mitgliedern stellen. Obwohl keine Wahlen anstanden, war das Hans-Sachs-Haus gut gefüllt, vieles drehte sich um die augenblickliche prekäre sportliche Situation, wobei Siebert die finanzielle Lage immer wieder mit der »unfassbaren Vertrags- und Personalpolitik in der Ära Dr. Hütsch« erklärte.

Mannschaftsbetreuer Charly Neumann versuchte bei der Versammlung eine Lanze für die Lizenzspieler zu brechen. »Freunde«, rief er beschwörend in den Saal, »glaubt mir doch, die Jungens wollen. Ich bin doch dabei. Der Abi will flanken und der Fischer die Tore machen. Aber im Spiel geht es mit ihnen dann durch.« Bei den Mitgliedern fand er allerdings wenig Gehör. Die hatten sich anhand der Leistungen auf dem Platz selbst ihr Urteil gebildet.

Auch unter Gyula Lorant ging es nicht bergauf. Die Schalker Talfahrt (1:13 Punkte aus sieben Spiele) war auch in Stuttgart nicht aufzuhalten. Das 0:4 brachte die bittere Realität zum Vorschein: Schalke war ein Abstiegskandidat. Hinzu kamen nun auch noch Schiedsricher-Fehlentscheidungen. Beim 1. FC Köln wurde Schalke klar benachteiligt, gegen den 1. FC Nürnberg wurde Schalke ein klares Tor von Abramczik verweigert. Das Bangen ging weiter.

Und das wirklich bis zum letzten Spieltag. Erst in den letzten beiden Spielen gegen den MSV Duisburg und Braunschweig (beide 2:1) konnte der Klassenerhalt perfekt gemacht werden. Mit dem Tabellenplatz 15 war man dem Teufel noch mal von der Schüppe gesprungen.

39. SCHALKE ALS LEBENSPHILOSOPHIE

Präsident Siebert versprach für die neue Spielzeit 79/80 den »großen Schnitt«. »Im Jubiläumsjahr wollen wir zumindest oben mitmischen. Wir müssen uns von einigen Spielern trennen und brauchen eine ›Blutauffrischung‹«. Drei »Neue«, Manfred Drexler und die beiden Jugoslawen Mario Boljat und Vilson Dzoni, und ein »Alter«, Norbert Nigbur, verstärkten das Schalker Team zur neuen Saison. Nigbur zog es nach seinen Berliner Jahren wieder zurück ins Revier. Und er wollte noch einmal angreifen. Sein »Widersacher« in der Nationalelf Sepp Maier musste notgedrungen wegen seines schweren Autounfalls den Platz in der Nationalmannschaft räumen, Nigbur sah seine Chance.

Schalkes Feierlichkeiten zum 75-jährigen Bestehen konnten sich sehen lassen. Unter den 500 Ehrengästen im Auditorium Maximum der Fachhochschule Buer war alles vertreten, was Rang und Namen hatte: Dr. Mildred Scheel, NRW-Innenminister Dr. Hirsch, Kultusminister Girgensohn, Bundestrainer Jupp Derwall, Ernst Kuzorra und alle alten Schalker Nationalspieler. »Schalke 04 ist eben ein Stück Lebensphilosophie«, wie es der Gelsenkirchener Oberbürgermeister Werner Kuhlmann in seiner Laudatio ausdrückte.

Beim Jubiläumsturnier enttäuschte die Schalker Mannschaft beim 0:1 gegen den späteren Turniersieger Benfica Lissabon (im Finale 4:3 im Elfmeterschießen gegen den FC Liverpool). Im Spiel um den dritten

Nicht mehr auf dem Markt: Norbert Nigbur bei seiner Hochzeit.

Platz gewannen die Knappen auch im Elfmeterschießen gegen Feyenoord Rotterdam (4:2), die Hauptursache für das schlechte Abschneiden lag im neuen System der Raumdeckung, das die Schalker offensichtlich noch nicht beherrschten. »Die Jubiläumsveranstaltungen waren prima, nur der Fußball störte«, war dann auch die einhellige Meinung nach der großen Fete, bei der Mary Roos, Peter Rubin, Tony Marshall und Paola für gute Stimmung sorgten.

Schöner feiern mit Schalke: Tony Marshall auf der 75-Jahr-Feier.

40. HIGH NOON

Drunter und drüber ging es dann in der Saison 79/80. Vom Glanz des 75. Jubiläums war in der rauen Wirklichkeit der Bundesliga nicht mehr viel übrig geblieben. Sportlich glich die Hinrunde einer Berg- und Talfahrt. Für Manfred Drexler ging es gleich schlecht los. Er war der erste Spieler in der Bundesliga, der nachträglich auf Grund von Fernsehaufnahmen gesperrt wurde. Volle drei Monate konnte er von der Bank aus zusehen.

In der Nordkurve kam es beim Spiel gegen Fortuna Düsseldorf zu einem tragischen Unglück. Der Schalke-Fan Klaus Paelchen aus Gladbeck wurde von einem anderen Schalke-Fan brutal zusammen geprügelt und stürzte so unglücklich auf die Betonstufen, dass er seinen Verletzungen erlag. Stille Trauer im Parkstadion.

Dann kam es am ersten Advent zu einer ziemlich grotesken Situation hinter den Kulissen der Schalker Vereinsführung. Im Palisanderraum des Parkstadions gaben Vorstand und Verwaltungsrat des FC Schalke 04 am Sonntagmorgen kurz nach elf den Rücktritt Günter Sieberts bekannt. Sie stellten Dr. Hans-Joachim Fenne, einen 44 Jahre alten Unternehmensberater aus Gladbeck, als Nachfolger vor und präsentierten zugleich auch dessen Stellvertreter, den Gelsenkirchener Rechtsanwalt Dr. Wilhelm Haddenhorst (Verteidiger von Vera Brühne). Außerdem wurde die Presse über die Verpflichtung eines Managers unterrichtet. Als Manager eingestellt wurde – jetzt haltet Euch fest – der soeben vom Präsidentenamt enthobene Günter Siebert.

Der nächste, bitte: Dr. Hans-Joachim Fenne übernahm die Macht.

Das war mal wieder typisch Schalke! Am langen Tisch sah man ebenso lange Gesichter. Verblüffung und Ratlosigkeit stand in den Mienen. Ob man denn keinen Widerspruch darin sehe, ausgerechnet Siebert, den gestürzten Präsidenten, als »Technischen Direktor« zu verpflichten? Und das zumal Sieberts Führungs-Methoden schon eine Woche zuvor den Rücktritt seines Stellvertreters Dr. Brauckmann ausgelöst haben sollten.

Aber warum das ganze überhaupt? Siebert soll wider aller Absprachen die Prämien erhöht und Vertragsbedingungen verbessert haben. Zudem lag der Verdacht im Raum, dass bei der Verpflichtung von Dzoni und Boljat 875.000 Mark Schalke verlassen, aber 700.000 Mark nur den Balkan erreicht haben sollen. Ein Prüfungsbericht des Verwaltungsrats wurde angeordnet, er sollte bis zum Jahresende Klarheit bringen. Dr. Haddenhorst ergänzte: »Wir hätten Herrn Siebert nicht zum Manager gemacht, wenn der Bericht Unredliches aufgedeckt hätte.«

Nach Fennes Darstellung habe man schon lange daran gedacht, die Strukturen des Vereins zu reformieren, auch um diverse Verdächtigungen gegen Siebert zu entkräften: »Wir haben der Öffentlichkeit klar gemacht, dass Herr Siebert jetzt ein fest angestellter Mann mit festumrissenem Aufgabengebiet ist.« Siebert, über zehn Jahre an der Spitze des Vereins, saß schweigend und teilnahmslos dabei. Als ihn dann einer fragte, antwortete er wie abwesend. Dieser Schritt, so sagte Siebert, sei notwendig gewesen, sei bedingt worden durch die »finanzielle Situation des Vereins«. Es gebe Engpässe gegenüber Kredit-Instituten, und diese Zwangslage sei nur durch ein »neues, klares Konzept« zu ändern gewesen.

Der Rest war Floskel. Siebert, vor drei Jahren schon einmal unter dem damaligen Präsidenten Dr. Hütsch in einer ähnlichen Situation, versicherte seinen neuen Vorgesetzten die Bereitschaft zur vorurteilsfreien Zusammenarbeit: »Von meiner Seite besteht volles Vertrauen zu den Vereinsgremien.«

Präsidenten-Neuling Dr. Fenne, Schalke-Mitglied seit 1963, verheiratet, zwei Kinder (Zwillinge), Freizeit-Golfer, bat um Fairness bei der Bewältigung der Zukunft: »Lassen Sie uns unter die Vergangenheit einen Strich ziehen. Geben Sie uns eine Chance.« Das war um 12 Uhr mittags. High Noon am ersten Advent. Auch Trainer Gyula Lorant hatte nicht mehr den erforderlichen Rückhalt beim neuen Präsidium. Zudem müpften die Spieler auf.

Klaus Fischer: »Was man nicht kann, muss man üben. Aber bei uns im Training werden Runden gedreht, obwohl wir spielerisch arm sind.« Und Torwart Norbert Nigbur giftete: »Wir spielen, wie wir trainieren.« Gemessen am letzten Spiel (0:2 gegen Leverkusen) musste dieses Training katastrophal sein.

41. DEN GÜRTEL ENGER SCHNALLEN

Der neue Vorsitzende Dr. Hans-Joachim Fenne hatte das Ruder des Vereins übernommen. Finanziell lag Schalke schon fast am Boden, und auch der Trainer Gyula Lorant wankte. Die Weihnachtszeit 1979 nahte, doch gnadenbringend war diese in keinster Weise. Schalke ging wirklich harten Zeiten entgegen.

»Müssen wir uns den teilen?«, fragte Uli Maslo, mittlerweile Trainer der Eintracht Braunschweig, nach dem 1:0-Sieg der Schalker im heimischen Parkstadion auf der Pressekonferenz, und meinte damit den Plastikbecher Kaffee, den sein Kollege Gyula Lorant zur Hälfte leergeschlürft hatte. Doch für ihn hatten sie doch noch einen Extra-Becher auftreiben können. Weit gefehlt, wer meint, das wäre noch eine Selbstverständlichkeit bei Schalke 04. Vorbei waren die Zeiten, da sich die Trainer nach zwei Stunden Kälte auf der Bank noch mit einem Weinbrand erwärmen konnten. Vergangen auch die geradezu sinnlose Verschwendung, den Spielerfrauen nach dem Schlusspfiff belegte Schnittchen zu reichen. Alles gestrichen.

Für die anwesenden zwanzig Journalisten gab es 200 Gramm Kleingebäck, also 10 Gramm für jeden. Aber mehr war auch nicht nötig, denn das Spiel war allen schon auf den Magen geschlagen. Ein Dutzend Chancen, aber nur ein Tor von Rüdiger Abramczik. Die letzten Darbietungen waren wenig er-

Zwei Männer, ein Gedanke: Gyula Lorant und Charly Neumann.

wärmend. Ein Zuschauerschwund war unübersehbar, nicht einmal 10.000 Anhänger hatten den Weg ins Stadion gefunden. Das war viel zu wenig, zumal Schalke einen Zuschauerschnitt von 36.000 kalkuliert hatte, um Mannschaft und Trainer bezahlen zu können.

DER KLAPPERSTORCH

Gyula Lorant jedenfalls konnten sie schon einmal von der Gehaltsliste streichen, mit seinem System der Raumdeckung scheiterte er auf Schalke. Kurz vor Nikolaus bekam er seine Beurlaubung. Sein Nachfolger wurde sein bisheriger Assistent Dietmar »Dittes« Schwager, früher zwölf Jahre lang Libero beim 1. FC Kaiserslautern. Er stand übrigens auch auf dem Platz, als Schalke im Pokalendspiel 1972 mit 5:0 über die Pfälzer hinwegfegte. Jedenfalls war Schwager ein erfahrener Spieler und ein junger, ehrgeiziger Trainer, dem der Vorstand nun sein Vertrauen aussprach. Bei seiner Heimpremiere lief auch gleich alles gut an. Schalke gewann gegen den Titelaspiranten Hamburger SV (damals mit Keegan, Hrubesch, Kaltz, Magath, Kargus) mit 1:0. Den Treffer erzielte Rolf Rüssmann, der gleich doppelt jubeln konnte. Denn während des Spiels, genau um 15.56 Uhr, kam in Castrop-Rauxel Rüssmanns zweite Tochter Laura zur Welt. Mutter und Kind wohlauf.

Im Januar 1980 ging's in die Rückrunde, doch zuvor wurde noch Ernst Kuzorra während des Länderspiels Deutschland – Türkei (2:0) im Parkstadion mit dem Bundesverdienstkreuz am Bande ausgezeichnet. Der nordrhein-westfälische Kultusminister Dr. Jürgen Girgensohn übernahm die Auszeichnung, mit von der Partie waren auch Willy Weyer, Präsident des Deutschen Sportbundes und der damalige Bundesinnenminister Friedrich Genscher. Bei diesem Länderspiel hieß es auch Abschied nehmen. Zum letzten Male hörten die Schalker Fans die vertraute Stimme des Stadionsprechers Werner Hansch, der zum WDR wechselte.

Sieg zum Einstand: Dietmar Schwager beerbte Gyula Lorant.

MITGLIEDERVERSAMMLUNG 1. TEIL

Sportlich redete man wieder von Schalke 04. Ein 4. Platz in der Tabelle und das Erreichen des DFB-Pokal-Viertelfinales ließen wieder

Träume erwachen. Doch das »Jugoslawien-Geschäft«, bei dem Mario Boljat und Vilson Dzoni nach Schalke geholt wurden, wobei ein Teil der Ablösesumme (125.000 Mark) spurlos verschwand, war immer noch nicht aufgeklärt. Der neue Technische Direktor Günter Siebert, dem in diesem Fall immer wieder Gerüchte nachgeredet wurden, bat um seine Beurlaubung. Das Landgericht in Essen begann seine Ermittlungen.

Die Mitgliederversammlung am 20. März 1980 sollte in vielerlei Sicht Klarheit bringen. Und die JHV verlief ganz außergewöhnlich ohne Krach und Chaos ab. Dr. Fenne verzichtete zunächst auf eine Kandidatur, war aber ganz überrascht über die Disziplin der anwesenden 812 stimmberechtigten Mitglieder: »Das habe ich in den letzten Jahren nicht mehr erlebt. Ein Kompliment an unsere Mitglieder.«

Trotz seines Verzichts auf eine Kandidatur – oder gerade deswegen – ging Dr. Fenne als »starker Mann« aus dieser Versammlung hervor. Die Art und Weise, wie er kein Blatt vor den Mund nahm, imponierte den Mitgliedern. Durch die Nichtkandidatur entstand jedoch eine neue Situation, die dadurch gelöst wurde, dass Oberbürgermeister Werner Kuhlmann beantragte, die Vorstandswahl bis zu einer neuen außerordentlichen Mitgliederversammlung zu vertagen, die im Mai stattfinden sollte.

Um alle Zweifel aus der Welt zu räumen, sollte die Bilanz von 1979 noch einmal von einer unabhängigen Steuerprüfungsgesellschaft kontrolliert werden. Auch die Entlastung des Vorstands wurde bis zur nächsten Versammlung zurückgestellt. Einen breiten Raum nahmen die Diskussionen um Günter Siebert ein. Der erklärte dazu: »Man hat mir keine Chance gegeben, die Vorwürfe zu entkräften. Was hinter meinem Rücken getrieben wurde, war unfair. Bei dem Transfergeschäft mit Dzoni und Boljat hätte Schatzmeister Lange bestätigen können, dass ich die ominösen 125.000 Mark im Nebenzimmer an die jugoslawischen Vereinsvertreter weitergeleitet habe. Denn die Spieler sollten von diesen Summen nichts wissen. Herr Lange hätte diese Vorwürfe entkräften können.« Karl-Heinz Lange gab zu: »Mein Fehler war, dass ich von diesem Vorgang zu spät berichtet habe.«

VERLETZUNGSPECH

Der 4. Platz in der Tabelle war nicht von langer Dauer. Zwei Tage nach dem ersten Teil der JHV kam es knüppeldick: Im Spiel gegen Bayer Uerdingen brach sich Klaus Fischer nach einem Zusammenprall mit dem Uerdinger Ludger van der Loo das rechte Schienbein. Der Torjäger lag sieben Wochen im Krankenhaus und fiel für Monate aus. Von einer Teilnahme an der Europameisterschaft in Italien konnte keine Rede mehr sein. Wer sollte nun vorne die Tore schießen?

Doch damit nicht genug: Nach dem Spiel gegen den BVB (2:2 am 12. April) musste Norbert Nigbur am Meniskus operiert werden. Wenig später traf Manfred Drexler dasselbe Schicksal. Das Genick aber brach der Mannschaft die schwache Heimbilanz – die drittschwächste aller Bundesligaclubs. Das Ende vom Lied: Innerhalb einer Saison gab es einen dreifachen Trainerwechsel, denn auch Dietmar Schwager musste nach knapp fünf Monaten das Handtuch werfen. Sein Nachfolger wurde im April 1980 der bisherige Schalker Jugendtrainer Fahrudin Jusufi, der bereits unter Ivica Horvat Assistenztrainer war.

Und noch einer verließ Gelsenkirchen. Rechtsaußen Rüdiger Abramczik ging für 1,1 Millionen Mark Ablösesumme zum großen Rivalen BVB, wo er einen Dreijahresvertrag unterschrieb. »Abi« wäre gerne auf Schalke geblieben, doch bei den Vertragsverhandlungen gab es keine Einigung. Sicher hatte Schalke auch Probleme, die 300.000 Mark Jahresgage aufzubringen. Zum Ende dieser verkorksten Saison ging ohne Fischer und Nigbur nichts mehr. Zum Schluss scheiterte man auch noch im DFB-Pokalhalbfinale am 1. FC Köln. Schalke wurde Achter und verpasste damit einen internationalen Wettbewerb.

MITGLIEDERVERSAMMLUNG 2. TEIL

Die »2. Halbzeit« der Jahreshauptversammlung 1980 brachte wichtige Entscheidungen. Um 23.15 Uhr wurde Dr. Hans-Joachim Fenne zum neuen Präsidenten gewählt. Sein Konzept der Konsolidierung kam bei den 660 anwesenden Mitgliedern an. Ohne Gegenkandidaten setzten sich auch Fennes Favoriten klar durch: für den Posten des stellvertretenden Vorsitzenden Gustav Kalthoff und für den des Schatzmeisters Dr. Ingo Westen.

Todsünde: Abi geht zum BVB.

Ein Problem aber blieb dem neu gewählten Vorstand noch: Der DFB-Ligaausschuss hatte dem Verein FC Schalke 04 aus wirtschaftlichen Gründen vorübergehend die Lizenz entzogen. Dazu Präsident Hans-Joachim Fenne: »Der Gutachterausschuss hatte ein Votum für die Lizenzerteilung gegeben, dem der Ligaausschuss nicht folgte. Doch nachdem wir die Begründung für die Lizenzverweigerung erfahren haben, habe ich keine Befürchtungen, dass wir die Lizenz nicht bekommen werden.« Und Gelsenkirchens Oberstadtdirektor Prof. Dr. Heinz Meya stellte fest: »Die Aktien stehen gut. Ich habe mit Herrn Neudecker vom Ligaausschuss gesprochen.« Na, dann war ja alles in Butter – so schien es.

42. DER ABGESANG

Im folgenden Spieljahr 1980/81 sollte aber endgültiges Chaos herrschen. Klaus Fischer war immer noch verletzt, Klaus Fichtel war zu Werder Bremen gewechselt, Rüdiger Abramczik verkauft, Winfried Berkemeier ging zu den Young Boys Bern, auch Helmut Kremers verließ den Verein und Mario Boljat wurde gekündigt. Trainer Fahrudin Jusufi setzte auf ein sehr junges Team, in dem zumindest Wolfram Wuttke aus der Jugend ein hoffnungsvolles Talent war. Nur der österreichische Nationalspieler Kurt Jara verstärkte als Routinier die Mannschaft.

Bereits das 1:4 im ersten Spiel gegen Eintracht Frankfurt machte es deutlich: Schalke war schwach und personell schlecht gerüstet. Auch im DFB-Pokal gab es das Aus bereits in der ersten Runde (2:5 gegen Bayer Uerdingen). Auch gegen Bayern München (1:5), Bayer Leverkusen (0:4) dem Hamburger SV (1:7) und dem VfL Bochum (1:5) gab es haushohe Niederlagen in der Hinrunde. Schalke befand sich voll im Abstiegskampf.

Hinzu gesellte sich ein weiteres »Skandälchen«: »5,1 Millionen für Schalke«, titelte die Bild-Zeitung in ihrem Sportteil. In dem Bericht war die Rede davon, dass Schalke-Mitglied und früherer Gelsenkirchener Oberbürgermeister Josef Löbbert Geldgeber habe, die dem Verein 3,5 Millio-

Auch er musste gehen: Rolf Rüssmann wurde an den BVB verscherbelt, Norbert Nigbur kämpfte tapfer gegen den Abstieg.

nen Mark als zinsloses Darlehen und 1,6 Millionen Mark als Schenkung überlassen wollten. Bedingung: Der Vorstand müsse zurücktreten (wobei Löbbert nicht neuer Präsident werden wollte). Für das zur Verfügung gestellte Geld sollten neue Spieler verpflichtet werden. Namen wurden auch schon genannt: Simonsen, Briegel, Lorant oder Röber.

Wörtlich schrieb die Bild: »Damit das auch niemand für einen Scherz hält, haben die Herren ihre Spendenerklärung schon bei einem Notar hinterlegt. 5,1 Millionen – Schalke braucht nur zuzugreifen.« Und Josef Löbbert wird zitiert: »Das ist unser Angebot. Wir wollen keine Unruhe, wir wollen den Club retten.« Am Ende brachte es aber genau das: Unruhe. Die finanzielle Lage spitzte sich immer mehr zu. Schalke drohte der Konkurs wegen Zahlungsunfähigkeit. Am Ende des Jahres 1980 mussten für mindestens zwei Millionen Mark Spieler verkauft werden, um den drohenden Ruin zu vermeiden. »Es bleibt uns keine andere Wahl. Wir müssen verkaufen, um dem Verein wenigstens eine finanzielle Basis zu erhalten«, erklärte Dr. Fenne. Nach Rüdiger Abramczik wurde im Dezember auch Rolf Rüssmann für 800.000 Mark Ablöse an den BVB veräußert. Auch Wolfram Wuttke, Kurt Jara und Norbert Elgert wurden bereits mit anderen Vereinen in Verbindung gebracht. Der Zwangsverkauf war gleichbedeutend mit dem Ende der sportlichen Erstklassigkeit.

Nach den Notverkäufen brauchte Schalke trotzdem noch einen guten Zuschauerschnitt zur Deckung der anfallenden Kosten. Ob eine blau-weiße Rumpfmannschaft aber noch so viele Interessenten anlocken konnte, war zweifelhaft. Die Schalker Absicht hinter den Verkäufen war klar: Die vorhandenen Schulden sollten möglichst jetzt getilgt werden, damit der Traditionsverein, wenn er schon sportlich absteigt, wenigstens die finanziellen Kriterien für die zweite Liga erfüllt. Die Lichter gingen aus, zappenduster wurde es zwischen Emscher und Rhein-Herne-Kanal.

43. DIE LICHTER GEHEN AUS

Die Saison 1980/81 wurde überschattet von massiven Finanzproblemen. Abramczik und Rüssmann mussten zum BVB transferiert werden, um den Verein nicht in die Zahlungsunfähigkeit geraten zu lassen. Zum ersten Mal drohte die Zweitklassigkeit.

KURZES AUFBÄUMEN

Die Schalker Finanzkrise brachte eine ungeahnte Spendebereitschaft ins Rollen. Selbst ein Zehnjähriger schrieb an den S04 einen Brief (»Mein Taschengeld für den Januar schicke ich Euch als kleine Spende für den Verein«) und legte zehn Mark bei. Ein Fan schickte einen ganzen Goldbarren und eine Anhängerin aus Kenia beteiligte sich mit 20 Mark. Finanziell war man auf Konsolidierungskurs, sportlich aber war nach dem Aderlass von Abi und Rüssmann nicht viel los.

Trainer Fahrudin Jusufi gab trotzdem die neue Parole aus: »Wir geben uns nicht auf!« Im letzten Spiel der Hinrunde gab es auch noch mal ein 2:0 beim 1. FC Köln, das Hoffnung weckte. Doch wieder alles nur ein Strohfeuer, gleich im nächsten Spiel ging Schalke bei Eintracht Frankfurt mit 0:5 baden. Gegen den haushohen Favoriten FC Bayern schaffte man zwar unter großem Jubel noch ein 2:2, gegen den Spitzenreiter HSV gab es sogar einen 2:1-Sieg vor 67.000 Zuschauern im fast ausverkauften Parkstadion. Doch eine 0:6- Heimpleite gegen den VfL Bochum war für Jusufi »die finsterste Stunde meiner Laufbahn«.

Bereits gegen 16.40 Uhr drängten Tausende zu den Ausgangstoren des Parkstadions, es stand bereits 0:3, und so etwas Grausames hatte man in Gelsenkirchen schon lange nicht mehr gesehen. Von den 40.000 Zuschauern harrten gerade einmal 12.000 bis zum Abpfiff aus. Der Trauermarsch war auch ein Zeichen dafür, dass man die Knappen aufgegeben hatte. Am nächsten Spieltag dann das wohl letzte Schicksalsspiel: Aber auch in Duisburg klappte rein gar nichts. Und selbst der eigens angereiste Ruhrbischof Franz Hengsbach konnte mit seinem Beistand die 1:5-Klatsche nicht verhindern.

EIN »DICKER FISCH«

In dieser ausweglosen Situation plante Schalke-Präsident Dr. Fenne schon für die 2. Liga und zog dabei einen »dicken Fisch« an Land. Rudi Assauer, zum damaligen Zeitpunkt Manager beim bereits als Aufsteiger feststehenden SV Werder Bremen, sollte das Manageramt auf Schalke für die kommende Saison bekleiden. In Bremen schlug die Nachricht vom Wechsel des Managers ein wie eine Bombe. Bremens Libero Klaus Fichtel, der erst vor wenigen Tagen einen Vertrag bei Assauer für Werder unterschrieben hatte, sagte: »Ich bin völlig überrascht und tief enttäuscht.«

Schalkes neuer Manager nannte auch sofort die Ziele, die er auf Schalke hatte: »Es muss gelingen, dem Verein ein gutes Ansehen zu verschaffen und den sportlichen Erfolg zurückzuholen, und das heißt für mich, mit Schalke wieder an die Spitze der Bundesliga vorzustoßen.« Ein Weg, der mit einigen Stolpersteinen gepflastert sein sollte, denn nach den letzten Spielen gegen Nürnberg (1:1), Kaiserslautern und Köln (beide 0:2) war der Abstieg besiegelt.

DER NEUANFANG

Bisher gab es immer Dinge, die nicht sein durften, weil sie nicht sein konnten: etwa, dass der Papst Protestant wird, oder Breshnew Katholik oder China eine Demokratie. Ganz ähnlich verhielt es sich mit Schalke und der Zweitklassigkeit. Der Abstieg galt bislang als Fremdwort im Glaubensgut ganzer Generationen, die mit diesem Club fieberten. Doch nun gab es nur noch Lethargie und lähmendes Entsetzen. Es musste einen Neuanfang geben. Klar, dass Assauer seine eigenen Vorstellungen aus dem hohen Norden mitbrachte und der als »Rauswurf-Experte« geltende Manager auch vor Jusufi nicht Halt machte. Zumal Jusufi in Spielerkreisen als unbeliebt galt. Norbert Nigbur: »Wenn ich ungestraft erzählen dürfte, was mit Jusufi los war, dann würden einigen Herren die Augen übergehen.« Und Klaus Fischer: »Jusufi war ein Diktator, Demokratie war für ihn ein Fremdwort. Er war außerdem ein Egoist.« Harte Worte, doch die Herren Spieler hätten sich auch ruhig mal an die eigene Nase fassen können. Auf Assauers Initiative hin wurde Sigi Held als neuer Trainer verpflichtet. Mit Wuttke (Gladbach) und Fischer (Köln) verließen zwei Leistungsträger den Verein. Aber es waren immer noch gestandene Spieler im Kader wie Drexler, Thiele und Nigbur, zudem wurden Norbert Janzon vom Meister FC Bayern und der türkische Nationalstürmer Ilyas Tüfekci vom VfB Stuttgart geholt, und Rüdiger Abramcziks acht Jahre jüngerer Bruder Volker verstärkte das Team. Zu Ehren ihres Landsmanns tanzte vor dem Anstoß der Partie gegen Alemannia Aachen eine türkische Folkloregruppe aus Ankara auf dem Rasen des Parkstadions.

Klaus Fischers Entscheidung, Schalke zu verlassen, wurde von allen Seiten respektiert. Er hatte 14 Monate nach seinem Beinbruch gerade wieder den Anschluss gefunden und sogar seinen Platz in der Nationalmannschaft zurück erobert. Eine Saison in der 2. Liga wäre da ganz sicher nicht förderlich gewesen. Mit Klaus Fischer verließ der letzte Spieler, der an dem unsäglichen Skandal-Spiel gegen Arminia Bielefeld im April 1971 beteiligt war, den Klub. Statt FC Bayern, Hamburger SV und Borussia Mönchengladbach hießen die Gegner nun eben Wormatia Worms, SpVgg Bayreuth und Union Solingen. Und schon vom ersten Spieltag an war klar, dass Schalke nur ein Ziel hatte: Wiederaufstieg! Im Auftaktspiel gab es vor 35.000 begeisterten Fans ein 3:1 gegen 1860 München, so langsam kam der Spaß zurück. Auf der Schalker Jahreshauptversammlung hatte Präsident Fenne ebenfalls gute Zahlen zu bieten. Fast vier Millionen Mark Schulden hatte der Verein in knapp einem Jahr abgebaut.

DER ERFOLG HEILIGT DIE MITTEL

Ein schönes Weihnachtsgeschenk für alle Schalker gab es beim 3:0 gegen Kickers Offenbach, der Sieg brachte die Herbstmeisterschaft. So konnte es ruhig weiter gehen – und so ging es auch weiter. Am Ende wurde Schalke Zweitliga-Meister mit

Gut gebrüllt, Assi: Schalke feierte ruhig den Wiederaufstieg.

51 Punkten, doch entgegen der jahrelangen Erfahrung wurde auf Schalke kaum gefeiert. Man feierte eher ein stilles Fest mit verhaltener Freude. Schalke war von der Sachlichkeit eingeholt worden. »Wir haben uns gefreut, dass wir gegen alle Widerstände und trotz der Skepsis vieler Querulanten nach einem Jahr wieder oben sind«, sagte Präsident Fenne. »Die Zuschauerzahlen haben uns gezeigt, dass sachliche Arbeit und saubere Methoden auch in Schalke angenommen und honoriert werden.« Rund 475.000 kamen zu den Heimspielen, und auswärts führte Schalke sämtliche Hitlisten an: In Hannover reichten die Karten nicht aus, Wattenscheid erlebte »das Spiel des Jahrhunderts«, in Essen, Freiburg, Solingen, Köln purzelten die Saisonrekorde, wenn Schalke kam. »Die 2. Liga wird weinen, dass wir aufgestiegen sind, aber die 1. Liga kann sich freuen«, so Rudi Assauer.

Für die neue Bundesliga-Saison 1982/83 wurde bei Schalke mehr in Masse als in Klasse investiert. Einzige Ausnahme bildete Bernhard Dietz, der zwar schon 34 Jahre alt war, aber immer noch die Abwehr zusammen halten konnte wie kaum ein Zweiter. Während der Saisom kam noch Werner Lorant als weitere Neuverpflichtung, der es dann auf neun gelbe Karten bringen sollte. Zu Beginn schien die erste Liga für Schalke doch noch eine Nummer zu groß zu sein. Gladbach hatte beim 4:2-Sieg wenig Mühe und auch in Stuttgart (1:2) konnte man nicht überzeugen. Hinzu kamen Niederlagen gegen den BVB (0:2), Werder (4:0), Nürnberg (0:1). Schalke hatte nach zehn Spieltagen gerade einmal gewonnen (2:0 gegen Hertha BSC) und stand schon wieder mit dem Rücken zur Wand.

44. MEIN GOTT, WALTER!

Norbert Nigbur war auch nicht mehr in bester Verfassung, ein ums andere Mal unterliefen ihm Flüchtigkeitsfehler. Nach dem 2:2 in Karlsruhe hatte er einen ganz schlechten Tag erwischt. Im Bus sagte er noch zu Trainer Sigi Held »Ich komme morgen am Sonntag zum Sondertraining«. »Nein«, sagte der, »komm auf die Geschäftsstelle«. Hier wurde ihm von Dr. Fenne, Assauer und Held mitgeteilt, dass er ab sofort beurlaubt sei. Als seinen Nachfolger holte man Walter Junghans, der beim FC Bayern zuletzt nur noch auf der Bank saß. Nigbur war stinksauer über seinen Rausschmiss und erzwang am Arbeitsgericht Gelsenkirchen per einstweiliger Verfügung seine Teilnahme am Schalker Training.

Im ersten Spiel brauchte Schalkes Neuerwerbung nur selten in Erscheinung treten, gegen Leverkusen gab es ein 2:0 und Junghans hatte einen ruhigen Freitagabend. Trotzdem wurde er von den Schalker Fans sehr skeptisch empfangen. Und so wurde er bei jeder kleinen Unsicherheit auch stets ausgebuht. Der Schatten seines Vorgängers war noch sehr groß. Als weitere Verstärkung wurde Wolfram Wuttke von Gladbach zurückgekauft. Das war auch bitter nötig, denn ein Mittelfeldregisseur fehlte Schalke an allen Ecken und Enden.

Um den Sturz ins Bodenlose zu verhindern, hatte Sigi Held in der Winterpause sein Amt zur Verfügung gestellt. Sogar die Mannschaft hatte sich dafür ausgesprochen, den Trainer zu wechseln, und so vollzog man die Trennung »in beiderseitigem Einvernehmen«. Als neuer Trainer wurde Jürgen Sundermann von Assauer verpflichtet. Ein alter Hase im Bundesliga-Geschäft, dessen Frau Monika als »Dalli-Dalli«-Assistentin nicht minder berühmt war, sollte es richten.

Im Pokal hatte es Schalke bis ins Viertelfinale geschafft. Hessen Kassel, FSV Mainz und Arminia Bielefeld wurden aus dem Weg geräumt. Doch nun hieß der Gegner 1. FC Köln, der mit dem ehemaligen Schalker Wunderstürmer Klaus Fischer antrat. Nach einer halben Stunde stand es bereits 3:0 für die Geißböcke. Das Bewundernswerte an diesem Spiel, so formulierte es ein Schalke-Fan, war, dass die hilflosen Schalker sich immer wieder zum Anstoß aufstellten. Klaus

Schützte Rudi Assauer vor Fanübergriffen: Zeugwart Flori Simon.

Fischer traf dabei gegen seinen Ex-Klub zum 4:0. Als es dann zum Schluss 5:0 hieß, wurde auf Seiten der blau-weißen Fans unüberhörbar »Assauer raus!« gefordert.

Die Situation wurde immer prekärer. Nun wurden auch die Zuschauer immer nervöser. Beim Spiel gegen den VfB Stuttgart (1:3) flog dem Schiedsrichter Prof. Dr. Umbach ein Bierbecher gegen den Kopf. Nun dachte man darüber nach, ein Schutzgitter zu bauen, denn bereits am 11. September 1982 hatte sich ein ähnlicher Vorfall ereignet, als Schiedsrichter Tritschler nach dem Spiel gegen Kaiserslautern (0:0) von einer Blech-Trompete an der Stirn getroffen wurde.

Schalke wurde mit einem Bußgeld belegt und es drohte eine mögliche Platzsperre. In der Halbzeit des Stuttgartspiels wollte ein Rowdy Rudi Assauer sogar an den Kragen, er konnte aber noch rechtzeitig von Masseur Holger Berger und Zeugwart Flori Simon abgewehrt werden. Und die Negativserie riss zunächst nicht ab. Gegen den BVB (1:2) musste man die Schalker Anhänger mal wieder »Mein Gott, Walter!« stöhnen hören. Auf der Linie reagierte Walter Junghans oft weltmeisterlich, beim Herauslaufen und bei hohen Flankenbällen allerdings sah er oft alt aus. Damit hatte Schalke auch sein drittes Heimspiel der Rückrunde verloren. Pleiten danach auch noch gegen Nürnberg, Bremen, Düsseldorf und Leverkusen. So langsam wurde es eng mit dem Klassenerhalt.

SCHLIMMER GEHT'S NIMMER

Schalke mobilisierte noch einmal alle Kräfte und im Spiel gegen Bielefeld platzte der Knoten. Beim 5:0-Erfolg gelangen den Schalkern seit 1978 das erste Mal wieder fünf Tore in einem Spiel. Herausragender Akteur war Wolfram Wuttke, der gleich drei Tore erzielte. Es lief alles wie am Schnürchen, in den Schlussminuten gelangen selbst Hackentricks, die die Spieler aus Angst vor dem Misslingen in den Monaten zuvor erst gar nicht versuchten. Schade nur, dass die Schalker ihre Zuschauer schon vorher so mit ihren Leistungen verärgert hatten, dass sich bei diesem Spiel gerade einmal 6.700 Zuschauer im weiten Rund verloren. Der 16. Platz, der zur Relegation genügte, war wieder in greifbare Nähe gerückt. Nach dem 1:0-Sensationssieg (Tor durch Manfred Drexler) bei den Bayern aus München weinten und umarmten sich die Schalker Spieler, der Relegationsplatz und der damit »fast sichere« Verbleib in der Bundesliga schienen gerettet. Selbst Rudi Assauer tanzte umher: »Wir haben es geschafft, wir haben es tatsächlich noch geschafft!«

Im letzten Spiel gegen den großen Meisterschaftsfavoriten Hamburger SV verlor man zwar mit 1:2, doch die Berliner unterlagen gleichzeitig mit 2:3 in Köln, so dass Schalke noch in die Relegationsspiele durfte. Und als Bernhard Dietz, Wolfram Wuttke und Uli Bittcher schon mit ihren Gedanken beim Gegner Bayer 05 Uerdingen waren, streckte Uli Stein für den HSV die Meisterschale im Parkstadion in die Höhe.

Die Schalker waren sich ihrer Sache sicher. Alles andere als ein Sieg über die Krefelder wäre eine Riesenüberraschung gewesen. Doch der Zweitliga-Dritte spielte nicht mit. Der Aufstieg in die Bundesliga, 75.000 Mark Prämie und noch einige Top-Prämien, die einheimische Firmen vor dem Anpfiff stifteten, waren für den Zweitligisten offenbar genügend Stimulanz, um dem Favoriten aus Schalke schon von der ersten Minute an ernsthaft ans Leder zu wollen. Die Schalker verschliefen die komplette erste Hälfte und, eh sie sich versahen, stand es 0:3. Die schlappe Einstellung versuchten sie nach dem Seitenwechsel mit einer Art Forechecking wett zu machen. Doch die Uerdinger blieben mit ihren Kontern immer brandgefährlich. Erst als bei ihnen die Kräfte nachließen, konnte Drexler mit einer Kopfball-»Bogenlampe« den einzigen Schalker Treffer erzielen. Schalke hatte im Kampf um die Erstklassigkeit eine herbe Niederlage erlitten.

Doch noch gab es das Rückspiel. 55.000 Zuschauer wollten ihre Mannschaft nach vorne peitschen. Es war ein herrlicher Tag. Strahlende Sonne, flirrende Hitze, ein wolkenfreier Himmel über dem Parkstadion. Die Fans sahen über die gesamte Spielzeit ein »giftiges« Anrennen, bei dem Uerdingens Torwart Werner Vollack mit tollen Paraden über sich hinaus wuchs. Obwohl Schalkes Angriffe meist einfältig mit hohen Flanken in den Strafraum vorgetragen wurden und den Stürmern die zündenden Ideen fehlten, gab es genügend Chancen, den Zwei-Tore-Rückstand aus dem Hinspiel aufzuholen.

Aber nur Manfred Drexler traf nach einer guten Stunde – das war zu wenig. Lähmendes Entsetzen nach der Partie bei Dr. Fenne: »Wie es bei uns weiter geht, weiß ich selbst noch nicht.« Schalke war der »Verlierer der Saison 1982/83«. Mit allem hatte man gerechnet, aber nicht damit, dass Schalke sofort wieder absteigt. Was ein Menschenleben lang undenkbar gewesen ist, nämlich Schalke und die Zweitklassigkeit, wurde den treuen Fans zwischen 1981 und 1983 gleich zweimal zugemutet. Was 1981 noch als »Betriebsunfall« abgetan wurde, hatte sich nun bitter wiederholt. Der Sturz war schmerzhaft, die Aussicht auf schnelle Heilung finster.

45. AUFERSTANDEN AUS RUINEN

In der Relegation war Schalke gegen Bayer 05 Uerdingen gescheitert und damit zum zweiten Mal innerhalb von drei Jahren abgestiegen. Schalke wurde in der gesamten Republik mit Spottgesängen überhäuft. 1983 war eines der härtesten Jahre, um Schalke-Fan zu sein.

Es nutzte alles nichts, es musste weiter gehen. Erst einmal wurde »abgespeckt«. 13 Spieler verließen Schalke, unter ihnen Norbert Nigbur (schon in der Saison zuvor geschasst und nun ohne Verein), Wolfram Wuttke (HSV), Uli Bittcher (BVB), Werner Lorant (Hannover 96) und Ilyas Tüfekci (zunächst an Fenerbahce Istanbul ausgeliehen). Auch der Helfer in der Not Jürgen Sundermann machte Platz auf der Trainerbank für Diethelm Ferner, der den Spielmacher Bernd Dierßen von Hannover 96 gleich mitbrachte. Zudem verstärkten »der Boxer« Klaus Täuber und Vorstopper Michael Jakobs das Team. Mehr war nicht drin für den Zweitligisten. Gerne hätte man Rudi Völler oder Herbert Waas verpflichtet, doch die waren schlicht zu teuer.

Die Vorbereitung auf die neue Saison verlief ausgesprochen hart. Klaus Täuber: »Ich habe ja schon einiges in meiner Profikarriere miterlebt, aber zum ersten Mal trainiere ich vier Mal am Tag.« Das sollte sich auszahlen. Gleich im ersten Spiel gegen den SC Charlottenburg (im Tor stand damals Andy Köpke) legte Schalke die Marschrichtung fest, 3:0, das Ziel hieß ganz klar Wiederaufstieg.

Und dann gab es da noch einen, der die ganze Schalker Hoffnung in sich trug: Olaf Thon. In seiner allerersten Saison mit der Profi-Mannschaft debütierte der Mittelfeld-Jungstar beim Spiel gegen Charlottenburg als damals 17-Jähriger und sollte noch in dieser Saison eine feste Größe werden. Sein erstes Tor gelang ihm beim Heimspielsieg gegen den SSV Ulm (3:0). In der Schalker A-Jugend gab es noch ein weiteres hoffnungsvolles Talent: Michael Skibbe. Auch er sollte eigentlich in dieser Saison sein Debüt bei der Profi-Mannschaft geben, doch im Spiel der Westfalenliga bei Arminia Bielefeld zog er sich eine Meniskusverletzung mit einem Kreuzband- und Innenbandriss zu.

Neuanfang in der Zweiten Liga: Trainer Diethelm Ferner und Theo Büker.

46. DAS JAHRHUNDERTSPIEL

Sportlich konnte man sich nicht beklagen. Täubers Tore sorgten dafür, dass man immer ganz oben mitspielte, und auch im DFB-Pokal kam Schalke so weit wie lange nicht. Nachdem Hertha BSC Berlin mit 2:0 besiegt wurde (Hinspiel 3:3 n.V.) wartete Schalke im Halbfinale auf einen Erstligisten als Gegner. Gezogen wurde das »Hammerlos« FC Bayern München: ein Segen für die Schalker Vereinskasse und ein Pokalabend, den alle Beteiligten ihren Lebtag nicht mehr vergessen werden.

Mitternacht war längst vorbei, da standen fassungslose Fußballfreunde im ausverkauften Stadion und konnten immer noch nicht glauben, was zuvor geschehen war. Schon im anderen Halbfinalspiel ging es packend zu: 5:4 für Gladbach gegen Werder Bremen nach Verlängerung, aber nicht einmal der Bayern-Trainer Udo Lattek, ein Fußballlehrer mit der Erfahrung aus tausend Spielen, konnte sich an ein vergleichbares Ereignis erinnern. 4:4 nach neunzig Minuten, 6:6 nach zwei Stunden, zwölf Tore und kein Sieger.

Am Tag vor dem 80. Geburtstag des FC Schalke 04 entwickelte sich ein Spiel aus dem Moment heraus, ganz ohne taktische Zwänge, gesteigert bis zur atemberaubenden Spannung, die auch an die Gesundheit ging. Einem 60 Jahre alten Fan aus Hamm kostete die Aufregung das Leben, zwei Be-

Drin das Ding: Olaf Thon trifft drei Mal beim 6:6 gegen Bayern München.

sucher, die gleichfalls mit Herzinfarkt zusammenbrachen, mussten auf die Intensivstation eingeliefert werden. Fritz Walter, Ehrengast im Parkstadion, stand hocherregt am Tresen des Palisanderraums und fühlte seinen Puls.

Schalke lag schnell 0:2 hinten, Thomas Kruse 1:2, Olaf Thon 2:2. Im Gegenzug postwendend das 2:3 durch Michael Rummenigge. Wieder Ausgleich durch Thon, sogar die Führung durch Peter Stichler, zehn Minuten vor Ende der regulären Spielzeit, der Ausgleich wieder durch Michael Rummenigge. Verlängerung. Und dann: »Mein Gott, Walter!«. Walter Junghans, bis dahin fehlerfrei, ließ einen harmlosern Kullerball durch, Dieter Hoeneß staubte ab, 4:5. Dann Bernhard Dietz, er rackerte und riss das Ding noch einmal rum, 5:5 in der 116. Minute. Nur eine Minute später wieder Dieter Hoeneß, 6:5. Der Fernsehreporter sagte damals: »Das ist die Entscheidung.« Doch dann letzter Spielzug, letzte Sekunde, Dierßen-Freistoß, Kopfballabwehr, Thon knallhart aus dem Fußgelenk, 6:6. Der Reporter sagte: »Das gibt es nicht, meine Damen und Herren, das gibt es nicht!«.

Olaf Thon hatte gerade erst vor drei Tagen seinen 18. Geburtstag gefeiert und wurde nun ob seiner drei Tore von 70.000 Schalkern auf Schultern getragen. Udo Lattek zeigte sich total begeistert und wollte Schalkes Riesen-Talent am liebsten sofort zu den Bayern lotsen: »Für Olaf Thon gebe ich zwölf Millionen.« Auch im anstehenden Nachspiel im Münchener Olympiastadion zeigte »David« Schalke kaum Respekt gegenüber »Goliath« Bayern und trotzte ein 2:3 ab. »Spiel verloren und Sympathie gewonnen«, titelte die WAZ.

47. NEUE SAISON, NEUES GLÜCK

Bereits im vorletzten Spiel der Saison machte Schalke durch ein 2:0 bei Fortuna Köln den Aufstieg klar, zwar hinter dem Karlsruher SC, aber am Ende doch souverän. Und das, obwohl der Schalker »Mittelfeldmotor« Manfred Drexler beim Pokalspiel in Berlin einen Knöchelbruch erlitt, für den Rest der Saison ausfiel und später sogar seine Laufbahn beenden musste. Danach übernahm er den Job als »Schuster der Nation« – er ist bei der Nationalelf bis heute der Zeugwart und Adidas-Vertreter.

Im letzten Spiel gab es ein 5:0 über Rot-Weiss Essen, das damit faktisch in die Drittklassigkeit abgestiegen war. RWE legte allerdings Protest ein, denn mehrmals versuchten die Schalker Anhänger das Spielfeld zu stürmen. Schiedsrichter Neuner musste häufig unterbrechen (die längste Unterbrechung dauerte zwölf Minuten). Essens Torhüter Hallmann war beim Stande von 3:0 verletzt worden, als er beim Ballholen hinter dem Tor von einem Fan angesprungen wurde. Essen musste mit zehn Spielern weiter spielen, der Protest war erfolgreich, aber auch das Wiederholungsspiel gewannen die Königsblauen zwei Wochen später mit 3:2. Auch von den Schalker E-Junioren hörte man Tolles: Die E1-Jugend erzielte in dieser Saison ein Torverhältnis von 291:1.

Die Planungen für die neue Saison 84/85 waren schon weit gediehen. Die Leistungsträger konnten allesamt gehalten werden, zudem hing Bernhard Dietz noch eine Saison dran und HSV-Torjäger Dieter Schatzschneider wechselte an den Schalker Markt. Schatzschneiders Rekordtransfer in Höhe

Teuerster Spieler auf Schalke: Dieter Schatzschneider.

von 1,2 Millionen Mark, der bis dato teuerste Einkauf der Vereinsgeschichte, war äußerst umstritten, denn dem Torjäger eilte der Ruf voraus, in neunzig Minuten auf dem Platz nicht viel mehr zu laufen als ein Stehgeiger beim Tanztee. Zum 80. Geburtstag gab es auf Schalke ein Jubiläumsspiel gegen Inter Mailand (damals mit Karl-Heinz Rummenigge), doch da es wie aus Eimern regnete, kamen gerade einmal 20.000 Zuschauer ins Stadion, um sich dieses Spektakel anzuschauen.

Die Luft in der 1. Liga schien zu Anfang dünn zu sein: Gegen Gladbach gab es direkt eine 1:3-Auftaktniederlage, zu Hause dann noch eine gegen Bochum (2:3). Auch bei Dieter Schatzschneider platzte der Knoten erst beim Spiel gegen seinen alten Verein Hamburger SV (3:0), als er zwei Tore beisteuerte. Auch im DFB-Pokal lief es wieder ganz gut, zumindest hatte Schalke den BVB im Wiederholungsspiel mit 3:2 ausknocken können, erst im Achtelfinale war Schluss (gegen Hannover 96 mit 0:1).

DER WALD STIRBT, DIE TANNE STEHT

Doch nun schlug das Verletzungspech zu: Klaus Täuber musste passen, Michael Opitz und Caspar Memering standen nicht zur Verfügung und auch Bernhard Dietz fiel vor dem Nachholspiel der Hinrunde bei »Schlappis« Waldhof Mannheim verletzt aus. So musste improvisiert werden, und nach einer Pause von 251 Tagen kam noch einmal der 40 Jahre alte Klaus »Tanne« Fichtel zu seinem 513. Bundesliga-Einsatz. Er war damit der älteste Bundesligaspieler aller Zeiten. Einige Wochen später feierte Klaus Fichtel, der zu dieser Zeit auch die Schalker Amateure trainierte, ein weiteres Jubiläum. Im Heimspiel – wieder gegen Waldhof Mannheim – absolvierte er sein 521. Ligaspiel und kam am Ende seiner Karriere im Alter von 41 Jahren gar auf 552 Einsätze. Lediglich Karl-Heinz Körbel (Eintracht Frankfurt, 602) und Manfred Kaltz (Hamburger SV, 581) können mehr aufweisen.

Wegen der Verletzungsserie wurde noch mal nachgelegt: Frank Hartmann und Norbert Eilenfeldt verstärkten den Kader. Olaf Thon hatte unterdessen in nahezu allen

Klaus Fichtel erntete den Respekt der Fans.

Ehrenbürger Gelsenkirchens: Ernst Kuzorra wird 80.

Spielen auf allerhöchstem Niveau gespielt, was ihm eine Einladung zum Länderspiel gegen Malta einbrachte. Schalke hatte wieder einen Nationalspieler!

»Neben dem Sieg war Olaf Thon die angenehmste Überraschung. Er hat sofort erkannt, worauf es ankommt, ist selbst gegangen und hat geschossen. Ein Bombeneinstand.« Vor Millionen von Fernseh-Zuschauern gab Teamchef Franz Beckenbauer unmittelbar nach dem 3:2-Sieg in der WM-Qualifikation auf Malta diese Erklärung ab. Nur einer war bis dato bei seinem Länderspiel-Einstand jünger als Olaf Thon: Uwe Seeler wurde 1954 von Sepp Herberger schon als 17-Jähriger berufen. Am Ende der Saison landeten die Schalker auf einem respektablen achten Platz, weit vor der Borussia aus Dortmund. Unangefochtener Meister wurde Bayern. Doch das positive Abschneiden der Schalker ließ Rudi Assauer träumen: »Vielleicht schnuppern wir in einem Jahr am UEFA-Pokal.«

HEITER BIS WOLKIG

Der Auftakt in die Saison 85/86 war alles andere als verheißungsvoll: 0:1 gegen Werder, 0:4 gegen Gladbach, 0:1 gegen Bayern, 2:3 gegen Uerdingen, dazwischen ein 1:0-Sieg über Stuttgart. Vier Niederlagen in fünf Spielen zu Beginn, und schon fand man sich am Tabellenende wieder. Zu allem Übel starb auch noch der ehemalige Mannschaftsbetreuer »Ede« Lichterfeld an Krebs. Gerade mal 41 Jahre alt wurde der »Vorgänger« von Charly Neumann, der sich immer wieder in den Dienst des FC Schalke 04 stellte und dessen großes Hobby der Trabrennsport war. Freud und Leid liegen manchmal nah beieinander, und so feierte Ernst Kuzorra im Oktober seinen 80. Geburtstag, wurde zum Ehrenbürger der Stadt Gelsenkirchen ernannt und schämte sich dabei seiner Tränen nicht.

In der zweiten Hälfte der Hinrunde bekrabbelte sich Schalke wieder etwas, gewann sogar überzeugend hoch mit 6:1 gegen den Reviernachbar aus Dortmund, insgesamt aber blieben die Leistungen zu unbeständig. Ein gutes Beispiel hierfür war auch das Pokal-Viertelfinale beim VfB Stuttgart. Frank Hartmann hatte die Königsblauen in der ersten Hälfte bereits mit 2:0 in Führung gebracht und es gab noch einige Chancen mehr, die Führung auszubauen. Eigentlich steuerten sie einem sicheren Sieg entgegen, wenn nicht ein Allgöwer-Freistoß noch vor der Pause den Anschlusstreffer bedeutet hätte. Nach dem Wechsel sorgte wieder Allgöwer für den Ausgleich und dann zog Stuttgart in den letzten fünf Minuten – mit großer Mithilfe des Schiedsrichters Brückner – auf und davon. Am Ende gewannen die Schwaben gar mit 6:2, und das eigentlich nur, weil die Schalker so viele Chancen ausließen. Ein Spiegelbild der gesamten Saison: Überzeugenden Siegen (3:0 gegen Köln, 4:2 gegen Bochum) standen vermeidbare Niederlagen (0:3 gegen Frankfurt, 2:3 gegen Kaiserslautern) gegenüber, die die ganze Mannschaft verunsicherten. Beim Spiel gegen Kaiserslautern waren gerade mal noch 10.000 Zuschauer im Parkstadion, die ihre Mannschaft nach Spielende gnadenlos auspfiffen.

EIN HAUFEN PROBLEME

Vielleicht lag die Verunsicherung aber auch daran, dass Trainer Diethelm Ferner seinen Vertrag beim FC Schalke 04 zum 30. Juni von sich aus gekündigt hatte – und das bereits im März. Damit zog der Trainer die Konsequenz aus einer »Präsidenten-Schelte«. Hans-Joachim Fenne hatte dem Trainer zwar gute fachliche und sachliche Arbeit bescheinigt, aber fehlende Ausstrahlungskraft – das Wort »Charisma« wurde dabei oft bemüht – bemängelt. Schon öfter hatte Dr. Fenne in der letzten Zeit laut über ein neues Konzept nachgedacht, was ihm selbst auch eine Menge Kritik einbrachte. Im vorletzten Spiel der Saison rettete sich Schalke mit einem 1:1 gegen den BVB; Fenne und Rudi Assauer atmeten noch einmal tief durch. Der Klassenerhalt war gesichert, doch der zehnte Platz am Ende der Saison wirkte trügerisch.

Auch Stan Libuda ging es schlecht. Die Fußball-Legende lag nach einer Notoperation am Darm im Marienhospital von Gelsenkirchen-Ückendorf. Aber nicht nur gesundheitlich, auch finanziell ging es ihm dreckig. Er hatte keinen Pfennig mehr und lebte nach seiner Scheidung bei seiner Mutter, die für ihn sorgte. Dr. Fenne wollte nicht tatenlos zusehen (»Wir müssen sofort etwas tun«) und auch die Dortmunder Borussen wollten Stan nicht im Regen stehen lassen. Doch fraglich war, ob sich der einstige Dribbelkünstler überhaupt helfen lassen wollte.

Die WM 86 in Mexiko sollte für Olaf Thon eigentlich ein Höhepunkt seiner bisher steilen Karriere (bis dato zehn A-Länderspiele) werden. Doch zunächst ließ Teamchef Franz Beckenbauer ihn links liegen und nominierte ihn für die ersten Spiele noch nicht einmal für die Bank, dann zog sich »Thöni« eine schwere Wadenverletzung zu und musste die Rückreise antreten.

48. WO ICH BIN, HERRSCHT CHAOS

In Gelsenkirchen war man auf der Suche nach einem neuen Trainer »mit Charisma« fündig geworden: Rolf Schafstall (zuletzt beim VfL Bochum) übernahm das Amt. Auch sonst wurde ordentlich investiert. Zwar verließ Frank Hartmann den Verein wieder in Richtung Kaiserslautern und Dieter Schatzschneider wurde an Fortuna Köln ausgeliehen, aber mit Jürgen »Kobra« Wegmann (vom BVB) und Libero Wilfried Hannes (aus Gladbach) wurden zwei »Hochkaräter« geholt. Zu ihnen gesellte sich ein Spieler, der uns noch in guter Erinnerung ist: Michael »Magic« Prus. Mit diesen Verstärkungen war man frohen Mutes, in dieser Saison auch mal oben anklopfen zu können. Derweil brach auf Schalke eine Hochzeitseuphorie aus: Klaus Täuber, Dietmar Roth und Ralf Regenbogen traten mit ihren Bräuten vor den Traualtar.

Es sollte ein ganz fatales Fußballjahr werden. Noch bevor die Saison richtig begonnen hatte, hatte sich Jürgen Wegmann im Trainingslager den Fuß gebrochen und bei Wilfried Hannes machte sich eine alte Muskelverletzung sehr nachhaltig bemerkbar. Die Krise nahm ihren Lauf. Nach einer 2:0-Führung am 4. Oktober im Spiel gegen den 1. FC Köln verlor Schalke noch 2:4. Das leitete eine Serie von sieben Spieltagen ohne Sieg ein.

In der Führungsriege kriselte es gewaltig. Fenne, Manager Assauer und Trainer Schafstall schlossen auf der Fahrt zum Freundschaftsspiel nach Rostock noch einmal Frieden, der jedoch unter dem Zwang ausbleibender Erfolge nur ein Waffenstillstand war. Am 28. November verbannte Rolf Schafstall den Manager aus dem Trainingslager. In einer Marathonsitzung des Vorstandes und des Verwaltungsrates bis nach Mitternacht wurde Rudi Assauer als Manager gegen den Willen des Verwaltungsrates vom Vorstand entlassen. Zur großen Überraschung aber erklärte Präsident Dr. Fenne am 6. Dezember vor dem Schlagerspiel gegen Bayern München selbst seinen Rücktritt. Das Chaos war perfekt.

Schalke stand nun ohne Führung und ohne Konzept da. Der Trainer hilflos, der Verein ohne Manager. Wer sollte der neue Vorsitzende werden? Wer konnte die Karre wieder aus dem Dreck ziehen?

49. DIE VERRÜCKTE WAHLNACHT

Wir schreiben den 6. Dezember 1986: Am Nikolaustag wurde bekannt gegeben, dass Schalke-Präsident Dr. Fenne von seinem Amt zurückgetreten ist. Eine schöne Bescherung, Schalke stand nun ohne Führung und ohne Konzept da. Der Trainer Rolf Schafstall war hilflos, der Manager Assauer beurlaubt. Schalke stand vor einem Trümmerhaufen.

Nachdem Rolf Schafstall den Manager Rudi Assauer vor dem Spiel in Frankfurt aus dem Trainingslager verbannt hatte, spitzte sich die Lage zu. In einer Marathonsitzung des Vorstandes und des Verwaltungsrates wurde Assauer vom Vorstand gegen den Willen des Verwaltungsrates entlassen. Einen Tag später wurden Einzelheiten über Assauers Gehalt und seine prozentuale Beteiligung bei der Beschaffung von Werbeeinnahmen bekannt. Demnach musste Schalke dem entlassenen Manager bis zum 30. Juni 1988 noch 630.000 Mark zahlen. Die Rückkehr von Rudi Assauer, der die Spieler fast geschlossen hinter sich hatte, schien dennoch nicht ausgeschlossen, wenn auch in anderer Position (Bereich Marketing).

Zum dritten Mal Präsident: Günter Siebert.

Zum Glück stand die Winterpause vor der Tür, so dass man erst einmal ein wenig Ordnung machen konnte. Derweil formierten sich die Parteien zu den neuen Vorstandswahlen, die nun auf einer außerordentlichen Jahreshauptversammlung am 2. Februar 1987 stattfinden sollte. Diese Versammlung am Montagabend war Schalkes echt würdig: 1.316 Besucher im Saal des Hans-Sachs-Hauses, der normalerweise nur 850 Leute fasst, darunter allein 60 Journalisten und vier Kamerateams. High-Noon-Stimmung, rauchgeschwängerte Luft, Schalke war im Ausnahmezustand. Ein Mitglied in angetrunkenem Zustand musste sogar abgeführt werden, weil es mit einer Pistole herumgefuchtelt hatte.

Kandidat Prof. Dr. Meya wollte durch seine guten Beziehungen zum

DFB und zu den Vereinsgremien Stimmen sammeln; ihm traute man im Vorfeld am ehesten zu, Schalke wieder finanziell auf Kurs zu bringen. Von Dr. Paziorek über Dr. Fenne bis zu Dr. Westen sprachen sich alle für eine Wahl von Meya aus. Doch Charly Neumann, der ebenfalls auf der Kandidatenliste stand, machte kurz vorher einen Rückzieher, »für Schalkes besten Mann, Günter Siebert«, wie er empfahl. Ein Sturm der Entrüstung entbrannte, als Meya die Managerfrage um Rudi Assauer anstieß, wobei er für eine arbeitsrechtliche Lösung plädierte, denn eine Abfindung sei vom Verein nicht zu verkraften. Eben diese Überlegungen zu Assauer dürften Meya um seine Chance gebracht haben, denn Gegenkandidat Günter Siebert brachte es emotional auf den Punkt: »Er hat 13 Millionen Mark in den Sand gesetzt und sucht jetzt nach Leuten, die dafür die Zinsen zahlen.«

Das Wahlergebnis: Siebert 554 Stimmen – Meya 420. Während der Vorbereitung gab es noch eine Wahlpanne: Die Wahlzettel trugen fortlaufende Nummern, die bei der Verteilung mit den Namen der Mitglieder notiert wurden. Vor der Stimmauszählung gab Wahlleiter Stuckmann bekannt, dass man die Nummern abschneiden würde. Der Meya-Anhang beriet noch zu gleicher Stunde, ob man die Wahl deshalb nicht gerichtlich anfechten könne.

STOLZ WIE OSKAR

Günter Siebert kam, sah und siegte. Noch eine Woche zuvor zapfte er auf Gran Canaria in seinem »Oskar's Pub«, seit drei Jahren sein selbstgewähltes »Exil«, die Pilschen, doch dann wollte er seinem geliebten Schalke wieder helfen und belebte schlagartig die bis dahin so sterile Szene um die Präsidentenwahl. Montag Abend um Mitternacht war er zum dritten Mal Schalke-Präsident, zumindest bis zum Herbst. Ein wenig verwunderlich war das schon, denn Sieberts zweite Amtszeit endete bekanntlich in einem Chaos. Die Spieler waren zu jener Zeit an Banken und Finanzamt verpfändet, überhaupt hatte er eigentlich nie ein gutes Händchen für die Finanzen, die Schalke nun so dringend brauchte. Um so erstaunlicher, dass er dennoch eine solch respektable Mehrheit erhielt.

Waren seine Wähler etwa Taube und Blinde, Kinder, die einem Rattenfänger nachliefen? Wer sie so abstempelt, geht an der Sache vorbei. Ihre Vereinsliebe mag zwar emotionaler sein als bei anderen, ist aber in keinem Falle kritiklos. Rudi Assauer als Manager hatte sie mit seiner Politik und seinem Wirken vergrault, vom zweimaligen Abstieg ganz zu schweigen. Sie alle hatten in den letzten Jahren keine Heimat mehr gehabt, und in Günter Siebert sahen sie einen, der ihnen diese Heimat zurückbringen konnte. In Schalke hatte er vor allen Dingen stets eines: das untrügliche Gefühl für Stimmungen. Keiner hatte so die Hand am Puls des Fußballvolkes wie er. Neben diesem Instinkt besaß er ein geradezu demagogisches Redetalent. Sein Motto war einfach, aber kam an: »Schalke muss wieder Schalke werden!«

NEUER PRÄSIDENT, ALTE SORGEN

Dem Rausch der Siebert-Wahl war schon am folgenden Tag Ernüchterung gefolgt. Ein grauer Alltag voller Schulden. »Ich bin kein Wunderheiler«, bekannte der frischgebackene Vorsitzende, nachdem er sich mit Schalkes Wirklichkeit der roten Zahlen vertraut gemacht hatte. Die Höhe der Verbindlichkeiten lag bei 5,2 Millionen Mark. Immerhin, die anderen Schalker Funktionäre, die eigentlich für eine Wahl von Prof. Meya plädiert hatten, zogen mit. Vize-Präsident Herbert Schmitz, Dr. Große-Darrelmann und Dr. Paziorek sprachen sich für eine loyale Zusammenarbeit aus. Sieberts Sofortprogramm sah nun so aus: Erstens: Um die Lizenz für die kommende Saison kämpfen. Zweitens: Mit Assauer über die Modalitäten der Auflösung seines Vertrags reden. Drittens: Einen Mann für den Nachwuchsbereich und die Zukunft aufbauen. Das sollte Rolf Rüssmann werden.

Und der räumte den Laden auch gleich auf. Um das finanzielle Fiasko in den Griff zu bekommen, wurde zunächst Gerd Kleppinger an den BVB veräußert. Danach wechselte Kapitän Klaus Täuber »im Paket« mit Dieter Schatzschneider (zuvor an Fortuna Köln ausgeliehen) für eine Ablösesumme von einer Million Mark zu Bayer Leverkusen. Zuvor war bereits Jürgen Wegmann (Bayern München) verkauft worden. Die Schalker Spieler verzichteten ebenfalls auf zehn Prozent ihres Gehalts, dazu gab es eine Prämienhalbierung. Sicher wäre man mit dem Verkauf von Olaf Thon (noch Vertrag bis 1989) alle finanziellen Sorgen auf einen Schlag los gewesen, doch alle waren mit Siebert einer Meinung: »Ehe der Olaf geht, gehe ich.«

KURZES GASTSPIEL

Die Saison brachte Schalke dann noch mehr schlecht als recht zu Ende. Doch Rolf Rüssmann hatte die Gesundschrumpfung in

Stars auf Schalke: Olaf Thon und »Toni« Schumacher.

Gang gestoßen. Zudem hatte er einen neuen Werbepartner mit »Dual« gefunden, der reichlich Geld in die Vereinskassen fließen ließ. Die Schulden konnten auf etwa drei Millionen Mark abgebaut werden. Doch kaum war das alles geschehen, trat wieder eine ungeheure Lässigkeit in den Verein. Spieler wurden wieder überbezahlt, merkwürdige Ablösesummen gezahlt. Rolf Rüssmann wollte sich dafür nicht verantwortlich machen und kündigte nach fünf Monaten im Amt noch vor Saisonstart. Ein wahrlich kurzes Gastspiel. Mit Ex-Manager Rudi Assauer einigte sich der Verein auf einen Vergleich, bis zum 1. Juni 1988 sollte der Verein 350.000 Mark in Raten an ihn überweisen.

Im Aufgebot zur neuen Saison waren von zwanzig Spielern zehn Neue. Darunter Reiner Edelmann (SV Schwetzingen), Michael Klinkert (1. FC Saarbrücken), Claus-Dieter »Pele« Wollitz (Spvg. Brakel) und die spektakulärste Neuerwerbung: Harald »Toni« Schumacher. Als Schumacher 1987 seine Autobiografie »Anpfiff« veröffentlichte und darin Dopingvorwürfe gegen die Bundesliga erhob, setzte ihn der DFB als Kapitän der Nationalelf ab, und der 1. FC Köln löste den Vertrag mit seinem Torwart auf. Es gab wohl niemanden auf Schalke, der sich nicht über diesen gelungenen Schachzug freute. Thon und Toni sollten es richten.

Doch der Start ging gründlich daneben, es gab Niederlagen gegen den HSV (2:5), Hannover 96 (0:2) und den Karlsruher SC (1:4). Im Schalker Gebälk donnerte es bereits kräftig, doch gegen Kaiserslautern (5:0) bot Schalke eine überragende Leistung, und auch die folgenden Partien gegen Bochum (3:1) und Uerdingen (2:0) konnten siegreich bestritten werden.

50. GONG FREI ZUR NÄCHSTEN RUNDE

Es nahte die nächste Jahreshauptversammlung (am 21. September 1987) und damit die nächste Schlammschlacht. Schon im Vorfeld machten Rolf Rüssmann und Günter Siebert gegeneinander Front. Über die Presse beschimpfte der eine den anderen und umgekehrt. Der Ort der Handlung war diesmal das »Sportparadies« im Berger Felde, denn das Hans-Sachs-Haus war dem Ansturm nicht mehr gewachsen. 115 Vertreter von Presse, Funk und Fernsehen waren gekommen, um über die Redeschlachten zu berichten. Ihr Kommen sollte sich lohnen.

Im Treibhausklima der Eissporthalle, wo bei Bierpreisen von 3,50 Mark für ein 0,3-Liter-Pils offensichtlich ein weiterer Versuch zur Sanierung der maroden Vereinskasse unternommen wurde, wucherten Hass, Wut und Gemeinheiten. Der Präsident Siebert ging mit der Opposition, angeführt von Rolf Rüssmann und dem Kandidaten Stuckmann, über Kreuz. Rüssmann fuhr schweres Geschütz gegen Siebert und Gefolge auf, während Ex-Vorsitzender Dr. Fenne in einer sachlichen Rechtfertigung um Fairness bemühte und doch nur Hohn und Spott erntete. Bei der Veranstaltung drohte die »Ideologie Schalke« zu einer Idiotie zu verkommen. Bierdeckel flogen durch die Halle, ein Nachwurf mit Stühlen schien zu folgen. Es war bereits 22.30 Uhr und es standen immer noch zwanzig Redner auf der Liste, als der damalige Bildungsminister Jürgen Möllemann das Wort ergriff und ein bisschen mehr Anstand, Achtung und Höflichkeit anmahnte: »Ich bin enttäuscht, wie hier seit zwei Stunden dreckige Wäsche gewaschen wird. Machen wir doch ein Ende mit dem Theater«. Der Appell kam an. Anfänglich ausgepfiffen, machte er mit Geschick und Hohlfloskeln (»Ich bin stolz, ein Schalker zu sein«) so viel Eindruck auf die verfeindete Mitgliedschaft, dass sie ihn mit stehenden Ovationen honorierten. Endlich konnte gewählt werden.

Günter Siebert wurde mit 37 Stimmen Vorsprung wiedergewählt. Nur gut 50 Prozent für Siebert, der aber zehn Prozent mehr zur Bedingung gemacht hatte. Doch Siebert lenkte ein, frei nach Adenauer, ohne Rücksicht auf sein Geschwätz von gestern. Volker Stuckmann sah sich derweil nicht als Verlierer, sondern eher als »zweiter Sieger«, obschon der Abend eigentlich nur Verlierer hatte. Um zwei Uhr in der Frühe war endlich auch die Wahl des Verwaltungsrates abgeschlossen. Zum Schluss der Veranstaltung kündigte der alte und neue Präsident ein neues Winterfest an, als Stargast wurde Roberto Blanco erwartet –»ein bisschen Spaß muss sein.«

DER LETZTE ABSTIEG

Auf der sportlichen Seite machten sich bei Schalke immer wieder drei Dinge bemerkbar: Unvermögen, Nervenschwäche und Pech. Und zwar in dieser Reihenfolge. Bis zum Ende der Rückrunde sollte Schalke nur noch ein einziges Spiel gewinnen (gegen Homburg 3:0), so dass Siebert kaum eine andere Wahl blieb als den erfolglosen Trainer Rolf Schafstall zu feuern. Als sein Nachfolger nahm Horst Franz Platz auf der Trainerbank.

»Machen wir doch ein Ende mit dem Theater«: Jürgen W. Möllemann regelt die Lage bei der JHV.

Doch auch der konnte das Unheil nicht aufhalten. Es gab noch die Neuverpflichtung zweier Dänen, Alex Nielsen und Bjarne Goldbaek, doch kassierte Schalke auch in der Rückrunde so manche Klatsche. Bei den Spielen gegen Kaiserslautern (2:5), Uerdingen (2:5) und vor allem Bayern München (1:8) war auch Toni Schumacher machtlos und danach erst einmal Seelenmassage angesagt. Schalke war mitten im Abstiegskampf, oft spielten sie gar nicht mal schlecht, jedoch war die Torausbeute äußerst mager. Die Wut der Schalker Fans richtete sich vor allem gegen die Neuerwerbung Uwe Tschiskale (»Tschiskale raus!«), den die Bayern vor Monaten für sage und schreibe 800.000 Mark von Wattenscheid kauften, der aber, seit er für Schalke spielte, gerade drei Mal ins Schwarze traf.

Trainer Horst Franz verkündete zwar immer wieder Durchhalteparolen, doch es konnten nur noch zwei Schalker Siege bei zwei gleichzeitigen Niederlagen von Waldhof Mannheim den Abstieg verhindern. Selbst auf Schalke glaubte da niemand mehr dran. Günter Siebert mit betretenem Gesicht: »Der Mensch lebt von der Hoffnung, aber wir planen ab sofort für die Zweite Liga.« Gespräche mit den Spielern sollten folgen, denn für viele gab es keine gültigen Verträge für die Zweite Liga.

Und eines war auch klar: Olaf Thon würde den Verein verlassen. Der Schalker Nationalspieler hatte Angebote zuhauf, entschied sich dann für den FC Bayern (für 3,5 Millionen Mark Ablösesumme). Auch ein Toni Schumacher war in der Zweiten Liga nicht mehr zu finanzieren, er ging in die Türkei ins Tor von Fenerbahce Istanbul. Sein Nachfolger im Schalker Dress wurde Werner Vollack, als zweiter Torhüter wurde ein gewisser Jens Lehmann, damals 19 Jahre alt, von Schwarz-Weiß Essen verpflichtet.

Rolf Rüssmann hatte man unterdessen per »Blauem Brief« aus dem Verein ausgeschlossen. Rüssmann hatte auch weiterhin massive Vorwürfe gegen den Vorstand und insbesondere Günter Siebert gerichtet. Die gipfelten darin, dass er Siebert verfehlte Einkaufspolitik, erhebliche Neuverschuldung und schlechte Darstellung des Clubs in der Öffentlichkeit vorwarf: »Siebert ist Ballast für den Verein und muss weg!« Siebert dazu: »Nicht eine Behauptung Rüssmanns stimmt. Wir sind es jetzt leid, er hat den Club in höchstem Maße mit seinen Unterstellungen über Monate hinweg geschadet.«

Nachfolger von Rolf Schafstall: Horst Franz.

EIN HAUCH VON EUROFIGHTER

Bei der Zweitliga-Mannschaft von Schalke gab es einen großen Schnitt, viele Alte gingen (oder mussten gehen), viele Neue kamen. Vielleicht war der Schnitt zu stark. Ingo Anderbrügge wurde vom Revierkonkurrenten BVB losgeeist (er spielte dort vier Jahre), Andreas Müller wechselte von Hannover 96 in den Ruhrpott, hinzu gesellte sich aus der Schweiz vom FC Aarau auch noch Torjäger Uwe Wassmer, Jürgen Luginger von Fortuna Düsseldorf verstärkte die Abwehr. Schalkes junge Truppe hatte bei manchem Auftritt gerade mal ein Durchschnittsalter von 21,5 Jahren.

Mit so einer unerfahrenen Mannschaft musste Schalke Lehrgeld für die fehlende Cleverness zahlen. Es lief einfach nicht rund. Schalke verlor bei Rot-Weiss Essen (1:2), Darmstadt 98 (1:2), gegen Osnabrück (0:2) und in Saarbrücken (1:2). Selbst in der Zweiten Liga stand Schalke schon wieder mit dem Rücken zur Wand.

Die 0:1-Niederlage vor gerade mal noch 7.000 Zuschauern im Parkstadion beim darauffolgenden Spiel gegen Hertha BSC hatte Konsequenzen. Horst Franz musste seinen Trainerstuhl frei machen für einen alten Bekannten: Diethelm »Didi« Ferner, der Schalke bereits 1984 zum Aufstieg verhalf und dann wegen »fehlenden Charismas« von Dr. Fenne entlassen wurde, war der neue Mann auf der Kommandobrücke. Der Trainer vom »alten Schlag« hatte immer noch viele Freunde in Gelsenkirchen, dennoch war es eine mutige Entscheidung, zwei Tage vor der nächsten Schalker Jahreshauptversammlung.

51. SIEBERT IN DIE WÜSTE GESCHICKT

»Das Kapitel Schalke ist für mich abgeschlossen.« Das sagte Günter Siebert am Abend der Versammlung am 19. September 1988, als er von seinem Präsidentenamt zurückgetreten war. Siebert, von vielen Kritikern gedrängt, hatte am Schluss der Veranstaltung die Vertrauensfrage gestellt und war bei der Abstimmung unterlegen.

Die Konsequenz war der Rücktritt, der in den letzten Wochen schon Tendenzen der Amtsmüdigkeit erkennen ließ: »Da macht man hier als Ehrenamt einen Fulltime-Job und muss sich von jedem öffentlich runterputzen lassen.« Heruntergemacht wurde Siebert in erster Linie wegen der prekären sportlichen Entwicklung des Vereins – die finanzielle Gesundung auf eine Verschuldung von etwa 1,7 Millionen Mark war weniger ein Thema. Der Schuldenabbau wurde auf Kosten der sportlichen Substanz betrieben. Die Diskussion darum, was man anders und besser hätte machen können, wurde wie so oft emotional geführt. Und am Ende stand fest: Schalkes Fußballvolk schickt Günter Siebert in die Wüste.

Auf einer auf den 21. November 1988 terminierten außerordentlichen Jahreshauptversammlung sollte ein komplett neuer Vorstand und Verwaltungsrat gewählt werden. Einig war sich der Restvorstand darin, die Geschäfte bis zu dieser Versammlung weiter zu führen. Wer sich um Schalkes Präsidentenamt bewerben wird, stand noch nicht fest. Es wurde aber bereits gemunkelt, dass die zwei Oppositionsgruppen um Rolf Rüssmann und Volker Stuckmann antreten wollten.

WER HOCH FLIEGT

Mittlerweile war Schalke zum dritten Mal abgestiegen, auch Trainer Horst Franz konnte nicht mehr helfen. Eigentlich war Schalke bei den englischen Buchmachern Aufstiegskandidat Nummer Eins, und am Anfang lief es unter Ferner auch ganz gut. 11:1 Punkte aus seinen ersten sechs Spielen machten wieder Mut. Es handelte sich aber lediglich um ein kurzes Aufbäumen, denn danach ging es rasant bergab: Die nächsten zwölf Spiele mit nur einem Sieg führten Schalke sogar an den Abgrund des Abstiegs in die Oberliga.

Und hinter den Kulissen rumorte es noch gewaltig. Nach Siebert war kein Nachfolge-Präsident gefunden worden. Von der langen Kandidatenliste verabschiedete sich einer nach dem anderen. Übrig blieben nur zwei: Fred Gatenbröcker, Groß-Bäcker aus Gelsenkirchen, und Michael Zylka, seinerzeit beschäftigt beim Bundesministerium für Verteidigung. Michael Zylka hatte im Vorfeld viele Gespräche mit Rolf Rüssmann geführt, der zuvor die Opposition zu Siebert bildete und sich bereits in früheren Versammlungen heftige Rededuelle mit diesem geliefert hatte. Rüssmann war ein alter Bekannter und für den Managerposten vorgesehen, Zylka dagegen war ein unbeschriebenes Blatt, und seine Rede kam überraschenderweise bei den Mitgliedern an. Am 21. November war ein »Unbekannter« mit 675 zu 528 Stimmen zum Vorsitzenden des FC Schalke 04 gewählt worden.

Ein neues Gesicht auf Schalke sorgte erst einmal für Erstaunen, und so richtig über den Weg getraut hat man Zylka nicht. Die »Alteingesessenen« schmiedeten bereits Pläne, wie man den »Neuen« wieder loswerden könnte. Intrigen wurden gesponnen und zwei Tage später titelte die Bild-Zeitung: »Geheimagent als Präsident«. Zylka ein angeblicher Agent des Bundesnachrichtendienstes, der nun vielleicht sogar Schalke ausspioniert? Die wildesten Gerüchte kursierten.

Der Skandal war perfekt. Michael Zylka sah sich vermehrt Anfeindungen ausgeliefert, ein normales Arbeiten schien nicht mehr möglich zu sein. Zudem war die ganze Organisation auf Schalke ein einziges Chaos. Selbst der damalige DFB-Teamchef Franz Beckenbauer hatte in den Zeitungen verbreiten lassen, dass Schalke immer noch geführt werde wie vor dreißig Jahren.

Zylka schien überfordert. Mit so vielen Stöcken, die ihm in den Weg geworfen wurden, hatte er nicht gerechnet. So verabschiedete er sich nach drei Tagen wieder vom FC Schalke 04 und ging damit als der »Drei-Tage-Präsident« in die Schalker Geschichtsbücher ein.

»Es war ein heilloses Durcheinander«

Der »Drei Tage«-Präsident auf Schalke – Michael Zylka hat sich in den Schalker Geschichtsbüchern verewigt. Heute ist er Gesellschafter des PROKOM-Verlages und gibt die Zeitschrift »RevierSport« heraus. SCHALKE UNSER sprach mit ihm über Oskar Siebert und Günter Eichberg.

SCHALKE UNSER: Michael, in der damaligen Situation, Schalke im finanziellen und sportlichen Abstiegsstrudel, wie bist du überhaupt dazu gekommen, für das Präsidentenamt zu kandidieren?

MICHAEL ZYLKA: Ich kannte damals bereits viele Leute auf Schalke. Mit Charly Neumann und Rolf Rüssmann habe ich mich oft unterhalten, wie es mit Schalke weitergehen sollte. Und es lief wirklich einiges aus dem Ruder. Günter Siebert war zum dritten Mal zum Präsidenten gekürt worden, weil er ein super Rhetoriker war und er es immer wieder geschafft hatte, die Leute mit plakativen Sprüchen zu begeistern. Doch er war nun auch zum dritten Mal gescheitert, Schalke war in der 2. Liga und eigentlich tot. Und Schalke fehlte, was vielen Vereinen damals gefehlt hatte: Der Übergang zum echten Profi-Fußball war nie richtig umgesetzt worden, neue Konzepte mussten her. Ich hatte mich dann in die Kandidatenliste eintragen lassen, und in der Zeit vor der Versammlung trat ein Kandidat nach dem anderen zurück, unter anderem auch Siebert. Und ich bin ein Typ, wenn ich A sage, dann sage ich auch B. Ich habe es dann als einmalige Gelegenheit gesehen, den Schalkern mal zu sagen, was in der Zukunft wichtig wird: dass die Vermarktung und die Außendarstellung der Vereine immer wichtiger werden, und dass Schalke 04 endlich neue Gesichter braucht.

SCHALKE UNSER: Fred Gatenbröcker war dann noch der einzige Gegenkandidat.

MICHAEL ZYLKA: Ich habe mich mit ihm vorher sehr lange unterhalten, und mein Eindruck war, dass er in seiner Auffassung sehr ehrlich war und dass er es mit Schalke auch wirklich gut gemeint hatte. Aber ich wollte damals auch zeigen, dass es noch andere Gesichter gibt. Und wenn ich eine Stärke neben meinem rhetorischen Talent habe, dann ist es, dass ich Schalker durch und durch bin. Ich bin schon als Kind durch die Zäune gekrochen und habe mit Schalke gelitten wie ein Hund. Ich bin wirklich kein Mode-Schalker, wie es sie heute viele gibt, sondern immer mit Leib und Seele dabei. Und nachdem ich meine Rede bei der Versammlung geführt hatte, hatte ich eine Ahnung, dass es für den eigentlichen Favoriten Fred Gatenbröcker ganz schön eng werden könnte. Ich bin dann tatsächlich mit relativ großer Mehrheit gewählt worden, obwohl ich vorher echt nicht damit gerechnet habe. Ich wollte die Sache dann auch durchziehen, zumal mir Gatenbröcker und Stuckmann zunächst ihre Mitarbeit zugesichert hatten. Aber schon in der ersten Nacht, als wir alle zusammen saßen, attackierte Siebert Volker Stuckmann und Fred Gatenbröcker lautstark, wie sie denn so idiotisch hätten sein können, mit mir in ein Boot zu steigen. Es war ein heilloses Durcheinander.

SCHALKE UNSER: Wie kam es dann zu dem Spionageverdacht?

MICHAEL ZYLKA: Ich war beim Bundesverteidigungsministerium in einem sicherheitsrelevanten Bereich als Dolmetscher für slawische Sprachen tätig. Nicht mehr und nicht weniger. Die Bezeichnung »Spion« ist absolut dummes Zeug. Man hatte sogar vor, mich zum Chef der Sport-Kompanie Essen zu machen, so dass ich mich auch intensiv um Schalke hätte kümmern können. Um die Vorwürfe aus dem Weg zu räumen, habe ich sogar ein Disziplinarverfahren gegen mich selbst eingeleitet, das dann später eingestellt wurde. Ich wurde von meinem Arbeitgeber zu keiner Zeit dazu gedrängt zurückzutreten, wie sooft geschrieben wurde.

SCHALKE UNSER: Aber warum dann schon nach drei Tagen der Rücktritt?

MICHAEL ZYLKA: Ich bin am nächsten Tag auf der Geschäftsstelle gewesen und ich kam mir vor wie ein Fremder. Es war pure Ablehnung, die mir entgegenschlug. Zudem fand ich ein finanzielles Chaos vor. Es gab Verträge, die nicht unterschrieben waren, Belege, die fehlten – ein einziges Wirrwarr. Und dann kam noch hinzu, dass ich von der Stadt Gelsenkirchen enorm unter Druck gesetzt wurde, indem die Rückzahlung von Krediten umgehend erfolgen sollte. Ich habe damals gesagt: »Ich wusste, dass ich in einen reißenden Strom springe, aber ich habe nicht gewusst, wie kalt das Wasser ist.« Nach Rücksprache mit meiner Familie habe ich dann gesagt: »Es hat keinen Sinn.« Es wäre auch für den Verein Schalke 04 nicht gut gewesen. Es waren zwar nur drei Tage, aber es gab fieses Mobbing. Und heute sage ich ehrlich, dass ich auf diese Situation gar nicht vorbereitet war. Ich sah für mich überhaupt keine Chance mehr, das Ding durchzuziehen. Das war keine Flucht, sondern einfach für alle Beteiligten das Beste.

SCHALKE UNSER: Du bist aber mit deiner Drei-Tages-Präsidentschaft in die Geschichtsbücher des FC Schalke 04 eingegangen, ist das nicht auch etwas?

MICHAEL ZYLKA: Ja, aber da leg ich keinen Wert drauf, zumal es ja auch wirklich kein Ruhmesblatt ist. Das war wirklich keine Glanzleistung von mir, das will ich auch in aller Deutlichkeit sagen. Aber ich habe das ja nicht getan, weil ich Publicity-geil war, sondern mir lag der Verein am Herzen. In diese Situation können sich viele, vor allem junge Schalker gar nicht mehr hineinversetzen. Der Verein war tot, mausetot. Und ich hab damals schon gesagt: »Schalke braucht eigentlich einen Präsidenten mit viel Geld.«

SCHALKE UNSER: Der kam ja dann auch mit Günter Eichberg.

MICHAEL ZYLKA: Ich bin auch nicht ganz unschuldig daran, dass Eichberg bei Schalke gelandet ist. Einige Wochen nach meinem Rücktritt habe ich zusammen mit Günter Eichberg im VIP-Raum der Düsseldorfer EG gestanden, und da hat er zu mir gesagt: »Wenn ich vorher gewusst hätte, wie leicht man auf Schalke Präsident wird, dann hätte ich es schon längst mal versucht.« Er hatte ja bereits vorher Versuche unternommen, in den Vorstand von Fortuna Düsseldorf zu kommen. Das hat aber nie geklappt. Damals waren viele Leute einfach nicht mehr bereit, ihr Geld für Schalke zu geben. Das Geld verschwand zuvor in dubiosen Kanälen, bei Spielern wurden die Ablösesummen verpfändet, es war wirklich ein Fass ohne Boden. Und da kam Günter Eichberg gerade richtig. Das wollen heute viele auf Schalke nicht mehr hören, aber ich bin der festen Überzeugung, dass Schalke ohne Eichberg in die Amateurliga gegangen wäre, und ob

Der Drei-Tage-Präsident: Michael Zylka.

sich Schalke davon wieder erholt hätte, steht in den Sternen. Eichberg hat Visionen mitgebracht und er hat am Anfang auch viel Positives bewirkt. Er hat dem Verein wieder Leben eingehaucht, die Mannschaft ist in die Bundesliga aufgestiegen und auf Schalke brannte wieder das Feuer. Später hat er dann natürlich kein Maß mehr gekannt, sogar Blanko-Verträge an die Spieler verteilt. Aber es gab auch niemanden, der ihn gestoppt hätte. Der Verwaltungsrat war schwach und konnte anscheinend auch keine Zahlen lesen, sonst hätte er Eichbergs »Marketing-Gesellschaften« gar nicht genehmigen dürfen. Das war das eigentliche Dilemma, dass Eichberg keine Leute hatte, die ihn hätten kontrollieren können.

SCHALKE UNSER: Michael, vielen Dank für die offenen Worte und Glückauf.

53. DER SONNENKÖNIG

Schon am 23. September 1988 war die kürzeste Amtszeit einer Schalker Präsidentschaft wieder vorbei. Nach drei Tagen hatte Michael Zylka aufgegeben. Gesucht wurde nun ein Präsident mit Einfluss und vor allem sehr viel Geld auf der Tasche, denn die Schuldenlast war erdrückend.

Es musste ein »Verrückter« gefunden werden, der das »Abenteuer Schalke« eingehen wollte. Drei-Tages-Präsident Michael Zylka kannte Günter Eichberg bereits von der Düsseldorfer EG. Dort hatte Eichberg sogar verlauten lassen: »Wenn ich das vorher gewusst hätte, dass es so einfach ist, Präsident auf Schalke zu werden, dann hätte ich es schon viel früher probiert.« Der Schuldenberg als Hürde aber ließ sich nicht wegreden.

Die Ankunft des Sonnenkönigs:
Günter Eichberg übernimmt das Regiment.

Dennoch stellte sich Eichberg zur Wahl. Günter Eichberg, der Besitzer von sechs Privat-Kliniken (Spezialgebiet: Krampfadern) war erst vor kurzem Schalke-Mitglied geworden. Das machte ihn verdächtig, allerdings war weit und breit niemand anderes in Sicht, der Schalke schneller auf die Beine helfen konnte. Einziger ernst zu nehmender Gegenkandidat war Hermann Eppenhoff, den man auf Schalke als ruhigen, sachlichen Mann schätzte. Der ehemalige Meistertrainer hielt sich lieber im Hintergrund auf, und war von daher das genaue Gegenteil von Eichberg. Zudem hatte Eppenhoff gesundheitliche Probleme: »Es ist bekannt, dass ich einen Herzschrittmacher habe. Aber den hat Helmut Schmidt auch.« Sein Konzept: »Ich würde Rolf Rüssmann zum Manager machen, wenn er zu bezahlen ist. Schalke braucht endlich Ruhe – denn wir haben uns schon genug blamiert.« Doch im letzten Augenblick zog Eppenhoff seine Kandidatur zurück.

Erst am 16. Januar 1989, ein gutes Vierteljahr nach dem Rücktritt von Zylka, kam es zur Wahlnacht. Es sollte den bis dato größten Wahlsieg geben, den Schalke erlebt hat. 83,9 Prozent der fast 1.400 wählenden Mitglieder stimmten für Günter Eichberg. 132 Journalisten bedrängten ihn anschließend, als er die Sektkorken knallen ließ. Champagner für 106 Mark die Flasche wurde geköpft. Günter Eichberg versprach Schalke den Aufstieg (»aber noch nicht in diesem Jahr«) und Geld für neue Spieler. Mit dem 42-Jährigen jubelte seine Lebensgefährtin Christa Paas. Schalke hatte nun auch eine First Lady.

First Lady auf Schalke: Christa Paas.

Eichberg trat kein leichtes Amt an, 2,5 Millionen Mark Schulden hatten sich aufgetürmt. Aber er zeigte sofort, dass er um originelle Ideen nicht verlegen war: Kneipenwirte, die 1.000 Mark spendeten, durften ihren Laden ab sofort »Schalker Vereinslokal« nennen.

Und nun wurde auch klar, warum Hermann Eppenhoff vor der Wahl einen Rückzieher machte, denn Eichberg machte den 69-Jährigen zum ehrenamtlichen Manager. Und gleich beim ersten Eichberg-Transfer war auch Eppenhoff beteiligt. Nachdem Eichberg diverse Profis abgesagt hatten (Rainer Schütterle, Stefan Engels, Christian Hausmann) wurde kurz vor der Schließung der Transferliste Günter Schlipper für 700.000 Mark von Köln an den Schalker Markt geholt. Die halbe Bundesliga lachte sich schlapp, denn der Preis war viel zu hoch. Vor sechs Monaten war der Mittelfeldspieler von Oberhausen nach Köln gewechselt, da kostete er gerade mal 175.000 Mark, in Köln saß er oft nur auf der Ersatzbank. Eichberg: »Sicher ist die Transfersumme zu hoch, aber wir waren unter Zeitdruck, mussten handeln. Aber wir sind sicher, dass wir einen Riesen-Mann geholt haben.«

ERSTE RÜCKSCHLÄGE

So kam es nach der Winterpause zum ersten Spiel unter Eichbergs Regentschaft – ausgerechnet bei Fortuna Düsseldorf, dem Verein, bei dem Eichberg zuvor versucht hatte, Einfluss zu gewinnen. Mit Fortuna-Präsident Förster war er per Du, der Fortuna hatte Eichberg zuvor drei Spieler finanziert und ein Trainingslager bezahlt.

Beim Spiel gegen die Fortunen pennte die gesamte Schalker Mannschaft. Didi Ferner kritisierte sein Team nach der 0:2-Niederlage ungewöhnlich scharf. Das Schalker Mittelfeld mit Anderbrügge, Goldbaek, Schlipper und Marell ging völlig unter. Nach der Niederlage lud Eichberg seine Truppe dennoch in die Düsseldorfer Altstadt an die längste Theke der Welt ein.

Auf Schalke ließ es sich als Spieler prima leben. Das Training verlief ausgesprochen harmonisch, keiner wurde angemacht, selten ging es im Zweikampf richtig zur Sache. Nach jedem Training dufteten in der Kabine frischer Kaffee und leckerer Kuchen. Das Arbeitsklima auf Schalke verschlechterte sich aber drastisch, als die spielerischen Leistungen auf dem Platz nicht besser werden wollten. 0:1 in Braunschweig verloren, dann nur ein 1:1 gegen Rot-Weiss Essen und ein indiskutables 0:2 in Aschaffenburg. Charly Neumann blieben bei seiner Schrotkur in Oberstauffen die Körner im Halse stecken. Schalke befand sich schon wieder im Abstiegskampf – diesmal ging es aber um den Abstieg in die Amateurliga.

Die Gründe für den Absturz: Der Schalker Sturm war nur noch ein laues Lüftchen. Uwe Wassmer hatte Ladehemmung, Neueinkauf Uwe Igler passte überhaupt nicht in die Mannschaft. Jürgen Luginger war alles andere als ein Flankengott und Ingo Anderbrügge, Bjarne Goldbaek und Günter Schlipper arbeiteten kein bisschen nach hinten. Didi Ferner gönnte Jens Lehmann, der in den letzten Spielen einige Male patzte, eine Auszeit. Abstiegskampf in der 2. Liga und Prüfungsstress im Abitur waren wohl zuviel für den 19-Jährigen. Werner Vollack kehrte ins Tor zurück.

54. PLATZSTURM

Der Linienrichter schaffte es gerade noch in den Kabineneingang zu stürmen. Doch für Schiedsrichter Michael Prengel blieb der Fluchtweg versperrt. Etwa 200 aufgebrachte Schalke-Fans stürmten knapp fünf Minuten vor dem Abpfiff der Partie Schalke 04 gegen Darmstadt 98 (3:4) den Rasen des Parkstadions und wollten den Unparteiischen »einfangen«.

Die Meute war kaum noch zu beruhigen und nur dem schützenden Einsatz der Schalker Spieler verdankte es Prengel, dass er mit einem Tritt in den Allerwertesten davonkam. Konnte die Partie nach einer Unterbrechung von 15 Minuten fortgesetzt werden, so lauerten zahlreiche Fans noch eine Stunde vor dem Marathontor, um den Referee »zu holen«. »Ich rechne mit einer angemessenen Strafe vom DFB, die haben wir auch verdient«, meinte Günter Eichberg, während Geschäftsführer und Großbäcker Fred Gartenbröcker nur kleine Brötchen backte: »Mit so etwas konnte niemand rechnen.«

Dabei war mit zunehmender Spielzeit abzusehen, dass der 25 Jahre alte Prengel in diesem Kellerduell überfordert war. Mit merkwürdigen Entscheidungen brachte das Schiedsrichtergespann die Volksseele mehr und mehr zum Kochen (vornehmlich nicht gegebene Abseitstore für Schalke, welche niemals abseits waren). Doch der Schiedsrichter hatte natürlich nicht die alleinige Schuld an der Niederlage. Die Spieler mussten sich an die eigene Nase fassen und auch Trainer Ferner war längst nicht mehr unumstritten.

Dennoch sollte das ganze ein Nachspiel haben, Schalke bekam vom DFB eine Platzsperre für das Heimspiel gegen Fortuna Köln auferlegt. Es gab ein langes Hickhack um den Austragungsort. Man wollte eigentlich nach Lüdenscheid (das echte Lüdenscheid), aber der DFB genehmigte dies aus Sicherheitsgründen nicht. Schließlich entschied man sich für Hannover. Das Verhalten der Zuschauer sorgte auch noch dafür, dass die hohen Zäune in die Nordkurve des Parkstadions kamen (wo sie bis heute stehen, wenn man sie im Zuge des Abrisses des Parkstadions nicht bereits beseitigt hat).

Kraftvoll abziehen: Günter Schlipper.

55. EIN SCHRITT VOR DEM ABGRUND

Es kam der absolute sportliche Tiefpunkt in der Schalker Vereinsgeschichte. Schalke verlor auch das Keller-Derby in Osnabrück mit 0:1 und rutschte in der 2. Liga auf den vorletzten Platz ab. Bis zum rettenden Ufer waren es schon vier Punkte Abstand, der Absturz zu den Amateuren stand kurz bevor. Nach dem Spiel erklärte Günter Eichberg: »Wir werden noch in dieser Woche über die Trainer-Frage beraten müssen.«

So kam es, wie es kommen musste. Didi Ferner packte seine Koffer zum zweiten Mal und Günter Eichberg begann die Suche nach einem geeigneten Trainer. Geheimverhandlungen soll es sogar mit Rainer Bonhof und Udo Lattek gegeben haben, heißester Kandidat aber war der Trainer von Alemannia Aachen, Peter Neururer. Ein Spiel mit drei Marionetten, gelenkt von Günter Eichberg, das selbst für Insider kaum mehr nachvollziehbar war: Morgens um sieben Uhr wurden die Spieler aus den Betten geklingelt: »Kommen Sie gleich ins Stadion. Da erfahren Sie alles weitere.« Spieler Jörg Mielers war telefonisch nicht zu erreichen, er wurde sogar von zwei Polizeiwagen abgeholt und zum Berger Feld gebracht.

Im Stadion standen die Spieler dann ratlos auf dem Parkplatz herum. Im Clubhaus hielt Eichberg eine Pressekonferenz ab, zwei Türen weiter verhandelte Ferner seine Abfindung. Denn Schalke hatte seinen Vertrag erst vor vier Wochen um ein Jahr verlängert.

Den Spielern wurde mitgeteilt, dass ihr alter Trainer entlassen war, der neue zwar feststeht (Peter Neururer), der aber noch nicht kommen darf, weil Aachen die Freigabe verweigerte, so dass Eichberg flugs den ehemaligen Schalker Nationalspieler Helmut Kremers zum Manager und auch Interimstrainer ernannte.

Um ihn war es in den letzten Jahren still geworden. Kremers ging nach seiner Schalker Zeit nach Calgary in die nordamerikanische Profi-Liga, spielte noch ein Jahr bei Rot-Weiss Essen und war danach in der Modebranche tätig gewesen. Charly Neumann brach unterdessen seine Kur im Allgäu ab. 36 Pfund leichter raste er sofort ins Trainingslager, um der Mannschaft vor dem »Schicksalsspiel« gegen Saarbrücken beizustehen. Und tatsächlich: Trotz des enormen Drucks gelang den Schalkern ein 2:1-Erfolg.

NEUE BESEN KEHREN GUT

Doch eine Woche später war Peter Neururer bereits Trainer auf Schalke. Neururer hatte zuvor in Aachen ausgerechnet Didi Ferner abgelöst und war mit 33 Jahren einer der jüngsten Fußballlehrer der Bundesligageschichte. Zudem war er glühender Schalke-Fan: »Für Schalke würde ich von Aachen aus zu Fuß laufen.« Er sollte ein absoluter Glücksgriff werden.

Gleich in seiner Antrittsrede hatte er angekündigt: »Mit Schönspielerei kommen wir unten nicht raus. Jetzt ist Kloppen gefragt!« Neururer war selbst ein Kämpfertyp und so setzte er im Abstiegsduell bei Hertha BSC Berlin voll auf Kampf: »Wir wollen gewinnen, wir werden uns nicht verstecken. Jeder muss das Letzte geben.« Gleichwohl sah auch Neururer Defizite im

Schalker Kader und wollte einen der stärksten Kämpfer der Zweiten Liga verpflichten: Didi Schacht sollte von seinem alten Verein Alemannia Aachen an den Schalker Markt geholt werden.

Unter Neururer legte Schalke dann tatsächlich eine Serie hin: Zwar verloren die Königsblauen noch in Berlin, doch dann ging es aufwärts. 3:1 bei Union Solingen, 4:1 gegen Mainz, 1:1 in Bayreuth, 3:2 gegen Wattenscheid 09. Am 23. Mai sollte dann das »Heim«-Spiel gegen Fortuna Köln ausgetragen werden. Wegen der Platzsperre musste Schalke in das Niedersachsen-Stadion ausweichen. Das Spiel wurde von »Müller-Milch« gesponsert und die Schalke-Fans wurden mit zig Bussen kostenlos nach Hannover gekarrt, um Support gegen den Abstieg zu leisten.

Unter 10.000 Zuschauern waren keine 30 Fortunen aus Köln und das Spiel war auch ein Top-Highlight (3:3). »Neutrale Fans« staunten nicht schlecht: »Alle Achtung, ihr karrt mal eben 10.000 hier an«. Das war beachtlich, denn manche Heimspiele im Parkstadion fanden vor 5.000 bis 7.000 Zuschauern statt und ins 250 km entfernte Hannover fuhren »mal eben« 10.000 hin.

Beim nächsten Heimspiel gab es ein 4:2 gegen den SC Freiburg. Der Klassenerhalt war in greifbarer Nähe und auch die Zuschauer kamen wieder ins Parkstadion. Gegen Freiburg waren es über 20.000 begeisterte Zuschauer, darunter auch nach langer Zeit mal wieder Olaf Thon, der sich beeindruckt von der tollen Atmosphäre zeigte. Im Clubheim herrschte ausgelassene Stimmung. Präsident Eichberg, offensichtlich ein

Lagebesprechung: Peter Neururer, Günter Eichberg und Helmut Kremers

Frauentyp, ließ sich hier und da ein Küsschen aufdrücken, nahm von einer Blondine einen überdimensionalen blau-weißen Ball entgegen, während die Theke Beifall klatschte, auch wenn dabei einige Pilsgläser zerbrachen.

»Ich freue mich schon auf den Tag, wenn wir in die 1. Bundesliga aufsteigen«, genoss Günter Eichberg das Bad in der Menge, das er zuvor auch schon auf dem Platz in der Nordkurve genommen hatte. Im Siegestaumel ließ Schalkes Präsident einen beinahe nachdenklichen Charly Neumann zurück: »Wenn der so weiter macht, stiehlt der mir glatt die Show.« Ein Riesenschritt in Richtung endgültiger Rettung folgte dann beim Spiel in Meppen. Schalke gewann durch Tore von Andres Müller, Uwe Wassmer und Ingo Anderbrügge vor 15.000 Zuschauern mit 3:1.

Doch das große Finale stand noch aus. Im letzten Heimspiel der Saison 1988/89 sollte ein richtiges Stadionfest steigen. Präsident Eichberg ordnete an, dass die Eintrittspreise um die Hälfte gesenkt werden. Das ging natürlich nur, weil ein Sponsor für das Spiel gefunden werden konnte. Ein japanischer Auto-Hersteller »kaufte« das Spiel für 160.000 Mark und ermöglichte so einem Erwachsenen einen Stehplatz für gerade mal vier Mark. Und so kamen tatsächlich 66.000 Zuschauer zum Spiel gegen Blau-Weiß 90 Berlin, die den 4:1-Sieg und den Verbleib in der 2. Liga wie den Gewinn einer Deutschen Meisterschaft feierten. Unmittelbar nach dem Abpfiff stürmten hunderte Fans das Spielfeld und trugen »Retter« Peter Neururer auf den Schultern bis vor die Kabine. »Nach Hochzeit und Geburt meines Kindes ist das der größte Tag in meinem Leben«, freute sich der Trainer.

56. FEIERN, BIS DER ARZT KOMMT

Die Schalker mussten in dieser Saison lange zittern, also wurde auch lange gefeiert. Und das nicht nur bei den Fans: Im Schalker Clubraum ging bei der improvisierten Feier sogar das Bier aus. Präsident Eichberg tanzte mit nacktem Oberkörper auf dem Tisch. Andreas Müller, Ingo Anderbrügge stimmten mit Ährwin Weiß in »Blau und Weiß, wie lieb ich dich« ein. Trainer Neururer wurde schon auf der Rolltreppe von einem Rentner ein Umschlag überreicht. Inhalt: 100 Mark. »Mein persönliches Dankeschön an den Retter«, sagte der Mann.

Hinterher wurden die Geschenke größer. Christa Paas, Eichbergs Lebensgefährtin, schenkte dem Trainer im Siegestaumel sogar ihren Porsche. Neururer hatte nämlich immer wieder von Eichbergs Turbo geschwärmt. Und der Präsident hatte in Bierlaune versprochen: »Wenn wir die Klasse erhalten, bekommst Du den Wagen.« Nach der Rettung rief Christa Paas durch den Saal: »Jetzt sollst Du Deinen Porsche haben.«

Auch Schalke-Sponsor Rüdiger Höffken hatte die Spendierhosen an: »Ich stelle bis zu einer Million für Verstärkungen zur Verfügung.« Dafür wurden Neururers Wunschspieler Didi Schacht und Peter Sendscheid aus Aachen geholt. Und noch ein prominenter Neuzugang wurde vorgestellt: Matthias Herget sollte in der neuen Saison die Schalker Liberoposition besetzen.

57. EHRGEIZIGE ZIELE

pelpack zum Auftakt: Peter Sendscheid.

Günter Eichberg lässt die Puppen tanzen. Deutschland war soeben in Rom Fußball-Weltmeister geworden, die deutsche Einheit nahte und Günter Eichberg schwang nun sein Zepter auf Schalke. Trainer Peter Neururer hauchte der Mannschaft neues Leben ein, der Klassenerhalt in der zweiten Liga war erkämpft. Für die neue Saison gab es nun nur noch ein Ziel: den Aufstieg in die erste Fußball-Bundesliga.

Zur neuen Saison 90/91 hatte Günter Eichberg noch einmal in seine Schatzschatulle gegriffen und mehrere neue Spieler verpflichtet, die den Aufstieg bewirken sollten. Libero Günter Güttler (SV Waldhof Mannheim) sollte die Abwehr organisieren, Kroninger (Kickers Offenbach), Mademann (VfB Langenfeld) und Yves Eigenrauch (Arminia Bielefeld) verstärkten die Königsblauen. Zudem hatte Schalke noch starkes Interesse an dem ablösefreien Karl-Heinz Förster sowie Costa Ricas WM-Star Hernan Medford (lief die 100 Meter in 10,9 Sekunden, Ablöse 800.000 Mark). Beide Transfers zerschlugen sich allerdings.

Indes rollte neues Unheil ins Haus des FC Schalke 04: Günter Eichberg lag im Clinch mit dem DFB, der dem Verein »wiederholtes Fehlverhalten« beim Lizenzierungsverfahren vorwarf. Hintergrund war die vom Liga-Ausschuss gemachte Auflage, eine Bankbürgschaft über 2,6 Millionen Mark zu hinterlegen. Nachdem Schalke 04 den DFB auf einen »Berechnungsfehler« hinweisen konnte – langfristige Verpflichtungen waren dem Liquiditätsbedarf des neuen Spieljahres zugerechnet worden – forderte Eichberg von DFB-Präsident Neuberger eine öffentliche Richtigstellung.

WIR WERDEN MEISTER!

Peter Neururer hatte sich selbst vor der Saison enormen Druck auferlegt: »Wir werden Meister der 2. Liga« ließ er verlauten, und genauso sahen es auch die anderen Trainer: Schalke war der riesengroße Favorit, zumal die Königsblauen mit Sascha Borodjuk einen exzellenten Spielmacher in ihren Reihen hatten. Aber der Druck auf Neururer schien schon fast übermächtig, Günter Eichberg verhandelte sogar parallel mit Eduard Geyer (»Schalke ist mein Traum«), dem letzten Trainer der DDR-Auswahl, der nach der sich anbahnenden Einheit erst einmal arbeitslos war und sich im heimischen Garten die Zeit mit Rasenmähen vertrieb.

Zum ersten Ligaspiel gegen Schlappis 1. FC Saarbrücken pilgerten 50.000 Fans ins Parkstadion, die einen 3:1-Erfolg der Knappen bewundern konnten. Dank Ingo Anderbrügge und Peter Sendscheid (2) war auf Schalke der Himmel schon wieder königsblau. Und auch in der ersten Runde des DFB-Pokals ließ Günter Schlipper mit seinem Treffer zum 1:0-Sieg bei der SpVgg Unterhaching die Schalke-Fans jubeln.

Bei dem ersten Pflichtspiel einer Profimannschaft des DFB außerhalb des Verbandsgebietes traf Schalke im Ost-Berliner Jahn-Sportpark auf Blau-Weiß 90 Berlin. Das Spiel (1:1, Tor durch Peter Sendscheid) an sich war eher unspektakulär, die »dritte Halbzeit« hatte es aber in sich. Bis nach Mitternacht prügelten sich Schalker, Hertha-Fans und Volkspolizei mit Eisenstangen und Pflastersteinen. Fensterscheiben und Türen gingen zu Bruch, Autos wurden demoliert.

Auch bei den nächsten Spielen hielt Schalkes Vormarsch an: Braunschweig (2:1), VfL Osnabrück (3:0), TSV Havelse (3:0), Schweinfurt 05 (1:0) hatten allesamt keine Chance. Schalke legte mit 11:1 Punkten einen Traumstart hin und Günter Eichberg be-

Spitzenspiel gegen Duisburg, vor 60.000 Zuschauern: Yves Eigenrauch.

kam leuchtende Augen: »So rechnen wir für das Spitzenspiel gegen den MSV Duisburg mit 60.000 Zuschauern.«

SPITZENSPIEL

Seit Wochenbeginn herrschte Hochbetrieb auf der Geschäftsstelle, die Telefondrähte liefen heiß. Vor tatsächlich 60.000 Zuschauern sahen die Zuschauer ein absolutes Spitzenspiel mit Rasse und Klasse, Spannung und Dramatik und letztlich einen verdienten 1:0-Sieg (Peter Sendscheid) der Schalker. Jens Lehmann hielt sein Gehäuse bereits 380 Minuten sauber. Schalke-Herz, was willst du mehr? Getrübt wurde das Fußballfest nur von anschließenden Ausschreitungen zwischen Schalkern und Meiderichern. Und selbst beim ärgsten Verfolger Waldhof Mannheim beeindruckten die Königsblauen durch ein 3:1 trotz des Platzverweises von Günter Güttler. Günter Eichberg war so froh, dass er sofort die Prämien um 1.000 Mark pro Spieler anhob. Ausgerechnet beim SV Meppen sollte die Siegesserie reißen: In einem kampfbetonten Spiel fügten die Emsländer den Schalkern die erste Niederlage zu (0:2), wobei sich besonders das Fehlen von Libero Günter Güttler als nachteilig erwies. Und nun sah beim SV Meppen auch noch Jürgen Luginger den roten Karton. Kein Glanz und Gloria dann beim nächsten Heimspiel gegen die Stuttgarter Kickers, eher wohl ein hart erkämpfter Arbeitssieg (2:1). Immerhin war Schalke nun ein Jahr ohne Heimniederlage.

ERSTE TRAINERGERÜCHTE

Eduard Geyer, der in der Presse bereits als neuer Chef-Trainer an Stelle von Peter Neururer im Gespräch war, wurde von Eichberg tatsächlich nach Gelsenkirchen geholt. Allerdings nur als Jugend-Trainer und Nachfolger von Holger Osieck, der dem Ruf seines Ex-Teamchefs Franz Beckenbauer (bei dem er Assistent der Nationalelf zur WM 90 war) zu Olympique Marseille folgte.

Beim folgenden Spiel in Homburg wurde den Schalke-Fans übel mitgespielt. Als der Himmel an der Saar seine Schleusen öffnete, »ertrank« das Spiel in den Wassermassen. Schiedsrichter Wittke, der die Begegnung in der 26. Minute zunächst für zehn Minuten unterbrochen hatte, musste das Spiel endgültig absagen.

Peter Neururer hatte seinen Humor aber nicht verloren: »Wir wollten als Tabellenführer an- und abreisen, das haben wir geschafft«, schmunzelte er in die Kameras. Günter Eichberg hatte doppelt Pech: Sein BMW blieb beim Wolkenbruch auf dem Parkplatz in einer Sandgrube stecken und musste von einem Kranwagen aus dem Schlamm gezogen werden. »900 Kilometer für die Katz«, ein schwacher Trost für die Fans, dass sie auf Vereinskosten am folgenden Dienstag wieder nach Homburg gebracht wurden, um dort die 2:1-Niederlage mit anzusehen. Das 3:1 gegen Preußen Münster sorgte für ruhiges Fahrwasser für die Jahreshauptversammlung, die so ruhig wie lange nicht verlief. Steigende Zuschauerzahlen, ein Mitgliederzuwachs von 31 Prozent, dazu Investitionen in Höhe von 6,6 Millionen Mark, Eichberg konnte stolz auf seine erste Bilanz sein.

Doch mitten in der größten Erfolgsserie knallte es auf Schalke, ein hausgemachter Krach im Trainer-Theater um Düsseldorfs Coach Aleksander Ristic. Peter Neururer drohte mit Kündigung, wenn sein Vertrag nicht verlängert würde. Die Spieler solidarisierten sich und die Fans gingen auf die Barrikaden. Doch die Männer, die das Sagen hatten, waren im Urlaub: Manager Kremers sonnte sich auf Sylt, Eichberg weilte mit Schatzmeister Rüdiger Höffken zur Schrotkur. Dabei hatte Eichberg mit seinen vorschnellen Äußerungen (»Ristic ist mein Lieblingstrainer«) das Theater eröffnet.

Gegen Hannover 96 gab es wieder »Russisches Roulette«. Sascha Borodjuk und Wladimir Ljuty sorgten für den schmeichelhaften 2:0-Sieg gegen die schwächelnde Elf von der Leine. Es gab sogar erste Pfiffe von den Tribünen für eine wirklich schwache Leistung der Schalker. Und als ob das Trainergerücht die Mannschaft verunsichert hätte, verloren die Schalker beim Spitzenspiel in Freiburg mit 0:3 und entgingen nur knapp einem Debakel. Und wieder drehten die Schalke-Fans durch, brachen Zäune ein, sorgten nach dem Platzverweis für Didi Schacht fast für einen Spielabbruch.

Schalke war nicht gerade üppig mit Stürmern ausgestattet, und als nach Jens Lehmann (Bänderriss am linken Knöchel) auch noch Peter Sendscheid an der Leiste operiert werden musste, forderte Neururer Verstärkungen von Manager Kremers. Marek Lesniak von Bayer 04 Leverkusen war im Gespräch, doch auch hier wurde nichts draus. Schalke musste nun mit einem klassischen Stürmer Wladimir Ljuty die weiteren Spiele bestreiten.

BIRLENBACH, BIRLENBACH!

Es folgte ein legendäres DFB-Pokalspiel gegen Eintracht Braunschweig. Legendär deshalb, weil der »Unparteiische« Dieter Birlenbach nahezu jede Aktion pro Schalke pfiff. Bereits nach vier Minuten zeigte er auf den Elfmeterpunkt; ein Strafstoß, den man wahrlich nicht jeden Tag zugesprochen bekommt. Es ging so weiter, es folgte noch eine unberechtigte Rote Karte gegen Braunschweig, am Ende hieß es 4:0 für Schalke und auch der Abgang von Birlenbach konnte sich sehen lassen: Noch lange nach dem Abpfiff gab der Schiri Autogramme für die wartenden Schalke-Fans und machte auch noch Witze über Braunschweig. Schade, dass man nicht öfter solche »Unparteiischen« zu Gast hat.

58. HIER KOMMT ALEKS!

Die Gerüchteküche um den Düsseldorfer Coach Ristic wollte nicht verstummen. Günter Eichberg war auch schon lange nicht mehr mit den Leistungen seiner Elf zufrieden, vor allem auswärts. Immer wieder stellte sich der Schlendrian ein. Als sich dann wieder so ein schwaches Spiel bei Fortuna Köln (1:1) einreihte und Schalke nun gerade mal einen Punkt aus den letzten vier Auswärtsspielen holen konnte, beurlaubte Günter Eichberg kurzerhand seinen Trainer Neururer. Das war insofern überraschend, als dass Schalke immer noch zusammen mit Homburg und dem MSV Duisburg die Tabelle der 2. Liga anführte. Die Chancen zum Aufstieg waren also absolut noch da und die Winterpause war noch gar nicht erreicht. Andy Müller: »Mit dieser Entwicklung konnte niemand rechnen. Das ist ein Schlag für die Mannschaft, den wir erst einmal verdauen müssen.«

Doch Eichberg wollte einen Trainer, der eine Aufstiegsgarantie mitbrachte, und da schien Ristic der ideale Coach zu sein. Als Ernst Happel-Schüler brachte er auch die entsprechende Schlitzohrigkeit mit. Zudem

Aleks Ristic lehrte auf Schalke die Happelsche Schule.

hatte er bei den Medien einen guten Ruf, war er doch immer für einen lockeren Spruch auf seinem Pattex-Stuhl bei der Fortuna in Düsseldorf zu haben. Die Schalker Fans aber waren richtig sauer und empfingen ihren Präsidenten mit Schimpftiraden à la »Wir sind Schalker, Eichberg nicht.«

Die Vertragsverhandlungen zogen sich hin und wurden in der Presse breit getreten. Ristic dementierte sogar zunächst Meldungen, nach denen er zukünftig auf der Schalker Trainerbank Platz nehmen sollte. Co-Trainer Klaus Fischer übernahm zusammen mit Manager Helmut Kremers für kurze Zeit das Training. Beim nächsten Heimspiel gegen Rot-Weiss Essen wurde Block 5 zum Anpfiff boykottiert, die Ränge blieben aus Protest gähnend leer. Schon vor dem Spiel gingen Morddrohungen auf der Geschäftsstelle ein. Doch die Mannschaft zeigte sich unbeeindruckt und siegte mit 3:1.

SCHALKE-TERROR

Mit 41 Bussen waren die Anhänger nach Bremen gereist, das hieß »Alarmstufe 1«. Eichberg hatte zu einer »Pokal-Tour« eingeladen, und die blau-weiße Karawane verwandelte die A1 in eine A04. »Ich habe wirklich Angst gehabt«, bekannte Willi Lemke nach dem Spiel leichenblass. Und dass nicht wegen des Spiels, das die Hanseaten zwar mühsam, aber am Ende doch verdient mit 3:1 gewannen, sondern wegen der randalierenden Schalke-Fans. 10.000 Schalker stürmten die Westkurve des Weserstadions, besetzten danach die Sitzplätze. Willi Lemke konnte sich nur permanent entschuldigen, die Kosten wurden später auf beide Vereine aufgeteilt. Die letzten drei Spiele der Hinrunde gestaltete man unentschieden gegen Darmstadt (2:2), Saarbrücken (1:1) und Blau-Weiß 90 Berlin (1:1), letzteres war der erste Punktverlust im heimischen Parkstadion.

ENDLICH NEUE SPIELER

Kurz vor Weihnachten spielte Günter Eichberg Weihnachtsmann und legte den Schalke-Fans das »Geschenk« Aleks Ristic unter den Christbaum. »An Fortuna haben wir 200.000 Mark Ablöse gezahlt«, ließ Eichberg verlautbaren. Die Fans waren wieder versöhnt, zumal Ristic schon davon sprach, Schalke in den Uefa-Cup zu führen. Als Willkommensgruß versprach Günter Eichberg seinem neuen Coach weitere Stürmer. Dabei musste Eichberg ein weiteres Mal tief in sein

Ein neuer Star für Schalke: Radmilo Mihajlovic.

Portemonnaie greifen, denn diesmal sollte es etwas besonderes werden. Roger Milla, Kameruns 38 Jahre alter Torjäger der WM in Italien war ablösefrei und sollte der nächste Coup werden. Eichberg machte sich auf den Weg zum Sponsor Adidas nach Herzogenaurach zur Vertragsunterzeichnung, doch zurück kam er ohne Unterschrift. Milla ließ ihn einfach sitzen, angeblich hatte er Angst vorm Fliegen wegen des Golfkriegs.

GENIAL ODER GRÖSSENWAHNSINNIG?

Die Schalker Verantwortlichen machten sich erneut auf die Suche nach einem Stürmer, diesmal sollte es der 26-malige jugoslawische Nationalspieler Radmilo Mihajlovic, Sturmpartner von Allen McInally bei Bayern München, werden. Mit Bayern war man sich schnell einig (2,5 Millionen Mark Ablöse). Kein Wunder, denn die wollten den Bosnier schon länger loswerden. Uli Hoeneß lacht sich wahrscheinlich noch heute über diesen Deal ins Fäustchen. Eichberg hatte sich total verkalkuliert. Er konnte vielleicht noch nicht ahnen, dass Mihajlovic nicht einschlagen würde, aber die Praxis, mit der er Mihajlovic transferierte, ließ stark an seinem Verstand zweifeln. Eichberg unterzeichnete einen Blankovertrag und sagte zu ihm: »Ich gehe jetzt aus dem Zimmer und du trägst deine Gehaltsvorstellungen in den Vertrag ein.« Eichberg kam nach fünf Minuten zurück und Mihajlovic hatte 600.000 Mark in den Vertrag geschrieben, eine Summe, die jeden auf Schalke bisher dagewesenen Rahmen sprengte.

Eichberg schien größenwahnsinnig zu werden. Die Bundesliga zitterte vor Eichbergs Bankkonto (geschätztes Vermögen 20 Millionen Mark). Er hatte sich soeben das feudale Schloss Abtsee bei Bad Reichenhall gekauft, wo er seine siebte Krampfader-Klinik eröffnen wollte. Und schon kündigte er an, Olaf Thon an den Schalker Markt zurückzuholen.

59. ORIGINAL UND FÄLSCHUNG

Ernst Kuzorra, die Schalke-Legende, sechsmaliger Deutscher Meister mit den Königsblauen. Am Neujahrstag 1990 pfiff der liebe Gott sein Lebens-Spiel nach 84 Jahren ab. Eine Woche später dann die Beerdigung auf dem Schalker Friedhof »Am Rosenhügel«. Tausende Fans nahmen Abschied, viele von ihnen fanden keinen Platz mehr in der Kirche und mussten draußen warten.

Mannschaftsbetreuer Charly Neumann senkte die Vereinsfahne ins Grab, Vorstands-Vize Herbert Schmitz legte einen Kranz mit weiß-blauen Schleifen nieder. Den größten Kranz aber steuerte die Box-Legende Max Schmeling bei. Ein Monument von einem Kranz, Hunderte von weißen Nelken, versehen mit dem Spruchband »Zum Abschied für meinen Freund Ernst«. Diesen historischen Auftritt hatte eigentlich Präsident Günter Eichberg für sich geplant. Aber der Schalker »Sonnenkönig« bekam keinen Flieger aus seinem Feriendomizil in Florida.

Stan Libudas Stärke waren derartige Veranstaltungen nicht. Während der Trauerandacht Pastor Dohms ist er aufgestanden, unter den missbilligenden Blicken der wenigen geladenen Gäste zur Kirchenpforte gestiefelt, hatte diese aufgestoßen wie »Indiana-Jones die Tür eines Saloons« und zielstrebig die Vereins-Gaststätte »Bosch« aufgesucht.

Nach dem Begräbnis fand sich die Schalke-Gemeinde traditionell zum »Leichenschmaus« im Hans-Sachs-Haus zusammen. Am frühen Nachmittag stieß auch Eichberg dazu. Der eitle Klubchef war höchst unglücklich, weil er auf keinem Begräbnis-Foto zu sehen sein würde. So reifte zwischen einigen Pils der Plan, Kuzorra noch einmal zu beerdigen.

Charly Neumann organisierte alles, sogar Oberbürgermeister Bartlewski wurde wieder zum Friedhof gekarrt. Der dicke Charly räumte die Blumengestecke vom Grab, kratzte den Schlamm vom Schalke-Kranz. Den legte Eichberg ergriffen nieder.

Zum Knipsen ging der Fotograf in die Hocke – damit keiner sah, dass das Grab schon zugeschaufelt war.

Dass ausgerechnet Ernst Kuzorra, für den Schalke an der Grenzstraße anfing und »vor dem Kanal aufhörte«, zum Mittelpunkt dieser Show-Inszenierung wurde, ließ ihn wahrscheinlich – gerade unter der Erde – das erste Male im Grabe herumdrehen. Aber sicherlich nicht zum letzten Male.

Zwei Mal beerdigt: Ernst Kuzorra.

60. EIN TRAUERSPIEL IN FÜNF AKTEN

Aufstiegsraketen und blau-weißer Jubel im Berger Feld, mehr als 70.000 Zuschauer bejubeln die Königsblauen in der 2. Liga. Schalke sprengt alle Rekorde. Mit Vollgas geht es ins Fußball-Oberhaus. Doch schon bald verliert Günter Eichberg jedes Maß. Als Schalkes neuer Stürmerstar auf der Geschäftsstelle im Berger Feld auftauchte, war nicht er der Star, sondern seine Freundin, das Fotomodell Zorica Pantic. Alle Blicke richteten sich auf das neue Schalker Traumpaar. Dabei hatten es die Schalker mit Radmilo Mihajlovic wahrlich nicht einfach. Drei Millionen Mark Ablöse, bis dahin der teuerste Transfer der Vereinsgeschichte, dazu war er ständig verletzt. Nach einem Meniskusschaden am rechten Knie war es die Patellasehne im linken.

Und die Hintergründe des Transfers wurden in der Sport-Bild breit getreten. Uli Hoeneß muss wohl noch heute schmunzeln, wenn er daran zurückdenkt. Sobald Hoeneß dann ausgeschmunzelt hat, erzählt er die Story, wie er Eichberg beim Transfer des Jugoslawen 500.000 Mark aus der Tasche gezogen hat.

1. Akt: Mihajlovic kommt ins Büro von Uli Hoeneß und fragt nach seiner Ablöse. Hoeneß: »Für 2,5 Millionen kannst Du gehen.«

2. Akt: Helmut Kremers ruft von Teneriffa aus bei Hoeneß an, will die Telefonnummer

Es raschelt im Karton: Günter Eichberg und die Akte Mihajlovic.

von Mihajlovic. Hoeneß: »Kremers sagte mir, dass er nun nach Deutschland zurückfliegt, um alles klar zu machen.«

3. Akt: Eichberg will sich von Kremers nicht die Show stehlen lassen, im Privatjet düst er nach München und trifft sich mit Mihajlovic. Wenig später läuft bereits über den Ticker der Presseagenturen, dass Mihajlovic ein Schalker wird. Hoeneß: »Dem Eichberg werden wir's zeigen. Dafür muss er zahlen …«

4. Akt: Hoeneß tut vor der Presse so, als würde er vor Wut platzen: »Eine Sauerei von Eichberg, dass er einen Spieler verpflichtet, ohne uns zu informieren.« Eichberg, mittlerweile wieder im Westen, kontert: »Der Hoeneß glaubt immer noch, dass er der Größte ist. Der kann mich mal am Hobel blasen.« Hoeneß reist an diesem Tag früher ab, um für Eichberg nicht erreichbar zu sein.

5. Akt: Als Eichberg bei Bayern anruft, um über die Ablöse zu verhandeln, sagt die Sekretärin: »Herr Hoeneß ist nicht da, aber der Chef möchte sie persönlich sprechen.« Bayern-Präsident Fritz Scherer geht an den Apparat und spielt die Rolle des Empörten: »Das sind ja eigenartige Methoden. Drei Millionen oder Mihajlovic bleibt bei uns.« Im Nu ist der Handel perfekt. Eichberg erzählt später triumphierend: »Der Hoeneß hat bei Bayern gar nichts mehr zu sagen.« Hoeneß schmunzelte weiter: »Hätte Kremers die Verhandlungen geführt, wäre Mihajlovic eine halbe Million billiger gewesen. Wenn wir mit solchen Komödien 500.000 Mark verdienen, dann darf mich Eichberg so oft am Hobel blasen, wie er will. Ich bin sofort bereit.«

WAS KOSTET DIE WELT?

Das war aber noch lange nicht alles. Wie später die Bild-Zeitung verbreitete, zahlte Schalke nicht nur eine überhöhte Ablöse, sondern auch ein total überzogenes Gehalt an Mihajlovic. 1,6 Millionen Mark sollen als Handgeld geflossen sein. Dazu ein garantiertes Gehalt von 500.000 Mark plus einen Mercedes 500 SL (fast 150.000 Mark) plus Miete für sein Haus in Herten (2.000 Mark) plus Wohnungseinrichtung (120.000 Mark). Damit war Mihajlovic einer der absoluten Spitzenverdiener im deutschen Fußball – und das in der 2. Liga. Vielleicht lag die schlechte Vertragsverhandlung aber auch einfach nur an dem Charakter des Günter Eichberg, über den Charly Neumann einmal sagte: »Er kann nicht nein sagen. Wenn er eine Frau wäre, hätte er bestimmt schon zwanzig Kinder.«

PERSONALIA

Mit Mihajlovic hatte Schalke nun das Problem, einen Ausländer zuviel im Kader zu haben. Für Wladimir Ljuty suchte Manager Helmut Kremers nun einen Abnehmer. Es fand sich aber keiner, also wurde mit Ljuty kurzerhand ein Kontrakt als Vertragsamateur geschlossen, dafür musste der Russe allerdings eine dreimonatige Sperre in Kauf nehmen.

Eduard Geyer, von Eichberg als Jugend-Koordinator und »Nordost-Berater« geholt, wurde es auf Schalke zu langweilig. Der ehemalige DDR-Auswahltrainer funkte SOS: »Hilfe, ich will wieder auf die Bank.« Als Nachfolger wurde Bodo Menze, bis dato Verbandstrainer, geholt. Als Talentspäher

Einer weniger aus dem Kreisel:
Ötte Tibulsky starb mit 78.

sollte ihm Mathias Herget zur Seite stehen. Während in der Heimat Schneechaos herrschte, fuhr Schalke in der Winterpause ins Trainingslager nach Portugal. Ein Hinflug mit Hindernissen, denn die Mannschaft saß wegen einer Bombendrohung stundenlang am Frankfurter Flughafen fest.

Eine traurige Meldung schockierte die Schalker Fan-Szene: Ötte Tibulsky erlag im Alter von 78 Jahren einem langwierigen Krebsleiden. Tibulsky war Mittelläufer im »Schalker Kreisel«, trotz seiner nur 1,72 Meter war er ein gefürchteter Kopfballspieler. Mit dem zweimaligen Nationalspieler war damit der letzte Schalker Fußballer verstorben, der in den 30er und 40er Jahren an allen sechs Meisterschaften und am Pokalsieg 1937 beteiligt war.

RICHTUNG AUFSTIEG

Zurück in der zweiten Bundesliga feierte Ristic beim ersten Spiel nach der Winterpause vor 15.000 Zuschauern in Braunschweig einen Einstand nach Maß. Schalke spielte dabei überaus couragiert, die quicklebendigen Borodjuk, Sendscheid und Mihajlovic fuhren den 1:0-Sieg ein (Torschütze Thorsten Wörsdörfer).

Schalke gab Gas. Gegen Osnabrück (1:0), Havelse (2:1) und Schweinfurt (2:0) zeigte vor allem ein überzeugender Sascha Borodjuk, dass man die Aufstiegsambitionen nun auch in die Tat umsetzen wollte.

Und so ging Schalke als Spitzenreiter ins »Spiel der Spiele« gegen den MSV Duisburg. Das Wedaustadion war schon seit Wochen ausverkauft, Sicherheitsstufe eins war angesagt. Ein Aufgebot von 570 Polizisten, so viel wie noch nie zuvor bei einer Partie in Duisburg, und 220 Ordner sollten für Ruhe sorgen. Das Spiel endete ziemlich glücklich aus Sicht der Schalker 1:1 (Treffer durch Sascha Borodjuk und Ewald Lienen). Beim nächsten Spiel setzte es die erste Heimniederlage seit langem (1:2 gegen Waldhof Mannheim), doch im nächsten Spiel zu Hause gegen den SV Meppen lief es wieder besser (2:0).

Beim Spitzenspiel gegen die Stuttgarter Kickers (0:0) kam Trainer Ristic einige Minuten zu spät nach dem Wiederanpfiff aus der Kabine und wunderte sich, dass ihm Egon Flad bereits entgegenlief. »Keine Lust mehr?«, fragte Ristic. »Ich schon, aber der Schiri nicht.« Egon Flad, in Fan-Kreisen auch »Karten-Egon« genannt, war bereits 44 Sekunden nach Anpfiff der zweiten Halbzeit mal wieder vom Platz geflogen. Er wurde für zwei Spiele gesperrt.

Zu schade für die zweite Liga: »Sascha« Borodjuk.

Beim Spiel gegen Homburg (3:1) gab es großes Aufatmen, denn Mihajlovic traf zum ersten Mal in einem Pflichtspiel ins gegnerische Tor. Alle hofften, dass damit der Knoten geplatzt war. Preußen Münster spuckte vor dem nächsten Duell große Töne, doch vor 15.000 mitgereisten Schalke-Fans hatten sie keine Chance (3:0, Tore durch Anderbrügge, Sendscheid und Schlipper).

Der Aufstieg rückte immer näher und auch Spekulationen wurden laut, Olaf Thon würde zurückkehren. »Für Schalke ist das Beste gerade gut genug«, wusste Günter Eichberg zu erklären. Doch auch andere Namen kursierten am Schalker Markt: Holger Fach (Bayer Uerdingen), Sascha Jusufi (HSV), Hendrik Herzog (FC Berlin), Darius Wosz (Chemie Halle), Christian Wörns (Waldhof Mannheim), Michael Tarnat (MSV).

61. PLANUNG DER AUFSTIEGSFEIER KANN BEGINNEN

Gegen Oldenburg gab es im folgenden Match ein überzeugendes 4:1, dann mussten die Königsblauen nach Hannover. Zur Stadt an der Leine reisten 10.000 Schalke-Fans mit ihrer Mannschaft, alle bereits im Aufstiegsfieber, doch das 0:0 enttäuschte die Zuschauer etwas. Im Heimspiel gegen Freiburg zeigten sich die Breisgauer destruktiv und wurden auch prompt mit 3:1 bestraft. Schalke konnte die Aufstiegsfeier bereits planen.

Zum Auswärtsspiel in Mainz startete Schalke eine »Fair-Play«-Aktion, die es in dieser Form im bezahlten Fußball noch nicht gegeben hatte. Schalke hatte für 13.000 Mark 1.000 Eintrittskarten beim FSV Mainz 05 gekauft und setzte auf Vereinskosten zwanzig Busse ein, um die 1.000 Fans in einer Sternfahrt aus verschiedenen Orten zum Mainzer Stadion zu bringen. Das Match endete 1:1, es fehlte dank der Rückrundenserie von 22:6 Punkten und sechs Punkten Vorsprung auf einen Nichtaufstiegsplatz nur noch ein einziger Punkt aus drei Spielen zum Aufstieg. Die Fans trugen »König Aleks« auf ihren Schultern in die Kabine. Als die Mannschaft am Abend im Vereinsheim an der Glückauf-Kampfbahn eintraf, floss das Pils in Strömen. Dennoch gab es nach Auskunft der Polizei keine Fan-Randale, ohne Zwischenfälle war auch die Fair-Play-Bustour verlaufen, obwohl schon auf der Hinfahrt in einigen Bussen das Bier ausgegangen war.

KÖNIGSBLAU IN MODE

Die Stadionuhr zeigte 16:42 Uhr. Da ergriff Schiedsrichter Manfred Schmidt plötzlich die Flucht, brach bereits drei Minuten vor dem regulären Ende das Spiel ab und gab damit den Startschuss zu einer irren blau-weißen Jubelfeier. 2:1 gewann Schalke gegen Fortuna Köln – doch das interessierte (fast) niemanden mehr, zumal das Spiel durch den Punktverlust des Aufstiegskonkurrenten Stuttgarter Kickers am Vortag bereits bedeutungslos geworden war. Das Parkstadion kochte über. Schon eine Viertelstunde vor Spielende waren Tausende der 55.000 begeisterten Fans in den Innenraum geklettert. Trainer Ristic saß da längst mit Schalke-Mütze und Riesen-Fahne »bewaffnet« auf den Schultern der Fans. Mittendrin Charly Neumann: »So was habe ich noch nicht erlebt!« Schalke feierte den Aufstieg wie den Gewinn der Deutschen Meisterschaft. Auch Fortunen-Trainer Tony Woodcock zeigte sich beeindruckt: »Einmalig!«

Die Saison war noch nicht vorüber und im nächsten Spiel musste Schalke in Essen ran. Und Rot-Weiss Essen hatte echten Bammel vor Schalke. Zwei Jahre zuvor drangen Schalke-Fans nachts vor dem Derby ins Georg-Melches-Stadion ein und strichen die Torpfosten blau und weiß. Um das zu verhindern, stellte der Essener Ordnungsdienst sogar eine Nachtwache auf. Dennoch gab es Trouble. Der Schlusspfiff nach dem 0:0 war

Zurück in der Bundesliga.

das Startsignal für Hooligans, das Stadion halb abzureißen. Hunderte stürmten den Platz, schwere Zäune wurden niedergerissen. Die Ordner waren machtlos, Polizisten mit Helmen und Schlagstöcken standen anfangs abwartend im Abseits. Wenige lange Minuten später schritten die Polizisten ein und jagten die Hools wieder auf die vollbesetzte Tribüne. Die Straßenschlacht an der Hafenstraße dauerte bis weit nach Mitternacht.

AM ZIEL DER TRÄUME

Am Ende einer langen Saison sah man den Spielern an, dass sie am Ende ihrer Kräfte waren. Und so war es kein Wunder, dass sich beim letzten Ligaspiel gegen Darmstadt 98 (1:0) auf den Rängen meist mehr tat als auf dem Spielfeld. Dort ging die »La Ola«-Welle 65 Mal durch`s Parkstadion – das war neuer Weltrekord. Von Rekorden wusste auch Aleksander Ristic zu berichten: »Ich weiß ja aus Düsseldorf wie es ist, wenn man aufsteigt. Aber hier auf Schalke gab es ja gleich mehrere Aufstiegsfeiern. Ich denke da an die letzten vier Spiele – jedes eine Feier für sich.« Im allgemeinen Jubel wirkte es fast schon störend, dass noch Fußball gespielt werden musste. Vorher und nachher ging dafür die Post ab, so stark, dass ein Großteil der Brieftauben, die aus dem Parkstadion ihren Heimflug antreten sollten, vorzog, lieber nicht zu starten.

Beim großen Schalke-Umzug über die Tartanbahn wirbelten Vertreter von 90 Fanclubs rund um das Spielfeld, und als die Bee-Gees-Revival-Band »Marmor, Stein und Ei-

Einer der spektakulärsten Fehleinkäufe in der Schalker Geschichte: Bent Christensen.

sen bricht, aber unsere Schalker nicht« anstimmte, gab es kein Halten mehr. Im allgemeinen Jubelfest ging selbst die offizielle Meisterehrung durch den DFB unter. »Hier brennt der Baum«, meinte der einiges gewohnte Charly Neumann. »Jungens, datt is Schalke, hier is ja wieder richtig wat los«, schwärmte auch Ex-Präsident Günter Siebert. Trubel gab es bis spät in den Abend und bis in die Morgenstunden eines blauen Montags. Doch Darmstadt 98 legte auch noch Protest gegen die Wertung des Spiels ein, da wieder einmal der Platz von den Fans bereits vor Abpfiff gestürmt wurde und das Spiel nicht fortgesetzt werden konnte. Darmstadt 98 befand sich im Abstiegskampf und benötigte jeden Punkt. Später ließen die Darmstädter allerdings den Einspruch fallen, da Rot-Weiß Essen keine Lizenz bekam, absteigen musste, und Darmstadt somit der Verbleib in der 2. Liga gesichert war.

DANISH DYNAMITE

Schalkes Planungen für die Bundesliga liefen auf Hochtouren. Schatzmeister Rüdiger Höffken rechnete mit einem Zuschauerschnitt von 37.000 und einem Etat von 15 Millionen Mark (Etat 1990/91: 8 Millionen Mark). Schalke wies damit den vierthöchsten Etat der Liga aus (nach dem 1. FC Köln, Eintracht Frankfurt und Bayern München), damit konnte man auch so manchen Transfer ermöglichen. Hendrik Herzog kam vom FC Berlin, Sascha Jusufi vom HSV und Steffen Freund von Stahl Brandenburg. Die beiden Jugend-Nationalspieler Markus Schwiderowski (Schalker Eigengewächs) und Andreas Gaber (SV Schwetzingen) verstärkten den Kader.

Aber ein Kracher sollte noch kommen: »Danish Dynamite« Bent Christensen, Stürmerstar von Brondby IF Kopenhagen, sollte an den Schalker Markt geholt werden, stand jedoch auch bei einigen italienischen Spitzenclubs auf dem Wunschzettel. Die Ablösesumme von fünf Millionen Mark schien für Günter Eichberg wieder mal keine Hürde zu sein, und so unterschrieb der 24-jährige Torjäger einen Zwei-Jahresvertrag bei den Königsblauen. Wladimir Ljuty musste weichen und wurde an den MSV Duisburg ausgeliehen. Günter Eichberg rechnete in der ersten Bundesligasaison mit einem Rang im Mittelfeld (»Platz acht oder neun«).

Schalke 04 entwickelte sich zu einer neuen Großmacht im deutschen Fußball –

Nie mehr Fußball: Günter Netzer erliegt dem Angebot von Namensvetter Eichberg.

zumindest, was das Finanzielle anging. Günter Eichberg sorgte für den nächsten Paukenschlag. Erst besorgte er einen 9-Millionen-Mark-Vertrag mit dem neuen Sponsor »Müller-Milch«, jetzt lockte er Günter Netzer zurück in die Bundesliga. »Nie mehr Fußball«, hatte Netzer gesagt, als er sich 1986 nach drei Meisterschaften und dem Europacup als Manager beim HSV verabschiedete. Jetzt kam raus: Schon seit Monaten war Netzer als Berater für Eichberg tätig. Ihm war es zu verdanken, dass der Ristic-Deal über die Bühne ging. Die Idee zur Zusammenarbeit entstand bereits während der WM 1990 im exklusiven Hotel Villa d'Este am Comer See, wo sich der Ex-Nationalspieler und Eichberg trafen. Auf Schalke pfiffen es nun die Spatzen von den Fördertürmen: Netzer sollte schon im Herbst als Vize-Präsident in den Vorstand gewählt werden. Und was war mit Helmut Kremers? Zwei waren einer zuviel.

62. SPONSOREN STEHEN SCHLANGE

Der Aufstieg in die erste Bundesliga war geschafft. Die königsblaue Euphorie kannte keine Grenzen mehr. Laut Charly Neumann sollte Schalke in Zukunft nie mehr gegen Meppen oder Osnabrück spielen, sondern nur noch gegen Mailand, Madrid und Lissabon.

Schalke war im Fieber. Marketing-Chef Heribert Bruchhagen hatte bereits alle Banden für die neue Saison 1991/92 verkauft. Der »Schalker Kreisel« wuchs von 28 auf 104 Seiten und täglich verzeichnete der Klub rund 30 bis 40 neue Mitglieder. Seit Eichbergs Amtsantritt im Januar 1989 war die Mitgliederzahl nun auf das Doppelte gestiegen und lag nun bei etwa 12.500.

Nachdem sich die Schalke-Euphorie nach der Jubelfeier zum Aufstieg etwas gelegt hatte, vermeldete Günter Eichberg den Transfer des Bochumer Stürmers Uwe Leifeld. Das ganze sollte noch ein langes Nachspiel haben, denn Uwe Leifeld war schon »totgesagt«. Sein Knie machte schon lange nicht mehr mit, war bereits achtmal operiert worden, er galt schon als halber Sport-Invalide. Helmut Kremers war der einzige, der vor einen Transfer warnte – er wurde nicht gehört. Später gab es dann noch ein langes Hick-hack über die fällige Ablösesumme an den VfL Bochum, wobei Schalke sogar den Rechtsanwalt und ehemaligen BVB-Präsidenten Dr. Rauball einschaltete.

Netzer und Ristic

ZOFF AUF SCHALKE

Die Idylle trog in der Erbismühle, dem Trainingslager im Taunus. Drei Wochen vor Beginn der neuen Saison sagte Trainer Ristic »Kremers schleicht wie eine Hyäne herum, er wird die nächste Woche bei Schalke nicht überleben.« Ristic war unzufrieden mit Kremers über sein mangelndes Engagement. »Ich mache hier alles selbst, besorge die Trainingsgeräte. Andernfalls geht es über drei, vier Stationen und wird schließlich zu spät oder gar nicht besorgt«, kritisierte der Coach. Und auch Max Merkel glaubte nicht mehr an eine längere Bindung von Kremers an Schalke 04. In seiner Bild-Kolumne gab er dem Management gerade einmal »zwei Bälle«.

Und schon in der Woche drauf war es tatsächlich aus. Helmut Kremers wurde von seinem Amt enthoben, trotzdem wurde er zunächst weder beurlaubt noch entlassen, er sollte sich nun nur noch um Sponsoren kümmern. Günter Netzer sollte dann ab 1. August den Vorstand in »strategischen Fragen« beraten. Beraten sollte Netzer hauptsächlich von der Schweiz aus per Telefon, denn seine Tätigkeit bei der Werbe-Firma CWL wollte er nicht aufgeben. Für Ristic und Netzer war es ein Wiedersehen, sie kannten sich noch bestens aus ihrer Zeit beim HSV.

Damit zog Günter Eichberg einen Schlussstrich unter die schon länger andauernden Querelen zwischen Manager Kremers und Coach Ristic. Der »Fall Leifeld« spielte bei der sensationellen Entwicklung nach Eichbergs Worten keine Rolle. Der Torjäger sollte nun in die Rehabilitation gehen und dann einen neuen Versuch starten. Das aber sollte nach Eichbergs Aussage »maßvoll« geschehen, nachdem Ristic den Ex-Bochumer vor die Wahl gestellt hatte: »Entweder du spielst oder du kannst wieder nach Hause gehen.« Darauf spielte Leifeld bei einem Testspiel eine Halbzeit und musste anschließend mit dick geschwollenem Knie seine Hoffnungen auf ein schnelles Comeback begraben.

Im beigefarbenen Sommeranzug betrat Günter Netzer bei seinem Amtsantritt die Schalker Geschäftsstelle. Sein strategisches Ziel: »In den nächsten drei Jahren den Club in den internationalen Fußball führen.« Sein erstes »strategisches Opfer« sollte Charly Neumann werden. Netzer: »In Schalke haben zu viele Leute mitgeredet«. Doch Charly bekam Rückendeckung durch Ristic: »Charly gehört zu Schalke, er ist Schalke.« Kurz drauf feierte Charly seinen 60. Geburtstag – ohne Netzer, der war in der Schweiz geblieben.

DER AUFTAKT

Im letzten Test vorm Bundesligaauftakt schlug Schalke den VfR Limburg mit 9:1, und Ristic geriet ins Schwärmen: »Die neun Tage Trainingslager haben viel gebracht. Sportlich und menschlich stimmt es jetzt bei uns.« Doch der »Attacke«-Schlachtruf der fast 55.000 Zuschauer inspirierte die Kicker kaum: nur ein mageres 0:0 gegen den HSV beim ersten Heimspiel. Schalke spielte viel zu brav. Bent Christensen, der mit einer schmerzhaften Blutblase spielen musste, war auch nach dem Match selbst von sich enttäuscht. Ein starkes Debüt hingegen gab Hendrik Herzog, der vom ehemaligen DDR-Oberligisten FC Berlin zu den Knappen kam.

Zwischendurch dufte Schalke 04 noch einmal auf der Anklagebank Platz nehmen. Das

Fröhliche Feier, nachdem ihn Günter Netzer schon abschieben wollte: Charly Neumann feiert seinen 60. Geburtstag.

letzte Spiel in der 2. Liga gegen Darmstadt 98 hatte ein Nachspiel: Weil bereits vier Minuten vor dem regulären Ende Zuschauer auf den Platz stürmten und der Schiedsrichter das Spiel nicht mehr fortsetzen konnte, sprach der DFB-Kontrollausschussvorsitzende Hans Kindermann von irregulären Verhältnissen und verhängte eine Strafe von 25.000 Mark. Da war Schalke noch mal mit einem blauen Auge davon gekommen.

Beim ersten Auswärtsspiel der Saison wurde Schalke von einem Frankfurter Orkan überrollt. 0:5 kamen die Knappen unter die Räder, die Floskel »Schalke 05« bekam eine neue Bedeutung. Die Truppe von Dragoslav Stepanovic zeigte dabei eine Gala-Vorstellung, Andy Möller erzielte das 2:0 und 3:0. Bei den Schalker Spielern lagen die Nerven blank. Bent Christensen (Bild-Note: 5) zerschlug in den Katakomben des Waldstadions in seiner Wut eine Glasscheibe.

Beim nächsten Heimspiel nutzte Steffen Freund, Neuzugang von Stahl Brandenburg seine Chance und köpfte die Königsblauen zum 1:0-Erfolg gegen den Club aus Nürnberg. Das Punktekonto war wieder ausgeglichen. Im DFB-Pokal dann aber wieder ein herber Rückschlag. Bei Zweitliga-Schlusslicht Rot-Weiß Erfurt setzte es eine empfindliche 1:2-Schlappe. Nach Christensen war es diesmal Jens Lehmann, der eine abgeschlossene Tür in einem Wutausbruch eintrat.

Schalke musste als nächstes bei den Münchener Bayern ran, damaliger Trainer: Jupp Heynckes. Schalkes großer Kampf beim »Goliath« Bayern wurde nicht belohnt, am Ende nur ein 2:3 aus Schalker Sicht. Jupp Heynckes, damals ziemlich unter Beschuss, konnte seinen Kopf noch einmal aus der Schlinge ziehen. Für Schalke aber hieß das, man musste nun im nächsten Heimspiel gegen den BVB punkten, ansonsten wäre bereits jetzt ein Abstiegskampf vorprogrammiert.

63. DAS REVIER-DERBY

Am knallheißen August-Samstag elektrisierte das Revier-Derby die Massen. Am Ende war es ein totaler Triumph für den FC Schalke 04. 70.200 Zuschauer – ausverkauft – feierten einen grandiosen 5:2-Erfolg über den Erzfeind. Sogar Günter Netzer flippte aus: »Das habe ich nur einmal erlebt. Damals haben wir mit Real Madrid Barcelona aus dem Bernabeu-Stadion gefegt.« Kapitän Didi Schacht: »Ich konnte nicht begreifen, was da passiert. Wir haben zuletzt gespielt wie im Rausch.« Ingo Anderbrügge machte sein Treffer zum 1:0 besonders stolz: »Vier Jahre bin ich jetzt weg vom BVB – in dieser Zeit bin ich ein echter Schalker geworden.«

Aber ein anderer – späterer – Borusse sorgte für die nächste Niederlage der Königsblauen Matthias Sammer traf für den VfB Stuttgart gegen Schalke zum 1:0-Siegtreffer. Doch Schalke hatte noch den Willen und kämpfte sich beim 3:1 über Gladbach wieder zurück.

»Diese Nacht werde ich wohl nicht schlafen können«, befürchtete Rene Unglaube nach dem Spiel seiner SG Wattenscheid 09 gegen Schalke (1:2). Der Wattenscheider Stürmer war fix und fertig, weil er Sekunden vor der Pause eine Riesenchance zum 2:0 vergeben hatte. Allein vor Lehmann versemmelte er, im direkten Gegenzug erzielte Egon Flad den Ausgleich. Derweil musste sich ein Schalker Held verabschieden. Für Didi Schacht war nach elf Profijahren Schicht im Schacht. Achillessehnen und Sprunggelenke waren kaputt, dazu höllische Rückenschmerzen.

Bislang zündete nur Charly Neumann für Schalke dicke Kerzen an. Vor dem Spiel in Leverkusen wandte sich auch Ristic an die Fußballgötter und suchte Beistand für seine Notelf (ohne Lehmann, Schacht, Mihajlovic, Christensen, Müller, Jusufi): »Vor 0:0 war ich in Kirche, habe gebetet für meine Jungs – liebe Gott hat erhört Aleks.«

Schalkes Berg- und Talfahrt ging weiter. Ausgerechnet der Ex-Schalker Wladimir Ljuty erzielte den ersten Treffer beim 2:0-Sieg der Duisburger über den S04. Kurz drauf dann eine Gala-Vorstellung von Günter Schlipper beim 3:1 über den Karlsruher SC. Beim nächsten Auswärtsspiel wieder eine Niederlage: Werder Bremen besiegte die Schalker – allerdings mit sehr viel Glück – mit 2:1.

64. ABSOLUTE MEHRHEIT

Am 7. Oktober 1991 stellte sich Günter Eichberg zur Wiederwahl. Knapp 2.100 Mitglieder kamen in die Eishalle des Sportparadieses und machten aus der Generalversammlung eine Riesenfete in Blau und Weiß. Zwischen Sprechchören und Klatsch-Märschen sorgten die Schalker um 20:45 Uhr für die standesgemäße Krönung von «Sonnenkönig» Günter Eichberg. Mit überwältigender Mehrheit wurde Eichberg, der als einziger Kandidat antrat, für drei Jahre wiedergewählt. Nur zwei Mitglieder wagten, dagegen die Hand zu erheben. Das ging aber in donnernden »Günter, Günter«-Rufen und der »Attacke« unter.

Die Vorstandswahl verlief mit noch nie dagewesener Geschwindigkeit: Schatzmeister Rüdiger Höffken und Vize-Präsident Herbert Schmitz wurden sogar ohne Gegenstimme im Amt bestätigt. Pfiffe und Buh-Rufe gab es nur bei der Wahl des Verwaltungsratsmitglieds Jürgen Möllemann. Der damalige Bundeswirtschaftsminister, gegen dessen Kohlepolitik die Schalker protestierten, wurde in Abwesenheit aber doch gewählt. Eichberg verhinderte eine weitere Diskussion: »Es geht hier und heute um Schalke und nicht um Kohle.« Auch die Vision eines neuen Stadions half Eichberg bei der Wiederwahl: »Wenn unser Stadion 1994 fertig ist, wollen wir eine Spitzenmannschaft haben, die im Europapokal spielt.« Bis in den Morgen soll Eichberg noch im Hotel Maritim seinen Supersieg gefeiert haben.

PLEASE RELEASE ME

Dann kam der Tag von Uwe Leifeld. Nach der Reha bekam er von Eichberg einen Zwei-Jahresvertrag. Beim Spiel gegen Hansa Rostock versenkte er die Hansa-Kogge beim 5:0-Heimsieg mit zwei Kopfball-Torpedos. Gast im Stadion auf Einladung von Günter Eichberg: war Schnulzen-Sänger Engelbert Humperding: »Fußball ist meine zweitgrößte Leidenschaft.«

Als nächstes kehrte »König Aleks« an seine alte Wirkungsstätte zurück. Bei Fortuna Düsseldorf (1:1) blieben die Schalker allerdings blass und konnten keinen Profit aus der Roten Karte für den damaligen Fortunen Mike Büskens schlagen.

Ein Stück meisterlicher Glanz im Parkstadion:
Bernie Klodt kehrt nach schwerer Herz-OP auf die Tribüne zurück.

Unterdessen feierte einer der ganz Großen der Schalker

Vereinsgeschichte seinen 65. Geburtstag: Bernie Klodt, Mitglied des Aufgebots von Sepp Herberger der Weltmeisterschaften 1954 und 1958 und Kapitän der Schalker Meistermannschaft von 1958, war zwar seit einem Herzinfarkt und einer Herzoperation rechtsseitig gelähmt, aber seine Frau Annette, die mit ihm bereits über 35 Jahre verheiratet war, gab ihm immer wieder Mut: »Wir machen das Beste draus!« Mit der Hilfe seines Sohnes Jürgen konnte Bernie wieder die Spiele im Parkstadion besuchen, wo eigens für ihn ein rollstuhl-gerechter Platz auf der Ehrentribüne eingerichtet wurde.

S04 IM SCHÖNHEITSSCHLAF

Gegen die vermeintlich schwachen Mannschaften taten sich die Königsblauen schwer. 1:1 bei den Stuttgartern Kickers und ebenfalls 1:1 im Heimspiel gegen Dynamo Dresden (Tor durch Christensen). Es folgte ein Schicksalsspiel für Holger Osieck. Bochums Trainer stürmte als kleiner Junge auf Schalke, Vater Gustl Osieck starb sogar beim Spiel der Schalker in Saarbrücken an einem Herzinfarkt. Und dann der große Knatsch mit Königsblau: Als Jugend-Trainer angeheuert, als Weltmeister mit Franz Beckenbauer nach Marseille abgesprungen, gab's ein Jahr lang Gerangel um Vertragsklauseln und Abfindungssummen. Nun sollte Schalke wieder Schicksal spielen, doch Bochum gewann äußerst glücklich mit 1:0. Uwe Leifeld war nach dem Match wütend: »Rob Reekers hatte wohl Blut getrunken«, zeigte er sein Unverständnis für das ruppige Spiel des Holländers in den Reihen des VfL.

Gegen einen weiteren – aus heutiger Sicht ehemaligen – Schalker Trainer ging es in der nächsten Partie gegen den 1. FC Köln. Jörg Berger hatte nach dem Match aber nur einen einzigen Kommentar abgegeben: »So ein Gurkenspiel von uns«. Dr. Markus Merk pfiff das Spiel gegen die Kölner, in dem die Schalker vor 61.400 Zuschauern eine ihrer besten Saisonleistungen brachten und die Rheinländer mit 3:0 nach Hause schickten.

Eine Halbzeitbilanz, die sich sehen lassen konnte: mit einem verdienten 1:1 beim Deutschen Meister 1. FC Kaiserslautern kletterte Schalke 04 am letzten Spieltag der Hinserie auf Platz 6. Auch auf dem gefürchteten Betzenberg hatten sich die Knappen keinesfalls versteckt. Der 1:1-Ausgleich durch Andy Müller per Fallrückzieher à la Klaus Fischer wurde in der Sportschau zum »Tor des Jahres« gewählt.

Einem total unnötigen 1:2 beim HSV folgte am Tag vor Nikolaus ein wiederum eher glückliches 1:1 gegen die Frankfurter Eintracht (Tor duch Anderbrügge in der Schlussminute per Strafstoß) vor knapp 50.000 Zuschauern – und das, obwohl Pay-TV-Sender Premiere das Spiel unverschlüsselt übertrug. Der Verein sorgte dabei für Weihnachtsstimmung: Wunderkerzen wurden verschenkt, Schalke-Adventskalender und Aachener Printen verteilt. Charly Neumann hatte sogar vor, als Engel per Kran ins Parkstadion einzuschweben, aus Sicherheitsgründen wurde dieser Gag aber wieder abgesagt.

Ganz Schalke war glücklich über das Christkindl-Tor von Bent Christensen. Der Däne schoss das 1:0 in Nürnberg und bescherte damit den zweiten Auswärtssieg und schöne Aussichten: Beim Aufsteiger Schalke 04 wurde zu Weihnachten von einem UEFA-Pokalplatz geträumt.

65. ATTACKE-PROFI

»Dadi, dadi, dadidididididi – Attacke!« Der Baggerführer Marino Fioretti aus Essen, bekannt geworden als nimmermüder »Attacke«-Bläser, wurde zum ersten Profi-Fan der Fußball-Bundesliga. Während des Trainingslagers auf Gran Canaria hatte er einen Zweieinhalb-Jahresvertrag erhalten. Ausgestattet mit Werbe-Mütze und -Trikot sollte der Hobby-Trompeter die Schalker künftig auch zu Auswärtsspielen begleiten. Für »Fio« erfüllte sich ein Traum, bisher musste er alle Kosten selbst tragen. Rund 7.500 Mark Gage sollte er jährlich erhalten, und die »Dienstreisen« waren für ihn fortan frei – ein absolutes Novum im deutschen Fußball, das wohl auch nur in der »Ära Eichberg« möglich war. Übrigens: In der Saison 2003/2004 trainierte »Fio« die E-Jugend von SV Altenessen 1912.

DIE NERVEN LIEGEN BLANK

Auf dem Spielfeld lief es nach der Winterpause gar nicht mehr. Einem 0:1 in Karlsruhe folgten in einem niveauarmen Spiel ein 0:0 gegen Werder Bremen und ein 0:2 bei Hansa Rostock. Die Talfahrt des FC Schalke 04 schien bedrohlich zu werden. Beim nächsten Match gegen seinen alten Club Fortuna Düsseldorf setzte Ristic wieder auf Günter

Als ein Scheitel ging: Günter Netzer.

Schlipper, doch Schalkes Offensiv-Abteilung war zu zaghaft – nur ein mageres 0:0 kam dabei heraus. Im Endspurt der Bundesliga ging den Königsblauen anscheinend die Luft aus. Auch gegen die Stuttgarter Kickers verlor man zu Hause mit 1:2. Die Nerven lagen blank. Da misslangen die einfachsten Dribblings, die Bälle rutschten selbst gestandenen Spielern wie Günter Güttler vom Fuß. Zudem patzte Torhüter Jens Lehmann, der mit seinem verunglückten Abschlag den Stuttgartern nach 15 Minuten das 1:0 als verspätetes Ostergeschenk auf dem silbernen Tablett präsentierte.

Und dann der nächste Paukenschlag: Der FC Schalke 04 trennte sich wieder von »Scheitel« Günter Netzer. Eichberg nannte als Begründung, dass sich die Schalker Vereinsführung entschlossen habe, die »Experimentierphase« über neue Wege des Managements abzubrechen, weil dieses Modell nicht erfolgreich gewesen sei. »Telefon-Manager« Netzer hatte also ausgedient.

Aber das war lange noch nicht alles: Schalke feuerte kurz drauf auch noch Trainer Ristic. Kurz nach 18 Uhr platzte die Bombe im Schalker Trainingslager in Billerbeck: Abgeschottet von der Außenwelt hatte sich der Vorstand in stundenlangen Verhandlungen im Hotel Weißenburg zu diesem Schritt durchgerungen. Pressesprecher Andreas Steiniger verkündete den einstimmigen Vorstandsbeschluss in einer Kurzmitteilung: »Schalke hat sich von Trainer Ristic getrennt. Es gibt keine weiteren Stellungnahmen.«

Mit sofortiger Wirkung übernahm Assistent Klaus Fischer das Abendtraining und sollte auch am nächsten Samstag in Dresden auf der Bank sitzen. Die langanhaltende sportliche Misere dürfte der Hauptgrund für den Trainer-Rausschmiss gewesen sein, aber der gewiefte Taktiker Ristic wies auch so manche menschliche Schwäche auf. Günter Güttler: »Im menschlichen Bereich gab es mit dem Trainer erhebliche Probleme. Er behandelt Menschen wie Material.« Als großer Hoffnungsträger kehrte Ex-Kapitän Andreas Müller in den Kader zurück. Auf ausdrücklichen Wunsch von Präsident Eichberg reiste Müller der Mannschaft nach Dresden nach. Plötzlich war seine Kapselverletzung auskuriert.

Und Eichbergs Imperium geriet ins Wanken. Er, der sich allzu gern als der starke Mann von Schalke feiern ließ, musste eingestehen, dass seine zu großen Taten Auserwählten, Ristic und Netzer, ein persönlicher Irrtum waren.

SAISONFINALE

Und auch der Trainerwechsel half bei Dynamo Dresden nicht (1:2). Doch Schalke wäre nicht Schalke, wenn man in Krisen nicht zusammenrücken würde. Die Fans hatten schon immer ein besonderes Gespür dafür, und so kamen zum nächsten Heimspiel 51.200 Zuschauer ins Parkstadion, die ein packendes, streckenweise sogar hochklassiges Derby gegen den VfL Bochum mit einem verdienten 2:1-Sieger Schalke 04 sahen. Damit war der Klassenerhalt nur noch theoretisch gefährdet und auch Schatzmeister Rüdiger Höffken hatte frohe Kunde: »Wir haben die Lizenz sowohl für die 1. und 2. Bundesliga sicher«.

Beim 1. FC Köln war Schalke allerdings nur Sparringspartner (0:3). Indes wurde Reiner Calmund als neuer Manager auf Schalke gehandelt. »Ja, es stimmt, Günter Eichberg hat mir ein Angebot gemacht«, wurde der schon damals schwergewichtige Bayer 04-Manager zitiert. Ist nichts draus geworden, bekanntlich nahm Calmund noch bis vor kurzem zwei bis drei Sitze in der »BayArena« ein. Beim 2:0-Erfolg über Kaiserslautern vor 61.200 Zuschauern beim Liga-Finale wurde Schalke noch einmal mit Lob überhäuft. Mit Platz 11 hatte die Mannschaft ihr Saisonziel in letzter Minute doch noch erreicht.

Im nächsten Jahr sollte nicht mehr so gezittert werden. Mithelfen sollten dabei Michael Büskens und Antoine Hey, die von Fortuna Düsseldorf verpflichtet wurden. Thomas Linke vom Zweiligisten Rot-Weiß Erfurt erhielt einen Zweijahresvertrag. Der große Kracher sollte Uwe Scherr werden, der für drei Millionen Mark vom 1. FC Kaiserslautern kam und ausdrücklich von Berti Vogts als kommender Mann in der Nationalelf auf der rechten Seite empfohlen wurde. Aber Schalker wissen nicht nur seit dem: »Erstens kommt es anders, und zweitens als man denkt.« Nicht zu vergessen: Toni Schumacher kehrte zurück an den Schalker Markt, diesmal als Torwart-Trainer. Eichberg: »Ich bin glücklich, den Toni überredet zu haben. Mit seiner Erfahrung ist er der beste Mann, den wir bekommen konnten.«

Düsseldorfer Junge: Mike Büskens.

66. DER GRAUE WOLF

Dass der Schalker Kreisel rotierte, war jedem bekannt. Dass sich das Schalker Trainerkarussel noch schneller drehte, war allen klar, als der neue Trainer für die Saison 1992/93 vorgestellt wurde. Es war kein geringerer als Udo Lattek. Der damals 57 Jahre alte Fußball-Lehrer, mit 14 nationalen und internationalen Titeln erfolgreichster Vereins-Trainer der Welt, war Wunschkandidat von Präsident Eichberg.

Gegen Klaus Fischers Engagement intervenierte der DFB, da der Ex-Profi keine für die Bundesliga gültige Trainerlizenz vorzeigen konnte. Um sich Ärger mit dem DFB zu ersparen, zog Eichberg die Notbremse – und kam auf seinen Duz-Freund Udo Lattek. Klaus Fischer wurde wieder zu den Schalker Amateuren beordert. »Es gibt im Leben Siege und Niederlagen, das war eine klare Niederlage«, meinte Fischer geknickt und verabschiedete sich erst einmal in den Urlaub.

In Udo Lattek, der in der vorangegangenen Saison als Sportdirektor des 1. FC Köln (man erinnere sich noch an den »blauen Pullover«) entlassen worden war, brannte wieder das Feuer: »Ich will noch etwas bewegen, nachdem man mir in Köln den Stuhl vor die Tür gesetzt hat. Ich bin für einen Beruf am Schreibtisch nicht geeignet. Ich bin wieder heiß und es war schon ein Kindertraum, einmal diesen Verein zu trainieren.«

Eichbergs erneuter Alleingang wurde im Nachhinein auch vom restlichen Vorstand getragen. Erst sah es so aus, als ob Schatzmeister Rüdiger Höffken sich gegen die Verpflichtung Latteks stellen würde: »Nur über meine Leiche«, wurde Höffken zum Thema Lattek zitiert. Doch als sich die Vertragsbedingungen herauskristallisierten, wurde er weich, denn Lattek sollte nach Punkten bezahlt werden. Höffken: »Er könnte der billigste Trainer werden, den Schalke je hatte: Null Punkte, null Mark.«

Zum Auftakt des Trainings kamen dann gleich 2.000 Schaulustige, die dem Altmeister über die Schulter schauen wollten. Die Erwartungen für die neue Saison waren enorm hoch. Beim »Tag der offenen Tür« kamen 15.000 Zuschauer bei sengender Hitze ins Parkstadion und sahen eine 1:3-Niederlage im Test gegen Lazio Rom, das mit Kalle Riedle antrat.

JETZT GEHT'S LOS!

Im ersten Spiel der Saison musste Latteks Truppe gegen die Wattenscheider Elf antreten – und es war ein verrücktes Spiel. 55.000 Zuschauer sahen drei Tore von Ingo Anderbrügge und trotzdem nahm Trainer Hannes Bongartz beide Punkte mit in die Lohrheide. »Wenn man zu Hause vier Tore kassiert, dann kann es in der Abwehr nicht stimmen«. Mit diesem Satz kennzeichnete Udo Lattek die 3:4-Heimniederlage.

Doch beim DFB-Pokalspiel in Göttingen zeigte Schalke, dass es noch gewinnen kann (3:1, Tore durch Christensen und 2 Mal Scherr) und machte sich damit Mut für das kommende Derby beim BVB. Im letzten Jahr hatte BVB-Trainer Ottmar Hitzfeld die Angelegenheit noch unterschätzt und sich auf seine Derby-Erfahrungen aus Zürich verlassen und eine 2:5-Schlappe eingehandelt. Doch auch diesmal ging der BVB unter.

2:0 im Westfalenstadion – ein riesiges blau-weißes Fest im »Feindesland«. Beim sensationellen Sieg schoss Günter »Schlippinho« Schlipper ein Super-Tor, tanzte Libero Reuter aus und machte den Weltmeister zur Lachnummer. Eichberg: »Der Schlippi – der ist entweder Welt- oder Kreisklasse. Diesmal war's das erste.« Die 76. Minute: Traumpass von Mihajlovic auf Christensen, der Däne schoss das 2:0 – und Lattek spurtete die Seitenlinie entlang, Christensen sprang ihm in die Arme, Trainer und Torschütze tanzten vor Glück, der erste Sieg in Dortmund seit genau zwanzig Jahren. Der eisgraue Wolf war wieder da! Schon vor dem Derby hatte Lattek gefragt »Warum nicht in Dortmund siegen?«, und hatte so seine Truppe nach der Wattenscheid-Pleite wieder wach gerüttelt.

Das passte zusammen: Günter Eichbergs Größenwahn und Udo Lattek.

67. MORD UND TOTSCHLAG

Ottmar Hitzfeld empfand seine erste Heimniederlage mit dem BVB »als tiefen Schock«. Doch der eigentliche Schock sollte erst noch kommen. Denn zum ersten Mal hatten die Auseinandersetzungen rivalisierender Fans beim Derby nach dem Spiel zu einem Mord geführt. Die Tat ereignete sich rund zwei Stunden nach dem Abpfiff. Opfer war ein 24 Jahre alter Schalke-Anhänger.

Etwa fünf Minuten nach Abfahrt des Nahverkehrszugs N7141 Richtung Lünen nahm das Drama seinen Lauf. Ein 19 Jahre alter Türke betrat das Abteil, in dem die Schalke-Fans Werner M. und sein Bruder saßen. Der junge Türke hatte zuvor am Hauptbahnhof einen Schalke-Schal »erbeutet«, den er vor den Augen der beiden Schalker auf den Boden warf und darauf herum trampelte. Bitten, diese Provokation zu unterlassen, wurden nicht erhört, es kam zu einem Handgemenge, bei dem er ein Messer zog und drohte, seinen Widersacher »abzustechen«. Zeugen aus einem benachbarten Abteil konnten ihn beruhigen, doch als der Zug um 19:05 Uhr in Dortmund-Derne hielt, ging der Täter zu dem Abteil zurück, in dem die Schalker saßen, und zog dort erneut das Messer mit der etwa 15 Zentimeter langen Klinge und rammte es bis zum Griff in den Rücken von Werner M. Der Täter ergriff die Flucht, wurde aber kurz drauf von Beamten des Bundesgrenzschutzes dingfest gemacht. Unterdessen bemühten sich zwei Notärzte um das Leben des Werner M., doch seine inneren Verletzungen waren zu stark, er verstarb noch am Tatort. Das Opfer hinterließ eine schwangere Frau und ein Kleinkind.

Beide Vereine hatten sich daraufhin spontan entschlossen, ein Benefizspiel zu Gunsten der Angehörigen auszutragen. Dieses wurde Ende Januar ausgetragen, drei Tage nachdem die Ehefrau von Werner M. ihr zweites Kind entbunden hatte. Eine gemischte Elf aus BVB- und Schalke-Profis trat gegen einen Mix aus Bochum- und Wattenscheid-Spieler für den guten Zweck an (die Bochumer-Auswahl gewann mit 3:2) und sorgte so für einen Reinerlös in Höhe von 25.000 Mark.

AUF DEM BODEN DER TATSACHEN

Der Sieg beim BVB zeigte Wirkung: Zum nächsten Heimspiel gegen Gladbach pilgerten mehr als 50.000 Zuschauer ins Parkstadion. Günter Schlipper, der Schiedsrichter Amarell mit »blinde Nuss« beleidigte und mit der gelb-roten Karte vom Platz verwiesen wurde, trug maßgeblich dazu bei, dass auch das zweite Heimspiel der Saison verloren ging (1:2). Schalke war wieder auf den Boden der Tatsachen zurückgeholt worden.

Beim nächsten Spiel bezwang »Not« (FC Schalke 04) »Elend« (1. FC Saarbrücken) mit 3:1. Ein unsägliches Gebolze im Ludwigspark. Saarbrückens Trainer Peter Neururer war nach dem Spiel todtraurig: »Mir tut die Niederlage besonders weh«, gestand er.

Mit einer Rumpfelf ging es dann gegen Werder Bremen. Der Schock bereits vor Anpfiff: Ingo Anderbrügge und Yves Eigenrauch mussten verletzungsbedingt passen, Premiere dagegen für Thomas Linke und Martin

Kultkicker unter sich: Mike Büskens und Bremens Dieter Eilts.

Spanring. Ein mageres 0:0, das die Heimbilanz nicht wirklich schöner aussehen ließ.

»Mit dem Buchwald haben wir gerechnet, mit dem Frontzeck auch, nur mit dem Dubajic nicht«, beschrieb Schalkes Manndecker Thomas Linke die Szene in der 88. Minute im Neckarstadion. Ein sichergeglaubter Punkt wurde den Schalkern noch vom von Christoph Daum trainierten VfB Stuttgart entführt.

Im Pokal musste Schalke in der zweiten Runde bei Rot-Weiss Essen antreten. Ein Derby, das es in sich hatte, aber die Schalker Spieler anscheinend nicht inspirierte. Nach einer miserablen Leistung verloren die Knappen beim Nachbarn mit 2:0. Nach dem Spiel mimte Udo Lattek die beleidigte Leberwurst: Eine Woche lang strafte er seine Schützlinge mit Ignoranz. Von Montag bis Freitag soll er kein einziges Wort mit seinen Spielern gesprochen haben.

Und das, obwohl ganz Schalke trotz des Pokal-Aus in Party-Laune war, denn die Freunde aus Nürnberg hielten beim nächsten Match Einzug. Nach weiteren neunzig torlosen Minuten konnte Udo Lattek nur feststellen: »Es kommen auch wieder bessere Zeiten.« Im Duell der beiden Altmeister aber hatten die Schalker Fans ihrer Mannschaft nur noch eines auf den Weg gegeben: »Ihr seid zu blöd«, schallte es von den Tribünen, weil diese nur noch »Armutsfußball« ablieferten.

Aber es ging noch schlimmer: In Leverkusen ging Schalke mit 1:6 baden. Jens Lehmann musste mit einem Innenband-, Kreuzband- und Meniskusriss plus Kapselsprengung ausgewechselt werden, für ihn ging Mike Büskens ins Tor, weil bereits zwei Feldspieler ausgewechselt waren. Vier Schüsse kamen noch auf sein Tor, drei waren drin, nur bei einem gab es für ihn etwas zu halten. Bei den nächsten Spielen sollte Holger Gehrke das Tor hüten.

Aber trotz der Super-Schlappe war von »Lattek raus«-Rufen keine Spur. Im Gegenteil. Nicht nur die Fans stärkten ihm den Rücken: »Diesen Trainer ziehen uns weder die Mannschaft, noch die Fans oder Medien unter dem Hintern weg – oder der Vorstand tritt geschlossen zurück«, verkündete Präsident Eichberg.

68. EIN GLÄSCHEN ZUVIEL

Auch im fünften Heimspiel blieben die Knappen ohne Sieg – nur ein 2:2 gegen den Karlsruher SC. Aber das blieb nicht die einzige Peinlichkeit. Vielmehr war es Günter Eichberg, der in sichtlich angetrunkenem Zustand vor der Fernsehkamera Schiedsrichter Ziller als »Luscha« und einzigen Amateur unter 22 Profis bezeichnete. Die Entgleisungen des Präsidenten, der in der Pressekonferenz einen Karlsruher Journalisten nach dessen Frage an den KSC-Trainer Winfried Schäfer mit den Worten attackierte: »Der sollte besser über die Bezirksliga berichten«, endeten kurz vor Mitternacht in einem Disput mit dem Verwaltungsratsmitglied Volker Stuckmann.

Dieser hatte vor der zwei Tage später stattfindenden Jahreshauptversammlung mehrfach Kritik an Eichbergs Amtsführung geäußert. Er hatte die nach seiner Meinung nicht ausreichenden Kontrollmöglichkeiten des Schalker Aufsichtsgremiums in der Marketing-GmbH-Führung bemängelt, deren einziger Gesellschafter Günter Eichberg war. Noch am Sonntag wurden die Unstimmigkeiten zwischen Eichberg und Stuckmann in einem persönlichen Gespräch ausgeräumt.

Eigentlich genügend Zündstoff für die Mitgliederversammlung, die aber am Ende doch harmonisch ablief. Eichberg entschuldigte sich artig für seine Entgleisungen, kündigte die Teilnahme im UEFA-Pokal im Jahre 1994 an, so dass die Führungsgremien bei nur drei Gegenstimmen von den 1.750 anwesenden Mitgliedern eher unspektakulär entlastet wurden. Die Schalker Bilanz vom 1.7.1991 bis zum 30.6.1992 schloss dabei mit einem Bilanzgewinn von 182.304,29 Mark ab, dennoch lasteten immer noch 9,6 Millionen Mark Schulden auf dem Verein.

69. ERFOLG KANN MAN NICHT KAUFEN

Auch mit dem bis dato erfolgreichsten Vereinstrainer der Welt kam das Glück nicht zurück zum Schalker Markt. Udo Lattek hatte sich das wohl anders vorgestellt. Und Günter Eichberg erst recht. Ganz zu schweigen von den zig tausend Fans, die Schalke immer noch die Treue schworen.

Auswärts lief einiges besser: In Bochum gab es einen 1:0-Sieg durch Christensen, vom HSV fuhr man siegreich mit 2:1 nach Hause. Zu Hause dann ein torloses Match gegen Eintracht Frankfurt, in Kaiserslautern ging Schalke mit 3:0 baden, dabei war der Ex- Schalker Bjarne Goldbaek der Mann des Tages.

Es verstärkte sich das Gerücht, dass Lattek seinen bis Saisonende auslaufenden Vertrag nicht verlängern und sogar schon nach dem Spiel bei Bayern München (12.12.) die »Brocken hinwerfen« werde. Im Freundeskreis hatte Lattek zuletzt immer häufiger darauf hingewiesen, dass er sich auf Schalke quasi um jede Kleinigkeit im sportlichen Bereich selbst kümmern müsse. Außerdem habe sein Duz-Freund Günter Eichberg auf Grund eigener Probleme fast nie mehr Zeit für ihn. Derweil machten auch Gerüchte die Runde, der Schuldenberg würde bis zum Saisonende auf 15 Millionen Mark anwachsen.

Beim Schalker 2:0 in Dortmund war er noch der gefeierte Held, beim Spiel gegen Uerdingen (1:1) verspielte Günter Schlipper aber wohl den letzten Kredit. Gerade erst hatte er eine Fünf-Spiele-Sperre abgesessen, da sah er schon wieder »Rot«, so dass selbst die Zuschauer riefen »Schlipper raus«. In seiner Schalker Zeit war es nun das fünfte Mal, dass er nach dummen und unbeherrschten Aktionen vom Platz flog.

Auch bei Dynamo Dresden war wieder mal nichts zu holen (0:1), wobei nicht nur die Spieler ins Fettnäpfchen traten. Lattek hatte eine Teilnahme von Schalker Spielern an einem Protest gegen Rassismus und Fremdenfeindlichkeit mit dem Hinweis abgelehnt, dadurch würde die Konzentration der Vorbereitung gestört. Dabei sollten einige Schalker Spieler mit Dresdenern nur ein Spruchband vor dem Anpfiff durch das Stadion tragen. Die Dynamo-Spieler machten das und ihre Konzentration war dadurch offenbar nicht gestört – wie das Spiel bewies.

Dann endlich der erste Zitter-Heimsieg, 1:0 gegen Köln durch Mihajlovic. Doch dieser Erfolg glättete die Wogen nur für kurze Zeit. »Knackpunkt« war der von Udo Lattek mit Ingo Anderbrügge ausgehandelte Drei-Jahres-Vertrag, den Lattek mit Vollmacht seines Präsidenten ausgehandelt hatte, den aber Schatzmeister Rüdiger Höffken nicht unterschreiben wollte. Höffken, Vorsitzender einer so genannten Spar-Komission, betonte zwar, einer Gehaltsaufbesserung könne er zustimmen, doch nur auf einer erfolgsbezogenen Basis. Jetzt waren die Schalker in einem Dilemma. Udo Lattek empfand Höffkens Veto als Einmischung in seine Arbeit, so dass sein Rücktritt immer wahrscheinlicher wurde.

Von Dresden in den Ruhrpott: Helmut Schulte.

AMTSMÜDIGKEIT

Auch Günter Eichberg musste dementieren, als man ihm Amtsmüdigkeit unterstellte. »Ich habe keinerlei Absicht auszusteigen«, gab er in einer Presseerklärung bekannt. Eichberg bestätigte zwar, dass er sich zunehmend überlastet gefühlt hätte, dass er aber auch auf der Suche nach einem Vereinsmanager wäre. Spekulationen wurden laut, dass es sich dabei wieder um Helmut Kremers handeln sollte.

Steffen Freund, soeben noch Torschütze beim 1:1 in Bayern, kündigte seinen Vertrag. Gerade war er von Berti Vogts ins Aufgebot der Nationalelf berufen worden, schon verdrehte sich ihm der Kopf. Der BVB sollte sein neuer Arbeitgeber werden.

Schalke präsentierte seinen Trainer für die neue Saison: Helmut Schulte, bisheriger Coach von Dynamo Dresden, bezeichnete Schalke (wie so ziemlich jeder seiner Vorgänger) als seinen »Wunschverein«. Doch es bahnte sich weiterer Wirbel an: Udo Lattek soll den Namen seines Nachfolgers erst aus der Presse erfahren haben und darauf sehr sauer reagiert haben. Dabei hieß es von Seiten des Vorstands immer, dass Lattek in die Suche nach einem neuen Trainer eingebunden werde.

Und so kam es, wie es kommen musste: Da mit Helmut Schulte sein Nachfolger schon feststand, nahm Udo Lattek seinen Hut. Während die Schalker Profis mit Co-Trainer Jürgen Gede einen Waldlauf absolvierten, saß Lattek erbost in der Kabine und war nicht anzusprechen. Gewundert hatte es keinen mehr: Udo Latteks Ausstieg in Schalke, an seinem 58. Geburtstag noch einmal als Spektakel inszeniert und finanziell nicht zu seinem Schaden, war schon lange fällig. In den vergangenen Wochen hatte er zu oft erklärt, dass ihm das Trainer-Geschäft keinerlei Spaß mehr bereite.

Günter Eichberg: »Die Entscheidung war notwendig, um klare Verhältnisse zu schaffen. Udo Lattek stand zuletzt übermäßig in der öffentlichen Kritik und war daher nicht sonderlich motiviert«. Eine finanzielle Belastung entstehe dem Verein durch Latteks Ablösung nicht, so Schatzmeister Höffken. So war anzunehmen, dass Präsident Eichberg zwecks Abfindung wieder mal in seine Privatschatulle griff. Bei seinem Amtsantritt ging Helmut Schulte gleich forsch zur Sache: »Ich habe das alleinige sportliche Sagen. Das Gute an Ratschlägen ist, dass man sie nicht befolgen muss.« Ein deutlicher Hinweis auf etwaige Berater und Funktionäre.

70. WER DEN PFENNIG NICHT EHRT

Ohne einschneidende Sparmaßnahmen war die sportliche Zukunft des FC Schalke 04 stark gefährdet. Unter dem Druck der angespannten Finanzlage und im Blick auf die im März beim DFB einzureichenden Unterlagen für die neue Lizenz schienen die Verantwortlichen dies begriffen zu haben: Die Trennung von den »Millionären« Christensen und Mihajlovic war beschlossene Sache.

Zudem wurde beschlossen, die Marketing-GmbH zum 30. Juni 2003 aufzulösen. Bis zu diesem Termin sollte die GmbH von Eichberg in einen schuldenfreien Zustand versetzt werden. Woher die Millionen kommen sollten, das wusste wohl niemand.

Die Lohrheide war zu klein, und so empfing die SG Wattenscheid 09 die Königsblauen im Ruhrstadion, doch Helmut Schultes Premiere fiel mager aus (0:0). Mittlerweile gehörte auch Günter Schlipper wieder zum Aufgebot. Bekam er von Schulte zunächst eine neue Chance, war dies wohl auch schon gleich wieder die letzte: Sein unentschuldigtes Fehlen beim Freundschaftsspiel in Bocholt brachte das Fass zum Überlaufen. Nach einem Gespräch zwischen Trainer und Spieler folgte das endgültige »Aus« für den Profi, so dass Schulte beim kommenden Derby gegen den BVB nicht mehr wusste, wen er im Mittelfeld aufstellen sollte, da auch Borodjuk verletzt ausschied.

Drohung in Richtung Helmut Kremers: Schatzmeister Rüdiger Höffken.

Doch das Westfalen-Derby entpuppte sich als verlorener Nachmittag. Entweder wollte keiner oder konnte keiner gewinnen, so ganz war das nicht auszumachen. 70.200 Zuschauer waren jedenfalls bitter enttäuscht von der Partie. Lediglich Eigenrauch und Linke konnten überzeugen und verurteilten die BVB-Angreifer Chapuisat und Mill zur Bedeutungslosigkeit.

In Gladbach gab's für Schalke aber wieder kein Land zu sehen: 2:0, damit war Schalke nun unter dem neuen Trainer Schulte seit drei Spielen ohne Torerfolg. Neben den sportlichen machten auch wieder finanzielle Sorgen Schlagzeilen: Vor dem Amtsgericht Gelsenkirchen verklagte Ex-Manager Helmut Kremers den Verein auf Zahlung von 145.000 Mark von ausstehenden Prämien aus seinem Managervertrag vom 1. Juli 1989. »Wenn Kremers diese Klage nicht zurückzieht, ist er ab Dienstag kein Manager mehr«, betonte Schatzmeister Höffken. Doch Kremers hielt die Klage zunächst aufrecht, dennoch wurde der angesetzte Kammertermin kurzfristig abgesetzt, nachdem beide Parteien Vergleichsgespräche geführt hatten. Erst im Mai wurde wieder getagt – und Helmut Kremers bekam Recht. Schalke musste an seinen ehemaligen Manager zahlen.

DIE COMEBACK-SHOW

Kremers saß noch auf seinem Manager-Stuhl, da wurden bereits Gerüchte über seinen Nachfolger laut: Spekulationen um die Rückkehr von Rudi Assauer machten die Runde. Assauer, der beim abstiegsbedrohten Zweitligisten VfB Oldenburg tätig war, bat sich Bedenkzeit aus. Assauer: »Die Aufgabe reizt mich sehr. Ich kann da noch einiges bewegen und gerade rücken, für das ich niedergemacht wurde, obwohl ich es nicht zu verantworten hatte.« Seine Rückkehr aber stieß auf Widerstände. Neben Vizepräsident Schmitz hatten sich auch Teile des Verwaltungsrats gegen den Wunschkandidaten von Günter Eichberg ausgesprochen. Die Entscheidung wurde erst einmal vertagt.

Nun gab es zwar die ersten Tore unter Schultes Regie, aber dennoch nur ein Punkt: zu Hause gegen Saarbrücken lediglich ein 2:2. Und es wurde nicht besser: in Bremen wieder eine 0:2-Niederlage nach katastrophaler erster Halbzeit mit Eigentor durch Hendrik Herzog. Die Lage war ernst, Schalke war bedenklich nah an die Abstiegsränge heran gerutscht. Und so hörte man gleich mehrere Steine vom Herzen des Helmut Schulte fallen, als Ingo Anderbrügge den 1:0-Siegtreffer gegen den VfB Stuttgart erzielte. Negativer Höhepunkt dieses Spiels: Als Mihajlovic nach schwacher Ballannahme Pfiffe von den Rängen erhielt, weil er dem ins Aus rollenden Ball nicht nachsetzte, applaudierte er höhnisch in Richtung der Fans. Es war damit klar, dass »Mihajlovic raus«-Rufe folgten. Trainer Schulte wurde gleich miteinbezogen (»Schulte raus«).

Von den Schalker Fans zunächst nicht mit Ekstase aufgenommen: Rudi Assauer.

Nach dem sensationell klaren 4:1-Sieg beim 1. FC Nürnberg war die Abstiegsgefahr gebannt. Das »Sahnehäubchen« war das 4:1 von Mike Büskens: Borodjuks Pass in den freien Raum schoss Büskens aus vollem Lauf so hart in den Winkel, dass Köpke nie und nimmer eine Chance gehabt hätte, diesen zu halten. Werner Hansch ließ sich dabei zu seinem Kommentar »ein geiles Tor« hinreißen.

Auch gegen Leverkusen gewann Schalke mit 2:1, was aber durch die Vorstellung des neuen Managers Rudi Assauer in den Hintergrund rückte. »Wir haben mit Assauer einen Einjahresvertrag vereinbart«, erklärte Eichberg in einer eigens einberaumten Pressekonferenz. Vize Schmitz war weiter gegen diese Entscheidung und sah in der Verpflichtung eine Zerreißprobe für den Verein und hat daher seinen Rücktritt angekündigt, der aber erst zur Jahreshauptversammlung im

Herbst erfolgen sollte. Auch die Fans waren nicht gerade angetan von Assauers Verpflichtung, Transparente wie »Wenn Assauer kommt, gehen wir« waren im Parkstadion zu sehen. So mancher von ihnen dürfte dies in der Folge bereut haben.

WIR SAH'N KEIN LAND VOR LANGER ZEIT

Durch die dreifache Siegesserie träumte man auf Schalke wieder vom UEFA-Cup-Platz und so machten sich 15.000 Schalker auf zum nächsten Auswärtsspiel nach Karlsruhe. Nach dem 0:0 im Wildparkstadion hörte Rüdiger Höffken schon die Kassen klingeln: »Jetzt kommen zu den nächsten beiden Heimspielen 100.000 Zuschauer«, strahlte er über das ganze Gesicht. Und weiter: »Die Finanzlage des Vereins verbessert sich. Nach der eingeleiteten Entschuldung wird Schalke am 1. Juli noch sechs Millionen Mark an Verbindlichkeiten haben.« Dabei verschwieg er, dass der Verein aber immer noch mit zehn Millionen Mark in der Kreide stand plus weitere acht Millionen Mark Schulden der Marketing-GmbH, die Eichberg bekanntlich schuldenfrei auflösen sollte.

Die UEFA-Cup-Träume waren dann auch nach dem nächsten Spiel gegen Bochum ausgeträumt. Der sensationell deutliche 3:0-Erfolg der Bochumer auf Schalke ließ die Schalker Fans fluchtartig das Stadion verlassen. Auch gegen den HSV (0:0) und in Uerdingen wurde es nicht besser: eine 2:4-Niederlage, für die sich Helmut Schulte sogar schämte: »Für die erste Halbzeit möchte ich mich bei den Fans in aller Form entschuldigen.« Das altbekannte »Wir sind Schalker, und ihr nicht« hallte durch die Grothenburg.

Die Saison war nun praktisch abgehakt; Schulte forderte lediglich Wiedergutmachung für die zuletzt sieglose Durststrecke. Schon vor dem Spiel gegen Kaiserslautern, das deutlich mit 4:0 gewonnen wurde, gab es eine positive Meldung: »Wir werden die Lizenz erhalten«, erklärte Rudi Assauer. Der DFB hatte die »wirtschaftliche Leistungsfähigkeit« der Schalker für die kommende Saison als gegeben angesehen, er machte jedoch Auflagen. Außerdem brummte der DFB Schalke eine Strafe von 190.000 Mark auf, weil der Club in der Vergangenheit gegen Auflagen verstoßen hatte.

Die Auflagen sahen vor, dass Schalke die Ablösesumme für den zum BVB wechselnden Steffen Freund in Höhe von 3,25 Millionen Mark nicht für Neueinkäufe nutzen durfte. »Die Auflagen zu erfüllen ist schwer, aber wir werden es schaffen«, gab sich Assauer überzeugt, gleichwenn der Satz auch durchblicken ließ, dass der DFB wohl auch noch weitere Bürgschaften forderte. Schalke musste in der kommenden Saison kleinere Brötchen backen, soviel war klar.

Doch diese Saison 1992/93 war noch nicht zu Ende. In Frankfurt gewann Schalke ebenso (3:0) wie zu Hause gegen Schultes alten Club Dynamo Dresden (2:0), doch in Köln dann wieder eine Niederlage (2:1). Alles war nun gespannt auf das spannende Bundesliga-Finale, bei dem Bayern München im Parkstadion im Fernduell mit Werder Bremen anzutreten hatte. Mit dem 3:3 verdarb Schalke vor 70.000 Zuschauern im seit Monaten ausverkauften Stadion dem Münchener Star-Ensemble die Meisterschaftshoffnungen und stand damit Pate beim Titelgewinn von Werder Bremen.

71. KLEINE BRÖTCHEN BACKEN

Wegen der DFB-Lizenzauflagen suchte Schalke nun Spieler für kleines Geld. Marinus Bester wurde von Werder Bremen ausgeliehen, zudem bewiesen Helmut Schulte und Rudi Assauer glückliche Händchen bei der Verpflichtung zweier Spieler, die die Spielkultur des FC Schalke 04 noch lange mitgestalten sollten: Youri Mulder und Jiri Nemec. Youri Mulder wurde von Helmut Schulte per Video gesichtet und kam für eine Ablösesumme von 1,2 Millionen Mark vom Ehrendivisionär Twente Enschede. Jiri Nemec, damals 21-facher tschechischer Nationalspieler, kam für 800.000 Mark von Sparta Prag.

Schon vor Beginn der Saison hatte Manager Assauer gewarnt: »Das wird eine harte und schwere Saison«. Doch noch niemand ahnte wohl, wie schwierig sie werden sollte. Schon im ersten Spiel verlor Schalke gegen Wattenscheid mit 3:0. Das war wie eine Ohrfeige, doch im nächsten Spiel – dem Spiel der Spiele – gegen den BVB konnte die Mannschaft wieder alles wett machen. Ausgerechnet Youri Mulder war es, der Stefan Klos düpierte und den 1:0-Siegtreffer erzielte. Die Welt schien wieder in Ordnung, die 1,7 Millionen Mark Zuschauereinnahmen bedeuteten Vereinsrekord.

Doch gleich im nächsten Match wieder ein Einbruch. Mit Fußball hatte die 1:4-Niederlage beim Hamburger SV wenig zu tun. Waldas Ivanauskas erledigte die Königsblauen fast im Alleingang. Mit Lugingers Sonntagsschuss (1:0 gegen den VfL Bochum) gelang zumindest der Einzug in die zweite Pokalrunde.

Doch in der Liga bot Schalke nur magere Fußballkost: 1:2-Heimniederlage gegen Köln, in Gladbach 2:3 verloren, zu Hause ge-

Blonder Engel aus Enschede: Youri Mulder.

Erfuhr den Wechsel nach Schalke aus der Presse: Dieter Eckstein.

gen Frankfurt 1:3, vor gerade mal noch 24.300 Zuschauern, das war Minusrekord seit Wiederaufstieg.

Schalke hatte enormes Verletzungspech. Als dann auch noch Peter Sendscheid lange Zeit ausfiel, folgte ein Überraschungscoup: Dieter Eckstein, Stürmer des 1. FC Nürnberg, sollte ab sofort den Kader verstärken. Der Transfer sorgte beim Schlusslicht Nürnberg für Ärger, auch der Stürmer selbst zeigte sich empört über die Nacht- und Nebelaktion von Präsident Gerhard Noack. Von seinem Wechsel hatte Eckstein aus der Presse erfahren, er wusste nichts davon, dass er zum Kauf angeboten wurde. Eckstein stimmte dennoch der Auflösung seines bis 1995 laufenden Vertrages zu und unterschrieb für denselben Zeitraum bei Schalke. »Obwohl es mir leid tut um die Mannschaft und die tollen Fans, hatte ich keine andere Möglichkeit«, begründete er seinen Schritt.

Der Eckstein-Transfer war auch ein Vertrauensbruch gegenüber FCN-Trainer Entenmann, der von alledem nichts wusste. Dieter Eckstein debütierte dann beim 0:0 auf dem Betzenberg, bei dem Torwart Jens Lehmann der Garant für den Punkterfolg war.

VIER MINUTEN

In der zweiten Pokalrunde kam es zum Knaller: Schalke erwartete Bayern München. In der regulären Spielzeit fehlten den Schalkern ganze vier Minuten zum großen Wurf. Dann unterlief Jens Lehmann eine Flanke von Bayerns Ziege, die Kreuzer zum nicht mehr erwarteten Ausgleich einköpfte. Die Verlängerung, die zunächst nur dahinplätscherte, wurde am Ende dramatisch. Nach einer tollen Kombination über Borodjuk und Mulder brachte letzterer seine Elf erneut in Führung (114. Minute) – Bayern lag am Boden. Doch postwendend der Ausgleich. Eine Minute vor dem Abpfiff setzte Ziege sich mit einem Pressball durch und ließ die Bayern als äußerst glückliche Sieger vom Platz gehen. Helmut Schulte war zum Weinen zumute. »Gegen Bayern kann man verlieren, aber gegen Nürnberg muss man gewinnen«, hatte Präsident Eichberg schon den nächsten Gegner im Kopf.

Doch auch das misslang (1:2) – Schalke war nun tief im Keller, Tabellenletzter, und es brach die große Ratlosigkeit aus. 1:11-Punkte in Folge, die dritte Heimniederlage hintereinander – das sprach Bände. Bekannt war, dass aus den vorhandenen Spielern scheinbar kein Trainer der Welt eine kon-

Ein besonderer Antrag: Charly Neumann.

stante Mannschaft formen konnte. Neururer war zu kumpelhaft, Ristic zu autoritär, Lattek hatte seinen Zenit überschritten.

Helmut Schulte versuchte es nun auf die harte Tour und suspendierte vor dem Spiel in Karlsruhe (0:0) Kapitän Günter Güttler, der angeblich Interna ausgeplaudert haben sollte. Michael Prus wurde als Übergangslibero eingesetzt und machte seine Sache gut. Doch Spieler und Mannschaftsrat sprachen sich für die Rückkehr von Güttler aus und forderten seinen »Freispruch«. In der Woche darauf durfte er wieder mittrainieren.

IM CHAOS VERSUNKEN

Nach dem 1:1 gegen Werder Bremen erwartete man mit Hochspannung die anstehende Jahreshauptversammlung. Präsident Eichberg und sein Vorstand sahen sich einem Misstrauensantrag ausgesetzt, in dem die Nichtentlastung von Vorstand und Verwaltungsrat sowie die Abberufung und eine Neuwahl des Vorstandes gefordert wurden, der eigentlich noch bis 1994 gewählt war. Der Antrag hatte aber kaum Chancen, da hierfür eine Zweidrittelmehrheit erforderlich wäre. Hauptkritiker des Vorstands war Helmut Kremers, der Eichberg vorwarf, »das Geld mit vollen Händen zum Fenster rauszuwerfen«. Kremers hatte auch vor, für das Amt des zweiten Vorsitzenden zu kandidieren, wenn Herbert Schmitz seine Rücktrittsankündigung wahr gemacht hätte. Weiterer Kritikpunkt: Schalke hatte immer noch Verbindlichkeiten in Höhe von 12,153 Millionen Mark, davon 7,015 Millionen bei Banken. Der Konsolidierungskurs hatte immer noch nicht gegriffen.

Am Montagabend war es dann zunächst langweilig, zum Schluss wurde es einfach nur peinlich, die Versammlung drohte um

Mitternacht im Chaos zu versinken. Nachdem die Mitglieder kurz vor 24 Uhr Vorstand und Verwaltungsrat mit eindeutiger Mehrheit entlastet hatten, schien nach vorausgegangenen heftigen Debatten mit Schlägen unter die Gürtellinie die wichtigste Hürde genommen.

Dann aber kam der Auftritt von Charly Neumann vor der Wahl des Verwaltungsrates, für den es insgesamt zehn Wahlvorschläge gab. Charlys Antrag: Außer den bisherigen Mitgliedern des Gremiums sollten alle anderen Kandidaten, wie er selbst auch, ihre Kandidatur zurückziehen und den Weg zu einer Blockwahl der Vorstandskandidaten freimachen. Eichberg ließ abstimmen, ohne den anderen Kandidaten überhaupt die Chance einer Erklärung zu geben.

Im Protest gegen diese undemokratische Verfahrensweise kam es zu Tumulten. Schließlich schritt Volker Stuckmann ein (»Es muss eine förmliche Wahl geben«) und rettete die Versammlung. Als die Auszählung der Stimmen beendet war – die Kandidaten des Vorstands wurden gewählt – war es bereits 1 Uhr.

Eichberg zeigte am Mikrofon nicht die Form früherer Versammlungen. Sein schärfster Kritiker war der ehemalige Schatzmeister Hans Lehmann und nicht wie erwartet Helmut Kremers, der überhaupt nicht an das Rednerpult trat. Lehmann sprach im Zusammenhang mit den Verträgen zwischen Schalke und der inzwischen aufgelösten Marketing-GmbH sogar von einem Wirtschaftsvergehen und drohte mit Anzeige.

Wie schon in den Vorjahren, so waren die Finanzen des Vereins zwar ein wesentlicher Diskussionspunkt, dennoch wurde abermals deutlich, dass die Mitglieder die Millionen-Summen zum Teil nicht begriffen oder begreifen wollten. Ob Schalke 25 Millionen oder nur 7,5 Millionen Mark Verbindlichkeiten hatte, schien den Mitgliedern (fast) egal.

Geld. Knete. Mäuse. Moneten. Kohle. Schalke hatte herunter gewirtschaftet. Günter Eichberg hatte in seiner Marketing GmbH Schulden angehäuft wie es sich niemand vorstellen konnte.

72. ROTE LATERNE

Im Kampf gegen die »rote Laterne« empfing Schalke den punktgleichen SC Freiburg, und nach der 1:3-Schlappe herrschte absolute Ratlosigkeit und Alarmstufe Eins. Konzeptionslos, ohne Selbstvertrauen und vor allem ohne die nötige kämpferische Leistung traten die Schalker an. »Ich schließe gar nichts mehr aus«, ließ Eichberg verlautbaren und nährte damit weitere Spekulationen um einen erneuten Trainer-Rausschmiss und seinen eigenen Rücktritt. Wie aber sollte es weiter gehen? Rudi Assauer wusch seinen Spielern den Kopf, nachdem Helmut Schulte sein letztes Training auf Schalke leitete. Über Schalke grollte der Himmel.

Dem Donnergrollen folgte der Rausschmiss von Helmut Schulte. Eine Überraschung war dies freilich nicht, stand Schulte doch schon lange im Kreuzfeuer der Kritik. Neuer Chef-Trainer wurde Jörg Berger, der in der letzten Saison beim 1. FC Köln entlassen worden war. Wieder ein glückliches Händchen von Rudi Assauer, wie sich in der Zukunft noch zeigen sollte. Jörg Berger erhielt einen Vertrag bis zum 30. Juni 1994 – so lange war eigentlich auch Helmut Schulte an den Verein gebunden.

»Wenn man da unten drinsteckt, muss man die Ärmel hochkrempeln«, betonte der gebürtige Sachse, der sich in der Vergangenheit auch schon bei Eintracht Frankfurt den Ruf eines »Feuerwehrmanns« verdiente. Der neue Mann arbeitete zunächst ohne Co-Trainer, da Schalke 04 auch Jupp Koitka beurlaubt hatte. Später wurde ihm Hubert Neu zur Seite gestellt.

Jörg Bergers Einstieg stand unter keinem guten Stern. Gerade erst seinen Dienst angetreten gab es in Leverkusen bei der 1:5-Klatsche deftige Prügel. Jens Lehmann wurde dabei nach dem 3:0 zum Buhmann der Fans. Mit »Lehmann raus« und »Gehrke rein«, forderten die zahlreichen Schalker Anhänger einen Torwartwechsel. Trainer Berger reagierte

Feuerwehrmann mit großem Löschpotenzial: Jörg Berger.

zur Pause, ließ Lehmann in der Kabine und brachte Gehrke. »Ich wollte Lehmann schützen vor dem Ruf der Zuschauer, seine Nerven waren sehr angespannt«, begründete der Coach seine Auswechslung. Jens Lehman war fix und alle und fuhr noch vor dem Abpfiff mit der S-Bahn nach Hause.

FLORIDA-BOY

Aber die eigentliche Bombe platzte einen Tag nach der Niederlage: Am Sonntag trat Präsident Günter Eichberg von seinem Amt zurück, das er seit dem 16. Januar 1989 inne hatte. Ausschlaggebend für diesen überraschenden Schritt war nicht die sportlich prekäre Situation des Altmeisters, sondern – wie es in der Pressemitteilung des Vereins hieß – vielmehr geschäftliche Gründe. Danach fehlte Eichberg zukünftig die Zeit, das Amt des Präsidenten auszufüllen. Er wollte seine geschäftlichen Aktivitäten künftig ins Ausland verlagern und flog noch am selben Tag nach Palm Beach, Florida.

»Ich trete als Präsident zurück, aber ich stehe bis zu einer außerordentlichen Versammlung, die für Januar angesetzt ist, in einem zeitlich begrenzten Rahmen weiterhin zur Verfügung« erklärte Eichberg. Seine Entscheidung fiel dabei nicht erst an diesem Wochenende, vielmehr hatte er seine engsten Mitarbeiter – darunter Assauer und Höffken – schon im Vorwege von seinem Entschluss informiert.

Der Kapitän ging also von Bord – und hinterließ dabei unter allen Schalke-Fans große Verunsicherung. Seine Verdienste waren unbestritten: Er hatte nach seiner Wahl das Feuer wieder entfacht und in einer Situation das Ruder übernommen, als Schalke sogar ins Amateurlager abzurutschen drohte. Er steigerte die Mitgliederzahl auf 17.000, der Zuschauerschnitt schnellte auf über 40.000 empor. Deutliche Belege, die sich auch sportlich niederschlugen. Mit Millionen-Investitionen erzwang der Präsident die Rückkehr in die erste Bundesliga, doch dann stockte der Fahrstuhl nach oben. Ein Nachfolger war noch nicht in Sicht. Jürgen W. Möllemann wurde zwar ins Gespräch gebracht, lehnte aber dankend ab.

Das Nervenkostüm der Schalker Mannschaft war sichtlich angeschlagen, so etwas geht auch nicht ohne Spuren an einer Mannschaft vorbei, und so war es auch kein Wunder, dass gegen Dynamo Dresden gerade mal ein 0:0 heraussprang.

Prominenter Bahnkunde: Jens Lehmann.

73. DER SPIEGEL-REPORT

Ein Berg von Schulden und dazu noch Steuerbetrug, Finanztricks, Pfändungen, ungedeckte Bürgschaften, Lizenzerschleichung und Schiedsrichterbestechung – eine Woche nach dem Rücktritt seines Präsidenten Günter Eichberg sah sich der FC Schalke 04 mit einer Flut von massiven Vorwürfen des Nachrichten-Magazins »Der Spiegel« konfrontiert.

Verantwortlich für das Chaos beim Tabellenletzten sollte laut »Spiegel« der »Scharlatan« Günter Eichberg sein, der Verbindlichkeiten in Höhe von 100 Millionen Mark zwischen dem Verein, der inzwischen aufgelösten Marketing-GmbH und seinen Kliniken hin- und hergeschoben und Schalke in den finanziellen Ruin getrieben haben soll.

Günter Eichberg erklärte zu den Vorwürfen: »Ich bin völlig geschockt. Das ist eine Katastrophe. Durch diese Vorwürfe entsteht ein Schaden im Hinblick auf den Verkauf meiner Kliniken. Ich werde gegen diese ungeheuren Anschuldigungen vorgehen. Der Wahrheitsgehalt liegt unter zehn Prozent.« Rudi Assauer wies die Anschuldigungen ebenfalls zurück: »Alles Quatsch.« Geschäftsführer Peter Peters versuchte die Vorwürfe Punkt für Punkt zu entkräften: »Auf Schalke geht auch in wirtschaftlicher Sicht nicht das Licht aus, wenn Günter Eichberg nicht mehr für einen zweistelligen Millionenbetrag bürgen kann.«

Unter der Regie von Eichberg sollte Schalke sich zudem die Lizenz vom DFB erschlichen haben, indem der Club-Boss zunächst Spieler aus eigener Tasche finanziert und damit die DFB-Auflagen umgangen, ihr Geld jedoch später aus der Marketing-GmbH zurückgeholt hätten. Höffken bestritt dieses Vorgehen nicht: »Unsere Verpflichtungen sind in die Marketing-GmbH eingeflossen und übernommen worden. Darüber war auch der DFB informiert.«

DFB-Liga-Direktor Wilfried Straub kündigte eine genaue Untersuchung an. Dem Vorwurf der Schiedsrichter-Bestechung – Referee Manfred Neuner aus Leimen soll zu seinem 100. Spiel ein Jagdgewehr im Wert von 30.000 Mark erhalten haben – wurde ebenfalls widersprochen: »Ein normaler Vorgang, von dem der DFB unterrichtet war. Das Gewehr kostete auch nur 3.000 bis 4.000 Mark.«

Die »Spiegel«-Vorwürfe hatten die Verunsicherung auf Schalke über die sportliche und wirtschaftliche Zukunft des Vereins ins Unermessliche wachsen lassen. Man wartete nun sehnsüchtig auf Günter Eichberg, der in den nächsten Tagen aus den USA zurück erwartet wurde. Schalke nahm sich den »Spiegel-Report« Stück für Stück vor. Der Ex-Schalker Antoine Hey, den der Verein inzwischen an TeBe Berlin losgeworden war, hatte darin von »ungedeckten Schecks« gesprochen. Dem entgegnete Holger Gehrke: »Ich habe zehn Jahre lang bei BW 90 Berlin mein Geld nicht pünktlich erhalten. In Schalke herrschen dagegen paradiesische Zustände. Wenn die anderen Teile des Berichts ähnlich recherchiert sind, dann gute Nacht.« »Antoine Hey wird von nun an keine Ruhe mehr vor uns haben«, kündigte Assauer eine Klage an. Rückendeckung beim Vorwurf der Lizenzerschleichung erhielt der Verein von DFB-Präsident Egidius Braun: »Wir haben seitens des DFB alles

Lachte sich über seinen neuen Vertrag schlapp: Uwe Leifeld.

Menschenmögliche getan, damit die Prüfung der Schalker Lizenz niet- und nagelfest ist.«

Noch war offen, wer den »Spiegel« informierte. Helmut Kremers bestritt, der Zeitschrift Auskunft erteilt zu haben. Schalke wehrte sich jedenfalls mit Händen und Füßen. Eine fünfseitige Dokumentation wurde verfasst und notariell beglaubigt. Der »Spiegel« aber blieb bei seiner Darstellung und lehnte eine Gegendarstellung ab.

DIE SPITZE DES EICHBERGS

Die Schalker Mannschaft hatte indes nichts mehr zu verlieren, doch selbst das letzte Aufbäumen half nicht: 0:3 in Stuttgart. Neue Veröffentlichungen des »Spiegels« hatten die Banken veranlasst, sich um Einsicht in die Geschäfte der aufgelösten Marketing-GmbH zu bemühen. Ein Funktionär kalauerte gegenüber dem »Spiegel«: »Wir kennen nur die Spitze des Eichbergs«.

Günter Eichberg, der mit seinen Krampfader-Kliniken ein gut gehendes Geschäft betrieb, war mittlerweile hoch verschuldet und klamm. Bei seinen deutschen Bankiers hatte er sich knapp 90 Millionen Mark gepumpt, so der »Spiegel«. Alle Versuche, seine Kliniken zu verkaufen, waren bislang gescheitert. Und: »Vermutlich zwischen 15 und 20 Millionen Mark hat er in Schalke gelassen.« Die Schalker Marketing-GmbH sei die »Treuhand vom Revier« gewesen. Nach neuen »Spiegel«-Informationen lagen die Verbindlichkeiten des Clubs bei 13,2 Millionen Mark. Schalkes Verwaltungsrat (Vorsitzender Jürgen Möllemann) trug dabei erhebliche Mitschuld an den Verfehlungen des zurückgetretenen Präsidenten – die Kontrollorgane des Vereins hätten versagt.

Der Verwaltungsrat sei es gewesen, der am 10. Juli 1991 auf Eichbergs Druck die Kompetenzen der Marketing-GmbH entscheidend ausweitete. Die Schalker Aufseher hätten dem Treiben des Finanzjongleurs Eichberg zugesehen, obwohl Insider die Funktionäre mehrfach vor Eichbergs Machenschaften gewarnt hätten. Die Bücher wurden geführt »wie beim Taubenzüchterverein«, so ein Verwaltungsratsmitglied gegenüber dem »Spiegel«.

LETZTER STROHHALM

Jörg Berger redete eindringlich auf seine Spieler ein: »Jungs, die Existenz steht auf dem Spiel«. Und siehe da: Schalke ergriff quasi den letzten Strohhalm und gewann mit 3:1 gegen den VfB Leipzig. Es fiel gehörig Ballast von den Schalker Spielern, alles wartete nun gespannt auf den Auftritt von Günter Eichberg im aktuellen Sportstudio.

Dort erklärte er, dass er frühestens in zwei Wochen aus den USA zurückkehren werde, um die Affäre um Schalke und seine Person zu bereinigen: »Ich werde mich bis dahin sehr intensiv um meine Geschäfte kümmern. Nachdem ein Geschäft mit einem holländischen Partner geplatzt ist, bin ich bestrebt, die Angelegenheit mit meinem neuen Geschäftspartner in den USA in Ordnung zu bringen.« Die Vorwürfe des Nachrichtenmagazins wies er erneut zurück, sagte aber, dass die Marketing-GmbH gegründet worden sei, finanzielle Mittel für Transfers bereit zu stellen. Es sei zwischen dem Verein und der GmbH vereinbart gewesen, dass die Gelder durch Werbeeinnahmen an die GmbH zurückfließen. Zudem habe er persönlich die Transferrechte für Mihajlovic, Christensen und Scherr ohne Rückzahlung an den Verein abgetreten. Dabei habe er zwölf Millionen Mark aus eigenen Mitteln zur Verfügung gestellt.

Beim nächsten Auswärtsspiel wieder ein 0:1-Dämpfer, und das obwohl in der Schlussphase Duisburgs Tor unter Dauerdruck stand. Umso schöner, dass Youri Mulder beim 1:1 drei Minuten vor Schluss gegen die Bayern traf. Noch schöner, dass Schalke so langsam wieder Selbstvertrauen tankte, was die Mannschaft beim 4:1 über Wattenscheid eindrucksvoll unter Beweis stellte. Die Schalker Spieler hatten so langsam Jörg Bergers Lektion verstanden. Besonders setzte Berger dabei auf Freistoß-Varianten, von denen gleich zwei beim Spiel gegen Wattenscheid zum Erfolg führten.

Abschied nach Florida: Günter Eichberg.

Vor dem Revier-Derby gegen den BVB meldete sich Günter Eichberg zurück. Über den möglichen Verkauf seiner Kliniken wollte er aber keine Auskünfte erteilen. »Als wir gehört haben, dass Eichberg wieder im Lande ist, haben wir ihn zu einer Vorstands- und Verwaltungsratssitzung eingeladen«, erklärte Möllemann. Darin ging es aber weniger um die »Spiegel«-Affäre, sondern vielmehr um einen Präsidentschaftsnachfolger. Als Kandidaten waren im Spiel: Bernd Tönnies, Fleisch- und Wurstfabrikant aus Rheda-Wiedenbrück, und der Textilfabrikant Walther Seinsch.

»Wir haben zum ersten Mal in diesem Jahr eine kleine Serie gestartet«, gab sich Berger nach dem 1:1 über den Reviernachbarn optimistisch. Drei Spiele hintereinander unbesiegt – das war ein Anfang. Peter Sendscheid hatte Schalke in Führung gebracht, doch Weltklasse-Libero Sammer hatte mit einem Solo-Lauf zum 1:1 noch ausgleichen können.

GEGENDARSTELLUNG

Am nächsten Montag dann die nächste Bombe: Günter Eichberg lud zur Pressekonferenz und wollte den Spieß nun umdrehen. Günter Eichberg kündigte an, das Nachrichtenmagazin »Der Spiegel« auf Schadenersatz und Schmerzensgeld in Millionenhöhe zu verklagen. Die Höhe des Schmerzensgeldes sollte nach den Vorstellungen seines Anwalts, Dr. Reinhard Rauball, zwischen 50 und 100 Millionen Dollar liegen. Diese Klage sollte in den USA geführt werden, weil dort die Erfolgsaussichten und die Summen in Sachen Schmerzensgeld größer als in der Bundesrepublik sind. Zusätzlich sollte in Deutschland eine Klage auf Schadenersatz geführt werden.

Weiter wies er alle Vorwürfe des Hamburger Magazins zurück, das am Tag zuvor die gerichtliche Auflage der vom FC Schalke 04 durchgesetzten Gegendarstellung erfüllte. Eichberg betonte: »Die Kernvorwürfe der unehrenhaften Tätigkeit und der persönlichen Bereicherung sind nicht aufrechtzuerhalten!« Dazu verlas Dr. Rauball eine vom Gelsenkirchener Notar Klaus Speich beglaubigte Urkunde, in der die Ergebnisse der auf Eichbergs Veranlassung von einem unabhängigen Wirtschaftsprüfungsunternehmen überprüften Geschäftsverbindungen zwischen dem FC Schalke 04, der Schalker Marketing-GmbH und Eichbergs Kliniken festgehalten worden waren und in der es hieß, dass die vom »Spiegel« erhobenen Vorwürfe absolut haltlos seien.

Der Gerichts-Clinch zwischen dem FC Schalke 04 und dem »Spiegel« erhielt eine weitere Fortsetzung. Der Verein klagte erneut. Nachdem in der letzten Ausgabe der Zeitschrift nach wochenlangem Ringen die Gegendarstellung des Vereins gedruckt worden war, konnte es sich die Redaktion nicht verkneifen, diese durch eine Anmerkung zu ergänzen. In dieser hieß es sinngemäß: Der Schalker Verwaltungsrat habe in einem internen Papier das Fazit gezogen, dass der Verein überschuldet sei und eigentlich Konkurs anmelden müsse. Gegen diese Behauptung wollten die Schalker eine erneute Gegendarstellung und eine Unterlassungsverpflichtungserklärung erwirken. Später sollte »Der Spiegel« veranlasst werden, einen Widerruf zu drucken. »Dieses interne Papier, von dem im Magazin die Rede ist, war der Diskussionsbeitrag eines Verwaltungsratsmitglieds und stellte zu keiner Zeit die Meinung des gesamten Gremiums dar«, erklärte Schalkes Geschäftsführer Peter Peters.

Die Schalker Mannschaft hatte sich indes gefangen, mit einem 1:0 über den HSV ging man in die Winterpause. Die Auseinandersetzungen zwischen dem »Spiegel« und Günter Eichberg schienen kein Ende zu nehmen. In seiner neuen Ausgabe erhob das Magazin trotz einer von Eichberg angekündigten Millionen-Schadensersatzklage unter dem Titel »Zaubern in der Grauzone« neue Vorwürfe und berichtete, Eichberg habe mittlerweile Schulden in Höhe von insgesamt 140 Millionen Mark bei verschiedenen Banken und »ehemaligen Freunden wie Schalkes Schatzmeister Rüdiger Höffken oder der einstigen Lebensgefährtin Christa Paas« aufgetürmt.

»Der Spiegel« berief sich dabei auf Berechnungen, die auf ein Treffen von Schuldnern und Gläubigern am vorausgegangenen Montag zurückgingen. Angeführt sei die Gläubigerversammlung gewesen von Vertretern der Westdeutschen Landesbank und dem Hamburger Bankhaus »Marcard, Stein & Co«. Berechnungen hätten ergeben, dass Eichberg bei elf Banken mit 110 Millionen Mark in der Kreide stünde. Weitere 30 Millionen schulde er »ehemaligen Freunden« wie Höffken und Paas. Die Geldhäuser plage die Ungewissheit, »ob Eichberg noch ein paar private Schulden in den USA oder sonst wo in der Welt hat«. Weiter berichtet der Spiegel, dass am Mittwoch ein »Moratorium« für Eichberg und sein Vermögen geschlossen werden soll: »Bis zum 31. März nächsten Jahres wird die Zahlung von Zins und Tilgung ausgesetzt. In dieser Zeit soll Eichberg im Gegenzug seine Krampfaderkliniken verkaufen,« In der Gläubiger-Versammlung sei ein potentieller Käufer genannt worden, der das »wacklige Klinik-Imperium für 80 Millionen Mark kaufen möchte«. Manche Bankiers würden jedoch nicht mehr daran glauben, dass Eichberg seine gesamten Schulden jemals zurückzahlen kann.

Auch Eichbergs Dementis und seine Erklärung vom 6. Dezember wurden vom »Spiegel« aufs Korn genommen: »Das Zaubern in der Grauzone ist seit jeher Eichbergs Spezialität. Meisterhaft verstand er es, auf seiner Rehabilitations-Pressekonferenz im Schalker Klubhaus mit vielen Worten und wenig Fakten die konkreten Vorwürfe des Spiegel zu verharmlosen, um statt dessen Anschuldigungen zu entkräften, die überhaupt nicht erhoben wurden«, hieß es.

Mit Eichberg war es aus. Auch die einstweilige Verfügung gegen den »Spiegel« musste aufgehoben werden. Schalke hatte keinerlei Vertrauen mehr in den Mann, er schuldet ihm wahrscheinlich noch bis heute einen einstelligen Millionenbetrag.

Stattdessen wurden die Weichen für die Zukunft gestellt: Rudi Assauer erhielt drei Tage vor dem Heiligen Abend – nach hausinternem Krach im Vorstand – einen Vertrag bis 1996. Der Weihnachtsfriede schien wieder einzukehren.

Derweil wollten auf einmal alle Geld von Schalke: Die ehemaligen Schalker Spieler Thomas Zechel, Günter Schlipper und Thorsten Wörsdöner sowie der frühere Co-Trainer Jupp Koitka und der einstige Geschäftsstellenleiter Ralf Brinkmann hatten vor dem Arbeitsgericht Gelsenkirchen geklagt. Der inzwischen beim 1. FC Saarbrücken unter Vertrag stehende Zechel, der 1990/91 zwanzig Spiele für den damaligen Zweitligisten Schalke 04 bestritt, hat seinen ehemaligen Klub auf Zahlung einer Aufstiegsprämie von 20.000 Mark verklagt. Außerdem wollte Zechel noch Urlaubsgeld. Um Urlaubsgeld ging es auch bei der Klage Schlippers, der Schalke auf Zahlung von 26.500 Mark verklagt hatte, Wörsdörfer verlangte für 1991 ein Urlaubsgeld in Hohe von 8.500 Mark. Der im Oktober 1993 beurlaubte Koitka hatte die ihm laut Vertrag zustehenden Prämien von 1.500 Mark pro Punkt vor Gericht geltend gemacht. Diese Prämie, die nach Koitkas Rechnung bisher 15.000 Mark betrug, stünde dem einstigen HSV-Torwart laut Vertrag auch noch bis zum Saisonende zu. Geschäftsführer Brinkmann klagte gegen die von Schalke ausgesprochene fristlose Kündigung.

74. DER FLEISCHER

Kein einfacher Job für den neuen Mann an der Spitze des Vereins, der erst einmal noch gefunden werden musste. Günter Siebert, Klaus-Dieter Koslowsky, Dr. Peter Paziorek, Walther Seinsch, Evelyn Fricke und Bernd Tönnies hießen die möglichen Kandidaten. Doch zu Gunsten von Bernd Tönnies zogen alle – bis auf Evelyn Fricke, der kaum Chancen eingeräumt wurden – ihre Kandidatur zurück. Der Weg schien frei für den Wurstfabrikanten. Bernd Tönnies führte die Firma mit seinem Bruder Clemens, besaß zwei Schlachthöfe, 8.000 Schweinen machte er täglich den Garaus.

Doch ein Problem musste noch aus dem Weg geräumt werden: Bernd Tönnies war noch kein ganzes Jahr Mitglied im Verein und durfte daher per Satzung gar nicht als Vorsitzender gewählt werden. Also musste die Satzung zu Beginn der Jahreshauptversammlung am 7. Februar 1994 zunächst mit Zweidrittelmehrheit geändert werden (»Lex Tönnies«). Nach zweistündiger Diskussion war die Satzungsänderung bei der außerordentlichen Jahreshauptversammlung des FC Schalke 04 beschlossene Sache. Mit großer Mehrheit und per Akklamation stimmten die Mitglieder dem Antrag des Verwaltungsrates zu.

Damit war um 21:17 Uhr der Weg für die Wahl des 41 Jahre alten Fleischfabrikanten Bernd Tönnies (»Jedes zwölfte Kotelett, das in Deutschland auf den Tisch kommt, stammt aus meinem Unternehmen«) zum Schalker

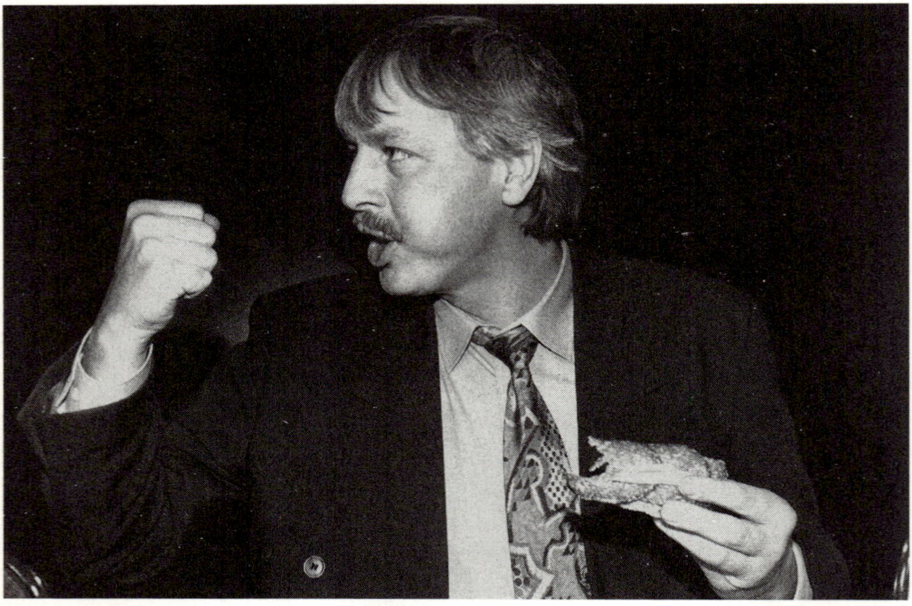

An die Schalker Zukunftsplanungen Fleisch ansetzen: Bernd Tönnies.

Präsidenten geebnet. Um 21:35 Uhr war Tönnies dann mit überwältigender Mehrheit als Club-Chef gewählt. Sichtlich erleichtert ging Tönnies in Jubelpose ans Podium, begeistert gefeiert von den Schalker Mitgliedern, die anschließend Gesänge anstimmten. Vor seiner Wahl hatte Tönnies ein »leichtes Kribbeln im Bauch« verspürt. In seiner Vorstellungsrede betonte der neue Schalker Präsident: »Ich habe das Kandidatsein sehr ernst genommen, habe mit Bankiers gesprochen und diese gefragt, ob sie an die Ertragskraft des FC Schalke 04 glauben.«

Für die Zukunft richtete er den Appell an die Fans und an den Verein: »Wir brauchen Freundschaft innerhalb des FC Schalke 04, nur so können wir erfolgreich arbeiten.« Im kleineren Kreis wiederholte Tönnies, was er schon vorher gesagt hatte: »Ab Dienstag ist die Krise des FC Schalke 04 zu Ende.« Die ersten Schritte des neuen Schalker Präsidenten führten zur Bank, wo er mit seiner Unterschrift dafür sorgte, dass der hochverschuldete Verein (13,6 Millionen Mark Verbindlichkeiten) durch einen neuen Kredit von 1,85 Millionen wieder etwas mehr »Luft« bekam. Tönnies, der als harter Arbeiter galt, wollte den Verwaltungsrat künftig um einen Banker, einen Steuerberater (Jupp Schnusenberg) und einen Unternehmer erweitern.

Nach der Versammlung, die insgesamt von rund 3.500 Menschen (3.006 Mitglieder) besucht worden war, blieben Zweifel, ob die Wahl von Tönnies erfolgreich angefochten werden könnte. Zwar betonten Tönnies und das offizielle Schalke, nach Rücksprache mit Juristen sei die Verfahrensweise korrekt, doch der ehemalige Vereinspräsident, Rechtsanwalt Dr. Karl-Heinz Hütsch, stand mit seiner Meinung nicht allein, weil nach dem Vereinsrecht die Satzungsänderung erst ins Register eingetragen werden müsse, ehe der neue Präsident gewählt werden könne.

Schalke hatte nun einen Neuanfang – und das war wohl das wichtigste überhaupt. Vielleicht war es auch ganz gut, einen Mann an der Spitze zu haben, der das Geschehen um den Verein objektiver beurteilen konnte, als etwa ein Günter Siebert, der immer mit all seinen Emotionen an diesem Verein hing.

Wenn Tönnies seine Meinung durchsetzen wollte, nahm er kein Blatt vor den Mund – kein Wunder, dass auch Manager Rudi Assauer zwischendurch mit Tönnies aneinander geriet, besonders, als der Präsident Trainer Jörg Berger wegen einer unglücklichen Äußerung (»Auf Schalke ist alles möglich«) abmahnte.

Zwar brodelte es hinter den Kulissen weiter gewaltig, aber die größten Klippen wurden umschifft. Schalke schaffte mit »Feuerwehrmann« Jörg Berger tatsächlich den Klassenerhalt, und auch den befürchteten Lizenzentzug konnte Schalke umdribbeln. Eine Geldstrafe in Höhe von 500.000 Mark war quasi die Mindeststrafe und eine Belohnung für die intensive Überzeugungsarbeit, die Schalkes Funktionäre zwischen dem Herbst 1993 und dem Sommer 1994 beim DFB leisteten.

Bernd Tönnies konnte sich weder über den Klassenerhalt noch über die Lizenz oder über die Rückkehr von Olaf Thon richtig freuen. Der Gesundheitszustand von Dialyse-Patient Tönnies hatte sich dramatisch verschlechtert, am 1. Juli 1994 starb Schalkes Präsident im Alter von nur 42 Jahren an den Folgen einer Nieren-Transplantation. Schalke trauerte.

75. »GEGEN DORTMUND HABEN WIR UNS NOCH NICHT EINMAL UMGEZOGEN«

Tönnies hatte sich hier viele Sympathien erworben, weil er in einer extrem kritischen Situation das Ruder übernommen hatte. Als die Tränen getrocknet waren, begann die Suche nach einem neuen Präsidenten. Die aktuelle Vereinsführung wollte endlich Stabilität in den Club bekommen. An den Schreibtischen wurde an einer Satzungsänderung gearbeitet, für die Volker Stuckmann als Präsidentschafts-Kandidat werben sollte. Ein Gegenkandidat auf der Jahreshauptversammlung am 12. September 1994 im Sportparadies war Helmut Kremers. Aber die Wahl von Stuckmann galt praktisch als sicher.

Doch wie so oft: Erstens kommt es anders und zweitens als man denkt. Stuckmann hatte am Mikrofon nicht seinen besten Tag erwischt, seine Aussage, dass Schalke demnächst »im stillen Kämmerlein« geführt werden soll, nahmen ihm die Mitglieder übel. Helmut Kremers hingegen gewann die Schalker Herzen durch den legendären Satz: »Wenn wir früher gegen Dortmund gespielt haben, haben wir uns dafür nicht mal umgezogen.« Als die Stimmen ausgezählt wurden, stand Schatzmeister Rüdiger Höffken, Mitglied des Stuckmann-Teams, kreidebleich neben dem Podium: »Das geht schief.«

Es ging schief – aus Höffkens Sicht. Kremers erhielt 1.129 Stimmen, Stuckmann 739. Kremers war total überraschend neuer Präsident – ein gefundenes Fressen für die anwesende Medienschar. Im WDR-Radio wurde die Jahreshauptversammlung live übertragen, das WDR-Fernsehen schaltete sich später hinzu.

Helmut Kremers hatte wohl selbst nicht mit seiner Wahl gerechnet. Jedenfalls stand er tatsächlich ohne ein vollständiges Team da. Neben Jürgen Wennekers berief der neue Vorsitzende Hans-Kleine Büning in seine Vorstandsmannschaft, der nach eigenen Aussagen zu diesem Posten kam »wie die Jungfrau zum Kinde«.

Die Schalker Emotionen hatten mal wieder alle sachlichen Argumente beiseite gefegt. Als Helmut Kremers zum Abschluss der Veranstaltung das Vereinslied »Blau und weiß wie lieb ich dich« anstimmen wollte, begannen die Mitglieder zu singen »Wir scheißen auf den BVB«. Normal ist das wohl nicht.

Auf der »Siegesfeier« im Schloss Berge war die Atmosphäre eisig, als Kremers und Vize-Präsident Wennekers anschließend den Saal betraten – den hatte nämlich die »Gegenpartei« gebucht. Nach der Wahl von Kremers begann »auf Schalke« ein Hauen und Stechen, das Seinesgleichen sucht.

EIN HAUEN UND STECHEN

Großes Theater wird geboten: Die Zusammenarbeit mit dem Kremers-Team und der Führungs-Crew um Rudi Assauer funktionierte nicht. Zunächst sorgten zwei (!) Managerverträge für Helmut Kremers für Irritationen. Ein Kontrakt enthielt den Passus einer automatischen Vertragsverlängerung zum 30. Juni 1994 für ein weiteres Jahr. In diesem Fall hätte sich Kremers gar nicht zur Wahl stellen dürfen, da hauptamtliche Mitarbeiter nach der bestehenden Satzung nicht dem Vorstand angehören dürfen. Dann genehmigte der Vorstand gegen den Willen von Rudi Assauer und Geschäftsführer Peter Peters eine üppige Abfindungszahlung an den der Hinterziehung beschuldigten ehemaligen Geschäftsführer Ralf Brinkmann – zwischen ihm und Kremers bestanden geschäftliche Beziehungen wie sich später herausstellte. Zudem drohten einen Tag nach der Mitgliederversammlung Bürgen mit der Rücknahme ihrer Sicherheiten.

Misstrauen regierte, beide Seiten versuchten, die Medien zu instrumentalisieren, um die interne Konkurrenz »abzugrätschen«. Das Verhältnis Assauer/Kremers war nicht mal eine Zweckgemeinschaft.

Am 23. Oktober 1994 überschlugen sich die Ereignisse. Drei Pressekonferenzen gab es innerhalb von zwei Stunden, die einen Tiefpunkt in der Clubhistorie darstellten. Auf der ersten Pressekonferenz hatte zunächst der Schalker Verwaltungsrat scharfe Angriffe in Richtung des Vorstandes formuliert und forderte diesen auf, umgehend zurückzutreten, damit auf einer außerordentlichen

Ein dubioses Duo: Helmut Kremers und Jürgen Wenekers.

Mitgliederversammlung ein neuer Vorstand gewählt werden könne. Verwaltungsrats-Vorsitzender Jürgen Möllemann: »Der Vorstand hat die finanzielle Lage des Vereins nicht in den Griff bekommen.« Das war heftig und die Journalisten orderten schnell Telefone, um ihre Redaktionen zu verständigen.

Doch es kam noch schlimmer. Danach folgte auf der zweiten Presskonferenz der Auftritt des Vorstandes mit Helmut Kremers und Jürgen Wennekers, die Möllemann als »Totengräber des Vereins« klassifizierten und ihn ein »politisches Auslaufmodell« nannten, »der nur sein persönliches Ego befriedigen wolle.« Kremers räumte zwar finanzielle Schwierigkeiten ein, der Club sei aber »grundsätzlich wirtschaftlich gesund.«

Damit war eine der schlimmsten Schlammschlachten des Vereins eröffnet, die noch um eine Entscheidung erweitert wurde. Nebenbei gab Jürgen Wennekers noch die Beurlaubung von Manager Assauer wegen angeblicher privater finanzieller Probleme bekannt. Assauer kickte zu dieser Zeit noch mit dem Profikader, was er sonntags öfter tat. Schalke hatte übrigens einen Tag zuvor 1:1 in Uerdingen gespielt, doch das interessierte niemanden mehr.

Nach dem Trainings-Spiel stellte sich Assauer unrasiert in Adiletten und mit der obligatorischen Zigarre den Journalisten. Er bestätigte einen Pfändungsbeschluss, der aber längst erledigt sei und von dem Kremers gewusst habe. Durch die unrechtmäßige Veröffentlichung privater Angelegenheiten von Manager Assauer befand sich dessen »Arbeitgeber« nun in der Defensive.

Die Schalker Spieler wurden danach von den Journalisten informiert und waren perplex. Vor allem die Beurlaubung von Manager Assauer stieß auf Kritik. Gleichzeitig machte Assauer die organisierten Schalke-Fans mobil. Zu Hunderten versammelten sie sich vor der Schalker Geschäftsstelle und forderten in Lynchstimmung den Kopf von Helmut Kremers »Hängt ihn auf!«.

Hinter den Kulissen ging die Diskussion weiter. Der Verwaltungsrat forderte die Wiedereinstellung von Assauer, den Rücktritt des Vorstands und eine außerordentliche Mitgliederversammlung zum Zwecke der Verabschiedung einer neuen Satzung.

Für den Nachmittag wurde eine weitere Pressekonferenz einberufen, weil bereits eine Heerschar von Medienvertretern vor den Toren der Geschäftsstelle wartete, um die Ergebnisse der »Elefantenrunde« zu erfahren. Kremers wies Peter Peters an, eine Presseerklärung zu formulieren. Peters machte sich an die Arbeit, verfasste aber eine Version mit dem ursprünglichen Ansinnen. Erst mit Beginn des Pressegesprächs übergab er Kremers den Zettel. Ohne sich den Inhalt durchgelesen zu haben, trug Kremers vor. Die Folge: Kremers verlas sein eigenes »Todesurteil«. Der Vorstand war aus dem Amt und bildete nun mit dem Verwaltungsrat bis zur außerordentlichen Mitgliederversammlung ein Übergangsgremium.

NEUE SATZUNG – NEUER VORSTAND

Nur einen Tag später kehrte Assauer als Manager zurück. Die Entscheidung des Vorstandes wurde rückgängig gemacht. Dieser Rückzieher konnte jedoch den Bruch zwischen Verwaltungsrat und Vorstand auch nicht mehr kitten. Schalke 04, zwischendurch nun von einem Notvorstand regiert, glich einem Tollhaus, und Kremers wurde mürbe gemacht.

Auf der außerordentlichen Mitgliederversammlung am 5. Dezember 1994 wurde die neue Satzung beschlossen, einen Tag danach trat der amtierende Notvorstand (u.a. mit Helmut Kremers) wie verabredet zurück. Helmut Kremers selbst war aufgrund einer Bandscheiben-Operation gar nicht bei der JHV anwesend, es wäre ihm wohl auch nicht gut bekommen.

Am 12. Dezember wurde der neue Vorstand vom Aufsichtsrat bestellt, nach Eichberg nun wieder zwei »Berge«: Vorsitzender wurde Gerd Rehberg, sein »Vize« Josef Schnusenberg, der vorher dem Aufsichtsrat angehörte. Mit Manager Rudi Assauer und Geschäftsführer Peter Peters gehörten dem Vorstand erstmals auch zwei hauptamtliche Kräfte an. Der FC Schalke 04 besaß nun eine »Muster«-Satzung, in der die oft zitierten »Schalker Verhältnisse« unmöglich gemacht werden sollen. Der Vorstand wurde somit nicht mehr von einer emotionsgeladenen Mitgliederversammlung gewählt, sondern – analog zu den Gegebenheiten einer Aktiengesellschaft – von einem Aufsichtsrat bestellt und kontrolliert.

Beginn einer neuen Ära: Gelsenkirchens Bürgermeister Gerd Rehberg wird S04-Präsident.

76. SCHWANENSEE

Der neue Vorstand war gewählt, die neue Satzung mit großer Mehrheit verabschiedet. Günter Eichberg hatte die Flucht in die USA ergriffen. Aber war das nun das Ende der Skandale? Mitnichten.

Bereits im Januar 1995 geriet der FC Schalke 04 erneut in den Skandalstrudel. Millionenbetrügereien mit Börsenspekulationen war die Bochumer Staatsanwaltschaft auf die Spur gekommen. Arglosen Geldanlegern sollen Riesengewinne ohne Risiko versprochen worden sein. Seit 1990 wurden über 5.000 Anleger – vor allem aus den neuen Bundesländern – für Warentermin- und Optionsgeschäfte geworben und am Ende geprellt. Der Schaden wurde auf 500 Millionen Mark beziffert.

Fünf Festnahmen gab es, darunter Hubert Schotte und Peter Schwan. Schwan saß als Vertreter der Recklinghäuser Immobilien- und Kapitalfirma Schotte und Partner, die für zwei Millionen Mark bei Schalke bürgte, im Aufsichtsrat. Der Verein erklärte, von der Angelegenheit »in keinster Weise berührt« zu sein.

Doch die Verhaftungen lösten Angst und Ungewissheit aus. Der Klub bangte nach der spektakulären Polizei-Aktion um Gelder in Millionenhöhe. Hintergrund: Schalke und »Schotte und Partner« unterhielten geschäftliche Beziehungen. Für einen zweijährigen Werbevertrag, der noch für die kommende Saison Gültigkeit besaß, kassierten die Königsblauen jährlich eine Millionen Mark. Bürgschaft und Werbeeinnahmen drohten nun zu platzen. Schwan (Markenzeichen goldene Rolex) und Schotte legten Haftbeschwerde ein.

Zugleich wartete Schalke immer noch auf Geld von Günter Eichberg, der offene Rechnungen der alten Marketing GmbH offenbar noch nicht beglichen hatte. Es handelte sich insgesamt um Forderungen von etwa drei Millionen Mark. Grund für den Ausfall der Zahlungen: Der »Sonnenkönig«, der sich nun vornehmlich in seinem Dimizil in Florida aufhielt, konnte sein Krampfader-Klinik-Imperium bisher nicht verkaufen.

»MIT DEM STIMMT WAS NICHT«

Doch jetzt ging's richtig rund, ein Intrigenspiel sondergleichen wurde angezettelt. Helmut Kremers, in die Wüste geschickter Ex-Präsident, erhob im ARD-Polit-Magazin »Kontraste« schwere Vorwürfe gegen Rudi Assauer: Um den damaligen Vize-Präsidenten Jürgen Wennekers zum Rücktritt zu überreden, habe Assauer ihm gemeinsam mit Peter Schwan eine Million Mark angeboten. Laut »Kontraste« hatte Schwan dem Verein drei Millionen Mark als Darlehen bzw. Sponsorengelder zur Verfügung gestellt. Auch beim Trabrennverein Gelsenkirchen soll er mit 750.000 Mark als Geldgeber aufgetreten sein. Diese Gelder sollten aus den Warentermingeschäften stammen. Schalkes Rechtsvertreter Fred Fiestelmann: »Die Gelder kommen von der Firma Schotte und Partner, und die haben wir durchleuchtet. Die Aktionen anderer Firmen sind für uns nicht entscheidend.«

Die drei Millionen Mark sollten laut »Kontraste« mittlerweile von der Staatsanwaltschaft gepfändet worden sein. Fiestelmann habe Kremers habe gewarnt, als Schwan in den Aufsichtsrat kooptiert wurde: »Fiestelmann hat gesagt: Mit dem stimmt was nicht.«

Schalke war nun im Zugzwang. In einer Presserklärung verwies der amtierende Schalker Vorstand darauf, dass der Darlehensvertrag mit Schotte und Partner von Kremers und Wennekers unterzeichnet worden sei. Assauer zu dem Vorwurf: »Richtig ist, dass Schwan, der nach der Wahl von Kremers und Wennekers seine Bürgschaft für Schalke in Höhe von einer Millionen Mark gekündigt hatte, dieses Geld dem Verein wieder zur Verfügung stellen wollte, wenn Wennekers aus dem Verein ausscheide.« Als Schwan das Geld im Oktober 1994 wieder bereit stellte (Wennekers trat erst im Januar 1995 aus dem Aufsichtsrat zurück), wurde er vom damaligen Vorstand unter Kremers und Wennekers in den Aufsichtsrat kooptiert (Assauer: »Ich selbst habe Schwan erst Ende 1993 bei einem Sponsorentreffen kennen gelernt.«). Dass Schalke wie unterschwellig anklang, »schmutziges Geld« erhalten habe, wies der Vorstand entschieden zurück. Dennoch wollte Schalke Konsequenzen ziehen und den Sponsor-Vertrag mit Schotte und Partner bereits Ende Juni 1995 aufkündigen; die letzte Rate in Höhe von einer halben Millionen Mark wäre sowieso noch nicht bezahlt worden.

Zusätzlich schloss der Vorstand Helmut Kremers und Jürgen Wennekers mit sofortiger Wirkung aus dem Verein aus (Assauer: »Jetzt sieht man den wahren Charakter.«), Kremers wurde zudem seines Amtes im Aufsichtsrat enthoben. Assauer: »Auf einer Sitzung des Aufsichtsrats, vor der Kremers schon sein Kontraste-Interview gegeben hatte, wurde das Thema Schwan besprochen. Aber Kremers war ganz still und zu feige, Farbe zu bekennen.«

Der Beschluss des Vorstands war einstimmig, ging aber nicht von diesem aus: Der Schalke-Fan Michael Knicker hatte den Antrag zum Ausschluss bereits fünf Minuten nach der Ausstrahlung der »Kontraste«-Sendung per Fax an die Schalker Geschäftsstelle gesendet. Die beiden Ausgeschlossenen kündigten an, dass sie sich gegen den Vereinsausschluss wehren werden. Man konnte sich also bereits auf den Gong zur nächsten Runde freuen.

KARNEVAL AUF SCHALKE

Auf Schalke war mal wieder Feuer unter'm Dach. Die Schmierenkomödie ging in die nächste Runde. Aufsichtsratsvorsitzender Jürgen W. Möllemann hatte Anzeige wegen übler Nachrede gegen Wennekers erstattet. Dieser hatte behauptet, Möllemann hätte davon gewusst, dass das Geld von Schwan aus illegalen Geschäften stamme. Inzwischen hatte der Ex-Vize-Präsident erklärt, er habe dies nicht so gemeint.

Während hinter den Kulissen der Donner hallte, verpassten die Knappen gegen den MSV Duisburg die passende Antwort auf das Theater. Zuhauf vergaben Latal, Mulder, Müller, Herzog und Kohn auch die besten Chancen zum Schalker Sieg.

Derweil wurde in der Buerschen Zeitung der Darlehensvertrag zwischen Schalke und »Schotte und Partner« publik gemacht. Und siehe da: Assauer hatte diesen selbst mitunterzeichnet. Assauer war gerade in den Vorstand gewählt worden und durfte den Vertrag von daher als Vorstandsmitglied unterschreiben. Assauer: »Das geschah noch im Auftrag des alten Vorstands.« Ein anderer Darlehensvertrag mit der Firma Schotte und Partner war zuvor vom alten Vorstand mit Kremers und Wennekers unterschrieben worden. Die zentrale Frage war nun: Wer hatte also wann welchen Vertrag unterzeichnet?

Es war Karnevalszeit und Kremers schlug im DSF zurück und erneuerte seine Vorwürfe: »Es kann doch jeder bezeugen, der bei einer geheimen Sitzung dabei war. Es ging um Unterlagen. Da hat Schwan sich geäußert und gesagt, wenn wir die nicht kriegen, lassen wir da einbrechen.«

Doch Kremers gingen derweil die Zeugen von der Fahnenstange. Charly Neumann, der von Kremers als Zeuge benannt wurde, konnte lediglich bestätigen, dass die eine Million Mark für Schalke und definitiv nicht für Kremers oder Wennekers bestimmt war. Kremers behauptete weiter, dass Geschäftsführer Peter Peters gesagt haben soll: »Der Assauer streut gezielt Informationen, um ihnen zu schaden.« Doch auch Peters stellte richtig: »Unsinn. Es war so, dass Kremers und Wennekers mich schon in ihren Amtstagen zu kaufen versucht haben, mir eine dicke Gehaltserhöhung angeboten haben. Aber ich lasse mich nicht kaufen.«

Unter Beschuss nahm Kremers auch den Schalker Fan-Beauftragten Rolf Rojek, der vom Verein mit Gehalt, Provision und Ticketerlösen gekauft worden sein sollte. Großer Quatsch, wie sich herausstellte. Rojek erhielt pro Monat 1.000 Mark Aufwandszahlung, dazu zehn Prozent bei Fan-Artikeln, wohingegen Sport-Geschäfte 40–60 Prozent kassierten.

Kremers schien – wieder mal – die Wirkung seiner Worte nicht genau überdacht zu haben. Sein Feldzug gegen Assauer nahm groteske Züge an. Dass er, wie der »kicker« erfuhr, in Hertener Gaststätten, Auskünfte über Assauer einzuziehen versuchte, erinnerte an Räuber- und Gendarm-Spiele aus der Kindergartenzeit. Kremers Appelle an die »niederen Instinkte« verfehlten ihr Ziel. Helmut Kremers – ein Mann für den Seelendoktor?

1. FC SCHALKE 04, GESCHÄFTSSTELLE EMMERICH

Im Dauerstreit ging der Verein in die Offensive und veröffentlichte im »Schalker Kreisel« auf fünf Seiten Darlehens- und Sponsorenverträge, Vereinbarungen und Korrespondenzen. »Auf Schalke wird kein Geld von Straftaten gewaschen«, so der Vorstand. Alle Finanzgeschäfte, erst recht alle angeführten Verträge seien ordnungsgemäß über Banken abgewickelt worden, nicht in bar. Zu keinem Zeitpunkt vor der Verhaftung von Peter Schwan sei irgendein Klub-Verantwortlicher auch nur im Ansatz etwas von Ermittlungen oder Straftaten bekannt gewesen.

Wie sehr Kremers um das Wohl des Vereins besorgt war, zeigte noch einmal der Vergleich mit dem ehemaligen Geschäftsführer Ralf Brinkmann. Zur Erinnerung: Der Kremers-Vorstand hatte Brinkmann im Arbeitsgerichts-Prozess höher abgefunden (230.000 Mark) als vom Gericht gefordert. Sozusagen als eine seiner letzten Amtshandlungen nach der Satzungsänderung modifizierte Kremers diesen Kontrakt am 8. Dezember 1994 noch einmal beim Notar Dr. Martin Armasow in Emmerich (!) – nachdem er an der vier Tage zuvor getagten außerordentlichen Mitgliederversammlung noch wegen eines Hexenschusses in Spanien geweilt haben soll – damit Brinkmann auch wirklich an das Geld kommt.

Diese Vorgehensweise stimmte Kremers übrigens mit Wennekers ab, nicht aber mit dem dritten im Bunde. Hans Kleine-Büning ging nun zu seinen Ex-Kollegen deutlich auf Distanz. Bonmot am Rande: In einem Schreiben vom 19.4.1994 an Ligasekretär Wilfried Straub vom DFB behauptete Wennekers, dass die Schalker Geschäftsstelle im heimatlichen Emmerich liege. Das wäre durchaus möglich gewesen, handelte es sich doch dabei im Briefkopf um den Phantasieklub »1. FC Schalke 04«. Abschließendes Schlusswort von Peter Peters: »Sowas bösartiges und falsches habe ich in meinem ganzen Leben noch nicht erlebt.«

77. DER MANN IM NEBEL

In der nächsten Sendung von »Kontraste« wurde das Thema noch heißer gekocht. Ein Zeuge im Halbdunkel belastete darin Rudi Assauer, von den Termingeschäften des in U-Haft sitzenden Peter Schwan gewusst zu haben. Wer dieser Zeuge war, wurde nicht gesagt, man sah lediglich seinen Schatten, die Stimme war verfälscht. Laut »Kontraste« habe der Zeuge, der angeblich bedroht wurde, eine eidesstattliche Erklärung hinsichtlich der Richtigkeit seiner Behauptungen abgegeben. Eidesstattliche Erklärung? Hatten wir das nicht schon einmal?

»Assauer wusste, wie die Gelder beschafft wurden. Wie ich das sehe, hat Schwan sich eingekauft und Assauer hat ihm geholfen. Schwan alleine hätte den Geist dazu gar nicht gehabt«, äußerte sich der anonyme Zeuge. Zudem soll Assauer Peter Schwan seit »ungefähr 1988« gekannt haben. Beweise blieben allerdings Fehlanzeige.

Hinter verschlossenen Türen tagte der Ehrenrat des Vereins. An die dreißig Demonstranten hatten sich vor der Geschäftsstelle eingefunden, und parallel dazu jagte eine Pressekonferenz die nächste. Assauer: »Langsam muss ich über die ganze Geschichte lachen. Ich sehe der Angelegenheit gelassen entgegen.« Der Vorstand reagierte mit Bestürzung und Unverständnis auf den ARD-Beitrag. Man wollte nun weitere juristische Schritte gegen die Urheber dieser offensichtlich gezielten Kampagne einleiten. Rudi Assauer kämpfte um seinen Ruf, die BILD titelte: »Columbo Assauer jagt den Mann im Nebel«. »Ich fahnde jetzt solange, bis ich den ›Kontraste-Kerl‹ erwische. Und dann geht's vor Gericht.«

Wenige Stunden vor der 0:1-Pleite gegen den 1. FC Kaiserslautern hob der Ehrenrat des FC Schalke 04 den vom Vorstand ausgesprochenen Vereinsausschluss gegen Helmut Kremers und Jürgen Wennekers wieder auf. Die Entscheidung, die aus formellen Gründen getroffen wurde, wirkte für die Chefetage wie eine Ohrfeige und löste neuen Ärger aus. »So ein Verfahren habe ich noch nicht erlebt«, ereiferte sich Präsident Gerd Rehberg. Hintergrund: Teile des fünfköpfigen Ehrenrates sollen zweimal drei Stunden mit Wennekers und Kremers gesprochen, aber auf Erkundigungen beim amtierenden Vorstand verzichtet haben. Das Chaos war perfekt.

Nicht wenige Insider behaupteten, dass hinter den Türen ein Kuhhandel über die Bühne gegangen ist. Denn noch vor der Entscheidung des Ehrenrates war Helmut Kremers als Aufsichtsratsmitglied mit sofortiger Wirkung zurück getreten. Dafür soll ihm die Mitgliedschaft im Klub zugesichert worden sein. Ein offensichtlicher Klüngel, den Herbert Burdenski und Heiner Kördell nicht teilten. Sie legten ihr Amt im Ehrenrat nieder. Initiator dieses »Kuhhandels« soll der ehemalige Präsident Dr. Karl-Heinz Hütsch gewesen sein, mittlerweile 82 Jahre alt.

VERFLUCHTES AMSTERDAM

»Jetzt werden alle Register gezogen. Was dieses Magazin berichtet, ist erstunken und erlogen, und die dafür verantwortlichen Personen putze ich vom Tisch«, schimpfte Rudi Assauer, nachdem das »Kontraste«-Magazin erneute Vorwürfe erhob. Danach soll Assauers Auto am 22. März 1995 in Amsterdam gesehen worden sein, als das TV-Magazin von einem Informanten angeblich Beweismaterial gegen Assauer erhalten wollte, die Übergabe unter dubiosen Umständen aber platzte. »Ich war an diesem Tag zusammen mit Peter Peters und unserem Anwalt Fred Fiestelmann in Hünxe und nicht in Amsterdam«, schwor hingegen Assauer.

Der empörte Manager bezeichnete den Bericht als eine »Ohrfeige für die öffentlich-rechtlichen Anstalten in Deutschland. Ich frage mich, wer ein Interesse daran hat, mich in ein so schlechtes Licht zu rücken.« Die hanebüchene »Beweiskette«, die die Journalisten des Senders Freies Berlin konstruierten, brachten Assauer nun endgültig auf die Palme: »In der nächsten Folge werden sie wieder einen im Nebel zeigen, und der behauptet: ›Ich hab gehört, der hat einen umgebracht‹«.

Es war wirklich eine TV-Satire über investigativen Journalismus vom Allerfeinsten: null Beweise, 100 Behauptungen. Eine davon war, dass es Fotos gebe, die zeigen sollten, dass sich Assauer und Schwan schon vor 1991 kannten. Aber das Foto konnte es gar nicht geben, deswegen mussten sie im Fernsehen zeigen, wie das Foto angeblich verschwindet.

Nun wollte Assauer Schmerzensgeld vom SFB: »Die haben mir in drei Sendungen nichts nachweisen können. Es gibt auch gar nichts nachzuweisen. Ich werde mehr Schmerzensgeld fordern als Caroline«. Caroline von Monaco hatte zuvor von der Illustrierten »Bunte« 100.000 Mark wegen falscher, ehrrühriger Behauptungen erklagt – Assauer wollte nun 250.000 Mark.

78. KOPFGELDJÄGER

Ein Gegendarstellungsersuchen hatte die »Kontraste«-Redaktion um ihren Leiter Jürgen Engert abgelehnt, Schalke setzte aber nun eine einstweilige Verfügung durch, diese Gegendarstellung auszustrahlen. Im Beschluss des Landgerichts Berlin hieß es: »Der Antragsgegnerin wird aufgegeben, unverzüglich in der nächsten Sendung für die Ausstrahlung der noch nicht abgeschlossenen Ausgabe des Magazins Kontraste unter Ankündigung im Rahmen der eingangs der Sendung moderierten Themenübersicht ohne Einschaltungen und Weglassungen die Gegendarstellung durch Vorlesen zu veröffentlichen.«

Um die Namen der Zeugen der »Kontraste«-Berichte ausfindig zu machen, setzte der Klub nun eine Belohnung von 25.000 Mark aus. Ein Kopfgeld wie im Wilden Westen.

Derweil meldeten sich die Hertener Geschäftsleute Bodo Schöneberg und Hans Joachim Christ zu Wort, die sich durch die SFB-Journalisten hintergangen fühlten. In dem »Kontraste«-Bericht und einem Artikel in der Sport-Bild seien die beiden als »eingeschüchterte Zeugen« dargestellt worden. »Eine ganz linke Tour«, so bezeichneten sie die Arbeit der SFB-Redakteurin Maritha Ballnuß. Schöneberg und Christ legten Wert darauf, dass nicht sie die beiden anonymen Zeugen waren, die vor der Kamera plauderten.

Alles begann am 11. März. »Ich traf mich in der Gaststätte Christ mit Maritha Ballnuß«, erklärte Schöneberg. »Die Redakteurin des SFB wollte in der Angelegenheit Schwan/Schalke 04 Recherchen anstellen. Während des Gesprächs, das von 19:30 bis 2:30 Uhr morgens ging, stellte Ballnuß falsche Behauptungen auf«, so Schöneberg.

Sie behauptete, Assauer sollte Schwan bereits aus seiner Oldenburger Zeit kennen und bereits dort mit ihm Geschäfte gemacht haben. Zudem habe Assauer Medienvertreter »voll im Griff«. Insbesondere mit Benno Weber, Peter Wenzel, Werner Hansch und Dirk Westerheide würde Rudi Assauer »Puff-Arien« durchführen, um diese gefügig zu machen, zitierte Schöneberg.

All dies erzählte Schöneberg nach eigener Darstellung Rudi Assauer auf einer Hochzeitsfeier im Gasthaus Christ am 18. März. Werner Hansch (SAT.1) wehrte sich gegen die Vorwürfe und verklagte Ballnuß. »Lass die Finger von Schalke«, will Schöneberg der Journalistin bei ihrem zweiten Auftritt am 2. April in der Gaststätte Christ geraten haben. Dort hielt Ballnuß ihm vor, er sei nach ihren Informationen massiv unter Druck gesetzt worden und hätte nur deshalb die eidesstattliche Erklärung abgegeben. Die Journalistin habe dabei auf die Schnittverletzung am Jochbein von Bodo Schöneberg verwiesen. »Alles Quatsch, das war lediglich eine Schnittverletzung von meiner morgendlichen Rasur. Ich bin nie unter Druck gesetzt worden, diese Erklärung abzugeben. Wir sind keine Zeugen des SFB und haben auch niemals Informationen abgegeben.« Hans Joachim Christ sagte hierzu nur: »Ich war 1994 nur einmal auf Schalke – und da spielte Pink Floyd.«

Während der in U-Haft sitzende Peter Schwan inzwischen abdankte und seinen

Das Amen in der Kirche: Rudi Assauer auf der Kanzel.

Aufsichtsratsposten räumte, wurde im vierten »Kontraste«-Bericht der Zeuge enttarnt. Es handelte sich um den in te Lobith (Holland) lebenden Wolfgang Brygier. Laut Schalke-Anwalt Fred Fiestelmann wurde er kurz drauf an der holländischen Grenze verhaftet. Sein Strafregister sei »nicht mehr in Zentimetern« zu messen (Betrug, Urkundenfälschung). Das ARD-Magazin stützte seine gesamte Recherche auf die Aussagen dieses einen, zwielichtigen Mannes.

Schalke konnte eine eidesstattliche Versicherung präsentieren, in der Brygier nun alle seine Vorwürfe gegen Assauer als haltlose Lügen entlarvte. Pikant dabei: Brygier behauptete nun, er sei von der Berliner Journalistin Maritha Ballnuß sowie von den ehemaligen Vorstandsmitgliedern Kremers und Wennekers zu Aussagen gegen Assauer gedrängt worden und habe Geld dafür bekommen (3.700 Mark von Ballnuß).

Der Wahrheitsgehalt der Brygier-Aussagen wurde von den Schalker Verantwortlichen nicht als sonderlich hoch eingestuft. Fred Fiestelmann: »Dass Herr Brygier erzählt, was sein Gegenüber hören will, hätte ›Kontraste‹ wissen müssen. Er hat dem ›Spiegel‹ mehrfach Geschichten angeboten, aber die haben abgelehnt.«

Schalke informierte daraufhin den Deutschen Presserat über die dubiosen Recherche-Praktiken des SFB. »Damit werden wohl die Kontraste-Redakteure als auch Helmut Kremers und Jürgen Wennekers demnächst wohl Besuch vom Staatsanwalt erhalten«, so Fiestelmann.

Der bis dato letzte Skandal-Krimi war nun aufgeklärt. Seitdem bewegt sich der FC Schalke 04 in ruhigeren Fahrwässern.

Sportlich ging es steil bergauf. Mit Jörg Berger erreichte die Mannschaft in der Saison 1995/96 einen sensationellen dritten Platz. Die darauffolgende UEFA-Cup-Saison unter Huub Stevens brach alle Rekorde (»Wir schlugen Roda, …«). Mit dem Sieg gegen Inter Mailand im Guiseppe Meazza-Stadion gelang dem FC Schalke 04 der größte Erfolg der Vereinsgeschichte. Es folgten zwei weitere DFB-Pokalsiege und eine Vier-Minuten-Meisterschaft, die alle Schalker in Tränen ausbrechen ließ. Hierüber ist allerdings bereits an anderer Stelle ausführlich berichtet worden.

Mit dem Nachfolger des Parkstadions, der Arena »Auf Schalke«, hat sich Manager Rudi Assauer selbst ein Denkmal gesetzt. Hoffen wir, dass hier die Finanzierung solide ist und nicht so zusammenbrechen kann wie derzeit bei unserem »geliebten« Nachbarn in Dortmund. Ansonsten müssten wir tatsächlich noch einen zweiten Band der schönsten Schalke-Skandale schreiben.

Aber wer will so etwas schon lesen?

79. INTERVIEW MIT RUDI ASSAUER, PETER PETERS UND JUPP SCHNUSENBERG

»Man konnte sich da nur drüber kaputt lachen.«

Schalke und seine Skandale – eine unendliche Geschichte. Manager Rudi Assauer, Geschäftsführer Peter Peters und Finanzvorstand Jupp Schnusenberg können darüber so manches Lied singen. SCHALKE UNSER sprach mit ihnen über die Intrigenspiele ehemaliger Präsidenten, Günter Eichbergs »Bierdeckelverträge« und die Zukunft von Fußball-Aktiengesellschaften.

SCHALKE UNSER: Mit der »Kontraste«-Berichterstattung wurde euch damals übel mitgespielt. Wie konnte es denn überhaupt dazu kommen?

RUDI ASSAUER: Wie das alles zusammen passte, haben wir erst Jahre später erfahren. Als der frühere Präsident Dr. Hütsch gestorben war, kam sein Sozius zu mir und erzählte, dass Dr. Hütsch die ganze Sache lanciert hätte.

Es war tatsächlich Dr. Hütsch, der die Fernsehreporterin Ballnuß und den »Zeugen im Nebel« Brygier für ihre Aussagen bezahlt hatte. Eigentlich unvorstellbar, dass ein ehemaliger Vorsitzender dazu in der Lage war. Vielleicht war es aber auch schon ein Ausdruck seiner Alterssenilität, schließlich war er da auch schon 82 Jahre alt.

Der Hintergrund war, dass Dr. Hütsch mir eins auswischen wollte, weil wir unterschiedliche Auffassungen bei der Prämiengestaltung hatten. Man muss sich das mal vorstellen: Bei dem UEFA-Cup-Spiel gegen den FC Magedeburg unter der Präsidentschaft von Dr. Hütsch, das Schalke damals mit 3:1 verloren hatte, kassierte Klaus Fischer 30.000 Mark. Und das obwohl Schalke ausgeschieden war. Ich sagte Dr. Hütsch damals, dass es eine solche Regelung bei mir nie geben würde. Bei mir wird immer nach Leistung und Erfolg bezahlt. Nur das macht Sinn. Aber er hatte da andere Vorstellungen.

PETER PETERS: Die ganze »Kontraste«-Story war ja ein einziges Märchen, von vorne bis hinten fantasiert. Dienstag Abend war hier auf der Geschäftsstelle immer mit der gesamten Belegschaft »Kontraste«-Gucken angesagt. Man konnte da auch nur noch drüber lachen. Die Geschichte war so dermaßen an den Haaren herbeigezogen.

RUDI ASSAUER: Irgendwie haben die es geschafft, sogar mein Auto in einen Bericht reinzuschneiden, dass es so aussah, als wäre ich in Amsterdam unterwegs gewesen. Das war aber völliger Quatsch, denn zu dem besagten Zeitpunkt war ich zusammen mit Peter Peters und unserem Anwalt Fiestelmann auf dem Weg zur Autobahnraststätte in Hünxe. Dort war ein Treffen vereinbart worden mit diesem zweifelhaften Zeugen Brygier, der sich zuvor telefonisch auf der Geschäftsstelle gemeldet hatte. Aber der ist dann gar nicht erschienen. Das war alles recht amüsant.

SCHALKE UNSER: Das klingt alles sehr belustigend.

PETER PETERS: Da konnte man wirklich nur noch drüber lachen. Bei solchen Dingen kann es ja vorkommen, dass man schon mal ins Grübeln gerät, dass man dann auch aufpassen muss, was man sagt, damit man sich nicht in Widersprüche verwickelt. Aber bei dieser absurden Geschichte war das so eindeutig, dass die »Kontraste«-Leute Unfug berichteten.

SCHALKE UNSER: Hatte die Geschichte irgendwelche Konsequenzen für den Sender Freies Berlin, der die Reportagen ausstrahlte?

PETER PETERS: Wir haben den Deutschen Presserat angerufen und natürlich mussten auch seitenlange Gegendarstellungen veröffentlicht werden.

RUDI ASSAUER: Der Chef-Redakteur Jürgen Engert war dabei aber hinterher so feige, dass er die Gegendarstellung von einer Mitarbeiterin vorlesen ließ. Selbst entschuldigt hat er sich dafür nie. Schlechter Stil, dabei haben wir ihn sogar mal zu uns eingeladen, ihm sogar eine Freikarte versprochen.

SCHALKE UNSER: Die »Kontraste«-Story war vielleicht auch die letzte Nachwehe von der Auseinandersetzung mit Helmut Kremers und Jürgen Wennekers.

PETER PETERS: Mit Sicherheit, auch wenn die beiden hier nicht direkt involviert waren. Nach dem Rücktritt von Günter Eichberg entstand ein Machtvakuum im Verein, das erst einmal wieder gefüllt werden musste. Wir hatten die neue Satzung vorbereitet und alles war programmgemäß darauf ausgerichtet, dass Volker Stuckmann neuer Präsident wird. Aber schon während der Mitgliederversammlung hatte Jürgen Möllemann eine Ahnung, dass da etwas anders laufen könnte. Möllemann war ein absoluter Vollprofi und hatte ein feines Gespür dafür, wie solche Sitzungen laufen.

Als Stuckmann dann vor das Mikrophon trat und seine unterirdische Rede hielt, flüsterte er mir zu »Das geht heute schief. Da hilft nur noch eins: Strom abschalten.« Als Stuckmann dann noch davon sprach, dass zukünftig die Schalker Vorstandsarbeit »im stillen Kämmerlein« vonstatten gehen sollte, zischte mir Möllemann zu: »Jetzt können sie den Strom ruhig anlassen, jetzt hat er sowieso verloren.«

RUDI ASSAUER: Für wen habt ihr denn damals gestimmt?

SCHALKE UNSER: Für Helmut Kremers.

RUDI ASSAUER: Hab ich mir gedacht.

PETER PETERS: Das kann man den Mitgliedern aber auch nicht übel nehmen. Zwischen den Reden von Volker Stuckmann und Helmut Kremers lagen Welten. Dass war nun wirklich kein Wunder, dass Kremers die Wahl gewonnen hat. Die Schalker Emotionen darf man nicht unterschätzen.

SCHALKE UNSER: Nach der Wahl von Helmut Kremers begann eine Eiszeit auf Schalke.

PETER PETERS: Nach der Mitgliederversammlung hatten wir auf Schloss Berge zu einem Essen eingeladen. Die Stimmung war frostig und eine Zusammenarbeit schien wirklich nicht einfach zu werden. Man muss sich das nochmal vor Augen führen: Rudi und ich waren im Jahre 1993 gekommen, und wir hatten eine klare Vorstellung, wie wir den Verein wieder nach vorne bringen können. Die Voraussetzung waren – trotz

Der Vorstand des FC Schalke 04 (v.l.): Peter Peters, Gerhard Rehberg, Josef Schnusenberg und Rudi Assauer

des aufgetürmten Schuldenbergs – nicht die schlechtesten. Doch Kremers und Wennekers waren beratungsresistent.

RUDI ASSAUER: Wir haben uns immer gewundert, wie danach solche Dinge passieren konnten, dass Spielerverträge in der Sport-Bild abgedruckt wurden. Fragt mal den Tom Bender, damals Redakteur der Sport-Bild und heute Pressesprecher der Deutschen Fußball-Liga. Tom Bender hat immer beim Helmut Kremers angefragt und der hat in schöner Regelmäßigkeit alles an die Presse gegeben. Ein Unding.

SCHALKE UNSER: Die Auseinandersetzungen haben dann sogar dazu geführt, dass du für einen Tag beurlaubt wurdest.

RUDI ASSAUER: Ein Hammertag. Drei Pressekonferenzen nacheinander – sowas hatte es selbst auf Schalke noch nicht gegeben. Aus meinen privaten Geschäften noch aus Oldenburger Zeit hatten die Beiden etwas heraus gekramt, das schon längst ausgestanden war. Das nahmen sie zum Anlass, mich zu beurlauben. Danach war es ein einziges Tohuwabohu. Eine Pressekonferenz jagte die nächste. Und dann kam der große Coup von Peter Peters.

PETER PETERS: Kremers und Wennekers waren total hilflos und wussten gar nicht, wie sie reagierten sollten. Also hab ich gesagt: »Ich formuliere euch etwas für die Presse.« Ich setzte mich also daran und entwarf eine Erklärung, die als Inhalt hatte, dass Rudi Assauer mit sofortiger Wirkung von seine Beurlaubung befreit wird, dass der Vorstand geschlossen zurücktritt und eine außerordentliche Mitgliederversammlung mit dem einzigen Tagesordnungspunkt Satzungsänderung einberufen wird. Die Erklärung übergab ich Helmut Kremers, der diese daraufhin, ohne vorher darüber geschaut zu haben, der anwesenden Presse vorlas. Er überbrachte sozusagen sein eigenes »Todesurteil« – ohne mit der Wimper zu zucken. Wahrscheinlich war er einfach nur heilfroh, dass er nun aus der Sache raus war.

SCHALKE UNSER: Das war zwar das Ende der Präsidentschaft von Helmut Kremers, nicht aber das Ende der Auseinandersetzungen. Denn nun kam auf, dass der Schalke-Werbepartner »Schotte & Partner« mit Termingeschäften etliche Leute geprellt hatte.

RUDI ASSAUER: Da wussten wir überhaupt nichts von, als wir die Werbeverträge abgeschlossen hatten. Auf »Schotte & Partner« bin ich gestoßen, weil die Firma auf der Gelsenkirchener Trabrennbahn Werbung machte. Mit Peter Schwan gab es dann ein Gespräch und es stellte sich heraus, dass der Werbevertrag durchaus lukrativ war. Dass die Gelder mit unlauteren Mitteln erwirtschaftet wurden, konnten wir beim besten Willen nicht erahnen. Für uns war die Firma absolut sauber.

Mir wurde dann unterstellt, dass ich Peter Schwan schon viel länger kannte und mit in den Termingeschäften hängen würde. Wieder mal vollkommener Quatsch. Als Beweis wurde ein Foto herangezogen, auf dem angeblich Peter Schwan zusammen mit mir auf einer Verlobungsfeier zu sehen war. Das Foto existiert tatsächlich, bloß war nicht ich auf dem Foto, sondern nur eine Person, die lediglich eine gewisse Ähnlichkeit mit mir hatte.

SCHALKE UNSER: Kremers und Wennekers blieben aber bei ihrer Darstellung.

PETER PETERS: Ja, das war auch der Grund, warum wir sie letztendlich aus dem Verein ausschließen wollten. Doch der Ausschluss wurde vom Ehrenrat kurz drauf widerrufen. Mit 3:2 Stimmen – unter dem Vorsitz von Dr. Hütsch. Hier schließt sich der Kreis. Die beiden Gegenstimmen kamen von Heiner Kördell und Herbert Burdenski, die daraufhin aus Protest den Ehrenrat verließen.

SCHALKE UNSER: Ist Helmut Kremers denn immer noch Mitglied im Verein?

PETER PETERS: Ja, passives Mitglied. Wir hatten ihn auch zur 100-Jahr-Feier eingeladen, bei der er allerdings verhindert war. Wenn Kremers heute kommen würde, so würden wir die Türe auch nicht verschließen. Irgendwann muss man einen Schlussstrich ziehen und vergessen können.

SCHALKE UNSER: Auf einen Protagonisten der Schalker Skandal-Geschichte müssen wir noch eingehen: Günter Eichberg. Was macht er heute?

RUDI ASSAUER: Günter Eichberg geht es wirtschaftlich nicht gut. Er hat seine gesamten Kliniken verkaufen müssen, ist aber nun in Bad Bertrich als ehrenamtlicher Bürgermeister gewählt worden. Die Leute dort haben nicht vergessen, dass er sie mit seiner Klinik in dem Ort zu Lohn und Brot gebracht hat. Was leider immer wieder vergessen wird: Schalke hat Günter Eichberg viel zu verdanken.

JUPP SCHNUSENBERG: Was wir alle echt gerne einmal wüssten: Wie viel Geld hat dieser Mann wirklich in den Verein gesteckt? Aus unseren Büchern geht das nicht mehr hervor und auch die Banken haben keine Unterlagen darüber. Zu seinem Schutz muss man aber sagen, dass ihm seine Kliniken auf deutsch gesagt »unter dem Hintern weg gerissen« wurden. Er hat richtig Geld mit seinen Krampfader-Kliniken verdient, aber das haben die Banken, bei denen er Kredite laufen hatte, natürlich auch mitbekommen und ihm dann die Kliniken abgenommen.

PETER PETERS: Im Gedächtnis geblieben ist bei den Fans, dass wir noch Forderungen an Günter Eichberg hatten. Die waren auch nicht unerheblich, aber er hatte es auch nicht verdient, dass man ihn beim UEFA-Cup-Endspiel in Mailand, als er sich das Abschlusstraining anschauen wollte, mit Tomaten beschmissen hat.

RUDI ASSAUER: Sein Rücktritt im Herbst 1993 war nicht unbedingt erforderlich. Ich kann mich noch gut daran erinnern, dass wir ihn bekniet haben, im Amt zu bleiben. Aus der finanziellen Misere wären wir auch zusammen herausgekommen, aber so hatte er erst einmal seine persönlichen Finanzen zu regeln, was auch verständlich war. Wir hätten eigentlich Günter Eichberg zu einer anderen Zeit kennen lernen müssen. Dann hätten wir ihn besser steuern können und es wäre auch für ihn von Vorteil gewesen.

SCHALKE UNSER: Von Eichberg bleibt aber auch, dass er die Euphorie auf Schalke zurück gebracht hat.

PETER PETERS: Ja klar, er hat die Heimspiele richtig zelebriert. Es gab immer ein Bankett für seine Gäste, auf denen – speziell an Getränken – mächtig aufgefahren wurde. Aber seine Finanzen und Verträge waren so dermaßen undurchsichtig, dass das ganze irgendwann wie ein Kartenhaus zusammen fallen musste.

RUDI ASSAUER: Die berühmten »Bierdeckelverträge«. Eines Tages kam der Jens Lehmann auf mich zu mit einem Bierdeckel in der Hand. Ich sagte »Was hast du denn da?«. Der Günter hatte etliche solcher Verträge tatsächlich auf einem Bierdeckel abgeschlossen. Lehmann, Luginger, Scherr, ...

Es klopft an der Tür, Andreas Müller tritt ein.

Und da kommt der Nächste, der einen Bierdeckelvertrag mit Günter Eichberg abgeschlossen hatte (lacht). Alle Bierdeckelverträge hat der FC Schalke 04 aber auch eingehalten. Das war manchmal hart, aber kein Spieler musste auch nur auf eine einzige Mark verzichten.

PETER PETERS: Als ich mein Vorstellungsgespräch bei Günter Eichberg hatte, nahm er meine Bewerbungsmappe, drehte sie um und fing an auf der Rückseite handschriftlich den Arbeitsvertrag niederzuschreiben. Da kam dann der Rudi vorbei und sagte »Jetzt ist aber Schluss damit, das machen wir ordentlich«.

SCHALKE UNSER: Stimmt es denn, dass Eichberg dem Radmilo Mihajlovic einen Blankovertrag zur Unterschrift gegeben hat?

RUDI ASSAUER: Da kann ich nichts zu sagen. Bei Bent Christensen war es aber definitiv so, dass Günter Eichberg im Gegensatz zu allen anderen Interessenten sofort einen Scheck auf den Tisch gelegt hat. Damit war das Thema dann gegessen.

SCHALKE UNSER: Schalker Skandale und finanzielle Desorientierungen gehören nun hoffentlich der Vergangenheit an. Bei unserem Nachbarverein sieht man nun einen neuen Skandal. Der BVB hat eine rasante Talfahrt in seinem Aktienkurs hinter sich, mit der neuen Rechtsform hat sich der Verein in eine unkalkulierbare Abhängigkeit begeben. Schalker Fans befürchten, dass eine ähnliche Situation auch in Gelsenkirchen droht.

PETER PETERS: Die Situation lässt sich mit Schalke aber nicht vergleichen. Leider wird man in der Öffentlichkeit nur noch an der Höhe der Verbindlichkeiten gemessen. Dabei ist aber vielmehr entscheidend, wie diese Verbindlichkeiten mit Zinsen verbunden sind. Momentan profitieren wir von einem enorm niedrigen Zinsniveau.

JUPP SCHNUSENBERG: Ich kann schon verstehen, dass dem Schalke-Fan angst und bange wird, wenn er hört, dass wir Verbindlichkeiten in Höhe von 100 Millionen Euro haben. Aber wir verfolgen eine langfristige Strategie. Keine Investition ohne Risiko – das muss jedem klar sein. Man darf auch die Chancen eines solchen Investments nicht außer acht lassen. Wir haben in den letzten Jahren über 400 Millionen Euro investiert, aber lediglich 100 Millionen Verbindlichkeiten, das darf man auch nicht vergessen.

PETER PETERS: Die Situation bei Borussia Dortmund stellt sich auch deswegen anders dar, weil wir auf Schalke einen Gegenwert geschaffen und wir unser »Tafelsilber« eben noch nicht veräußert haben. Und wie Jupp schon sagt: Man muss langfristig schauen. In der Momentaufnahme kann man schon denken, dass das gefährlich aussieht. Wir haben aber natürlich einen Business-Plan für die kommenden Jahre aufgestellt, und wenn der sich in entsprechender Form realisiert, können wir in eine gute Zukunft schauen.

SCHALKE UNSER: Ist das BVB-Modell überhaupt für Anleger interessant?

JUPP SCHNUSENBERG: Ich sag es ganz ehrlich: Ich bereue, dass ich damals nicht in den Fonds des Westfalenstadions eingestiegen bin. Denn da winken enorme Renditen – natürlich zu Lasten des BVB, der bei dem Leasing-Back-Verfahren ordentlich draufzahlen muss.

SCHALKE UNSER: Rudi, hast du auch BVB-Aktien?

RUDI ASSAUER: Eine Aktie besitze ich. Ich bin immer Mitglied bei meinen ehemaligen Vereinen geworden, so auch beim BVB. Und als Mitglied hat man beim Börsengang eine »Schmuckaktie« erhalten.

JUPP SCHNUSENBERG: Ich hab Aktien gekauft, als ich dachte, tiefer geht es nicht. Ging aber doch.

SCHALKE UNSER: Mit Florian Homm ist nun ein Großaktionär beim BVB eingestiegen, der auch öffentlich auftritt.

PETER PETERS: Ja, dem Verein blieb wohl nichts anderes übrig als sich in diese Abhängigkeit zu begeben. Aber eines sollten wir mal klar stellen: Wir haben hier auf Schalke nicht das Ziel, möglichst viel Geld zu machen.

RUDI ASSAUER: Die Finanzierung ist nur Mittel zum Zweck – und der Zweck ist einzig und allein der sportliche Erfolg. Wir wollen den FC Schalke 04 sportlich nach vorne bringen, alles andere kann und darf nur das Mittel sein.

PETER PETERS: Von daher steht auch eines ganz klar fest: Solange wir hier im Amt sind, wird der FC Schalke 04 ein eingetragener Verein bleiben. Bei allen anderen Formen, ob Aktiengesellschaft oder Kommanditgesellschaft, begibt man sich in die Abhängigkeit anderer Unternehmen oder Personen, die unter Umständen nur ihr eigenes Ego befriedigen wollen. Das kann nicht unser Ziel sein.

SCHALKE UNSER: Das sind gute Nachrichten. Vielen Dank für das Interview und alles Gute. Glückauf.

80. DANKSAGUNG

Ein dickes Dankeschön geht an dieser Stelle an alle Protagonisten des FC Schalke 04. An alle haupt- und ehrenamtlichen Mitarbeiter, die diesen Verein – vermutlich auch gerade wegen der vielen Skandale und Skandälchen – so liebenswert gemacht haben.

Es kommt nicht von ungefähr, dass mit diesem Verein eine größere emotionale Bindung besteht als es bei anderen Vereinen der Fall ist. Der FC Schalke 04 ist eben kein Plastik-Klub, keine leblose Hülle. Er ist einzigartig, einmalig und unvergleichlich. Es sind die Menschen, die dem FC Schalke 04 eine andere, eine höhere Dimension verleihen.

Ein besonderer Dank geht an Detlef Aghte, der in seinem »Hotel« im Bergischen Land seine Zimmer mit Unmengen von Sport-Zeitschriften und -Büchern gefüllt hat, so dass dort keine Gäste mehr übernachten können. In seinem Fundus alter Ausgaben von »Kicker«, »Sport-Beobachter«, »Schalker Kreisel«, »RevierSport« etc. haben wir so manche Anekdote über diesen Verein gefunden, die vielleicht schon als verschollen galt.

Einen großen Dank möchten wir ebenfalls der Pressestelle des FC Schalke 04 aussprechen, die uns mit Rat und Tat bei der Erstellung dieses Buches zur Hilfe stand.

Glückauf.

SCHALKE UNSER

Fan-Zeitung Schalker Fan-Initiative e.V. - Nr. 45 - Februar 2005 - 1 Euro

ABBILDUNGSNACHWEIS

» Deutsches Historisches Museum, Berlin S. 92
» firo sportphoto S. 8, 139, 140, 170, 171, 174, 175, 181, 184, 196, 201, 202, 205, 206, 209, 210, 212, 216, 221, 229, 233
» FC Schalke 04 – Archiv S. 10, 11, 12, 14, 19, 21, 24, 28, 32, 34, 36, 38, 40, 43, 44 (2), 46, 49, 51, 55, 81, 88, 97, 99, 101, 103, 111, 113, 115, 117, 118, 120, 124, 127, 128, 129, 131, 132, 134, 135, 145, 147, 151, 156, 157, 161, 162, 163, 165, 180, 183, 203, 213, 219
» Horstmüller S. 30, 44, 47, 60, 63, 66, 72, 75, 77, 85, 109, 110
» Martin Meißner S. 185
» Sven Simon S. 123
» Klaus Wieschus S. 143, 144, 148, 153, 167, 177, 178, 186, 188, 190, 192, 194, 207
» www.mike-bueskens.de S. 198

Hinweis: Trotz großer Sorgfalt konnten die Urheber des Bildmaterials nicht in allen Fällen ermittelt werden. Es wird gegebenenfalls um Mitteilung an der Verlag gebeten.